V&R Academic

Göttinger Händel-Beiträge

Begründet von Hans Joachim Marx und
im Auftrag der Göttinger Händel-Gesellschaft
herausgegeben von
Laurenz Lütteken und Wolfgang Sandberger

Band XVIII

Redaktionelle Mitarbeit
Lion Gallusser und Franziska Sagner

Vandenhoeck & Ruprecht

Mit 35 teils farbigen Abbildungen

Umschlagabbildung: © akg-images / Rainer Hackenberg:
Die Biagi-Orgel in der Basilika San Giovanni in Laterano in Rom

Bibliografische Information der Deutschen Nationalbibliothek

Die Deutsche Nationalbibliothek verzeichnet diese Publikation in
der Deutschen Nationalbibliografie; detaillierte bibliografische Daten
sind im Internet über http://dnb.d-nb.de abrufbar.

ISSN 0177-7319
ISBN 978-3-525-27835-2

Weitere Ausgaben und Online-Angebote sind erhältlich unter www.v-r.de.

Satz: textformart, Göttingen | www.text-form-art.de
Druck und Bindung: ⊕ Hubert & Co GmbH & Co. KG,
Robert-Bosch-Breite 6, D-37079 Göttingen

Gedruckt auf alterungsbeständigem Papier.

Zum Gedenken an Klaus Hortschansky
(1935–2016)

Die Biagi-Orgel in der Basilika San Giovanni in Laterano in Rom

Orgel der Basilika S. Giovanni in Laterano in Rom

„LAUDATE DEUM IN CHORDIS ET ORGANO“ – so lesen wir auf der zentralen Tafel des eindrucksvollen Orgelprospektes. Unser Schlüsselobjekt zeigt die von Clemens VIII. für das Jahr 1600 gestiftete Orgel in S. Giovanni in Laterano, die zu Zeiten von Händels Rom-Besuch immer noch die größte und bedeutendste in Rom war.

Typischerweise baute in Italien ein Architekt das Gehäuse, das der Orgelbauer sodann zu füllen hatte: Der Mailänder Architekt Giovanni Battista Montano entwarf die durch Säulen begrenzte, dreiteilige monumentale Gliederung, ein Gehäuse, das die ganze Stirnwand des Querschiffes von S. Giovanni einnimmt. 1597 begann Luca Blasi aus Perugia mit dem eigentlichen Orgelbau. Nach Fertigstellung zwei Jahre später hatte das einmanualige Instrument 59 Tasten, 26 Pedale und 16 Register. Die größte Prospektpfeife war ein profundes, 24-füßiges F mit einem Durchmesser von 38 cm und einer Labienbreite von 27 cm. Das zweite Manual wurde freilich erst nach Händels Rom-Besuch, wohl um 1730 hinzugefügt.

Auf dieser fulminanten Blasi-Orgel gab Händel ein vielbeachtetes Konzert, bald nachdem er Ende 1706 Rom erreicht hatte. Das *Diario* von Valesio überliefert folgende Notiz: „Freitag, 14. Januar 1707. In dieser Stadt ist ein Sachse eingetroffen, ein exzellenter Spieler auf dem Cembalo und Komponist, der heute seine großen Künste im Orgelspiel in der Kirche S. Giovanni zum Erstaunen aller bewiesen hat“. Der Erfolg dieses Auftritts wird durch einen Reisebericht von Denis Nolhac bestätigt, der den „außerordentlichen Zustrom von Zuhörern […], vor allem von Kardinälen, Prälaten und Adligen“ unterstreicht.

Zu gerne wüssten wir, was Händel an diesem Tag gespielt hat: welche Werke anderer Komponisten und welche eigenen, virtuosen Kompositionen. Sicher aber wird der ‚Sassone‘ auch improvisiert haben, Johann Mattheson jedenfalls bestätigt später, dass Händel „stark auf der Orgel“ war: „absonderlich ex tempore“.

Wolfgang Sandberger

Inhalt

Netze und Netzwerke: Händels Rom
Einführung zum Symposium der Händel-Festspiele 2016

Laurenz Lütteken (Zürich)

„Die allererste Sache, die einem Fremden zu Rom in die Augen fällt, ist die ungleiche Vermischung des Reichthums und der Armuth; gleichwie man auch solches an allen Orten in gantz Italien observiren kann: Jedoch ist sie allhier viel mercklicher und augenscheinlicher, als irgend an einem andern Orthe: Denn wie man über den Reichthum der Kirchen, der Palläste, und der Klöster erstaunen muss; also hat der elende Zustand der Einwohner, und die mittelmässigen Wohnungen der Ordinär-Häuser gantz und gar keine Gleichheit mit denselbigen: Wenn man bedencket, was Italien nur für ein oder zwey Seculis gewesen; daß wir nicht einmahl des alten Roms gedencken; so kan man sich kaum einbilden, daß ein Volck und eine Landschafft, welches von der Natur so reichlich begabet ist, daß sie eines von den reichsten der Welt, oder zum wenigsten von Europa seyn könnte, so elende herunter kommen, und in so einen Mangel des Volcks und Armuth gerathen ist; [...]“.[1]

Mit diesen Worten leitete der anglikanische Bischof Gilbert Burnet seinen Reisebericht aus Rom ein, hier in der deutschen Ausgabe von 1688, dabei keinen Zweifel daran lassend, dass der fromme Protestant dem Glanz der frühneuzeitlichen Stadt mit den größten Vorbehalten gegenüberstand.

Rom war selbstverständlich nicht zu trennen vom Hof des Papstes und dem universalen Geltungsanspruch der katholischen Kirche. Die Stadt war im 16. Jahrhundert von Erschütterungen heimgesucht worden, die gerade diesen Geltungsanspruch in besonderem Masse ins Wanken gebracht haben – konfessionell, ideologisch und territorial. ‚Rom‘ war stets nicht nur eine Stadt, sondern immer, von der Antike an, eine Idee – und diese Idee ist durch das Mittelalter hindurch, mit verändertem, aber nicht grundsätzlich anderem Anspruch weitergetragen worden. Mit der Eröffnung des Konzils von Trient durch Papst Paul III. 1545 wollte die Kirche auf die neuen Herausforderungen reagieren, in einem dann allerdings langen und nicht widerspruchsfreien Prozess, der gleichwohl folgenreich war – insbesondere für die Stadt des Stichwortgebers, für Rom. Rom hat sich um und nach 1600 auf eine geradezu dramatische Weise

[1] Gilbert Burnet: *Die eigentliche Beschreibung Des gegenwärtigen Zustandes in Italien / Insonderheit von dem Anfang und Fortgang des Qvietismi, und Lebenslauffes des Molinos* [...] *Jetzo aber aus dem Frantzösischen theils auch Italiänischen ins Teutsche übersetzet von M. J. G. P.*, Leipzig: Gleditsch 1688, S. 5f.

neu erfunden, unter dem Eindruck des Konzils und getragen vom Willen, sich den Erosionsprozessen mit aller Gewalt entgegenzustemmen, äußerlich sichtbar an der Heiligsprechung Carlo Borromeos durch Paul V. 1610, der ersten Kanonisierung nicht nur eines Protagonisten des Konzils, sondern einer Persönlichkeit, an welche die beteiligten Akteure noch persönliche Erinnerungen haben konnten.[2]

Zu den erstaunlichen Merkmalen dieses Prozesses gehörte, ganz gegen den Eindruck, den Burnet schließlich vermitteln wollte, seine erstaunliche Elastizität. Die Neuerfindung der christlichen Metropole schlechthin, die sich nur besonders deutlich sichtbar in der Architektur zu entfalten begann, sich aber keinesfalls auf sie beschränkte, lebte nicht aus einer bloßen Traditionsvergewisserung, im Gegenteil. Vielmehr bediente sie sich der anspruchsvollsten Mittel einer neuen, einer welthaltigen, einer ‚dramatischen' Erfahrung. Die Stabilisierung der äußeren Gegebenheiten, vor allem in der Liturgie, aber auch in der Dogmatik der Lehre, führte auf der Gegenseite zu einer geradezu entfesselten Akzentuierung der sinnlichen Wahrnehmungsmöglichkeiten des Menschen, die nun in den Dienst der spirituellen Sache gestellt wurden. Zeichenhaft sichtbar ist das an der Figur des Kreuzes, die sich nun, als geläutertes Symbol, als Chiffre der Erneuerung, gleichsam über das Erscheinungsbild der Stadt gelegt hat.[3] Berninis Experimente in Architektur und Skulptur, Caravaggios Zuspitzungen in der Malerei sind immer auch Erkundungen dieser neu entdeckten menschlichen Wahrnehmungsmöglichkeiten.[4] Solche Erkundungen waren aber getragen von der Einsicht, dass der Sinnesreiz selbst Erkenntnis zu stiften vermöge – eine Überzeugung, die sich in Berninis 1652 abgeschlossener Verzückung der Hl. Teresa in S. Maria della Vittoria auf spektakuläre Weise Bahn gebrochen hat.[5] In der spirituellen Neubesinnung standen sich also der Wille zur Rationalisierung und eine erstaunliche Dynamik gegenüber, die sich auch in der Musikschrift des Athanasius Kircher von 1650 und zudem ganz praktisch auch in der Welle der Kanonisierungen abbildet: Während es im 16. Jahrhundert keine einzige Heiligsprechung gab, waren es im 17. Jahrhundert gleich 107.[6]

[2] Vgl. hier paradigmatisch Katja Burzer: *San Carlo Borromeo. Konstruktion und Inszenierung eines Heiligenbildes im Spannungsfeld zwischen Mailand und Rom*, Berlin / München: Deutscher Kunstverlag 2011.

[3] Katja Richter: *Der Triumph des Kreuzes. Kunst und Konfession im letzten Viertel des 16. Jahrhunderts*, München / Berlin: Deutscher Kunstverlag 2011, hier v. a. S. 127 ff.

[4] Clare Robertson: *Rome 1600. The City and the Visual Arts under Clement VIII*, New Haven: Yale University Press 2015.

[5] Dazu schon Robert Torsten Petersson: *The Art of Ecstasy. Teresa, Bernini and Crashaw*, London: Routledge 1970.

[6] Paolo Parigi: *The Rationalization of Miracles*, Cambridge: Cambridge University Press 2012.

Die überraschende Verbindung von sinnlicher Erfahrung und Erkenntnis im Dienst des Glaubens, die auch leitend war für die Kunstförderung der Barberini, der in dieser Hinsicht vielleicht einflussreichsten Familie,[7] war musikgeschichtlich äußerst folgenreich. Die Stabilisierung der liturgischen Verhältnisse führte zur Festschreibung einer gewissermaßen geläuterten, wenn auch konstruierten Fassung des Chorals, normativ in der *Editio Medicaea* von 1614/15 fixiert. Der Sohn von Palestrina hat jedoch um diese Fassung einen spektakulären Urheberrechtsprozess geführt, weil er sie als Kompositionen seines Vaters ansah; es gab also ein hohes Bewusstsein für das ‚Konstruierte' dieser neuen Wirklichkeit. Die mit ihr verbundene Spannung von Tradition und Modernität durchzieht das musikalische 17. Jahrhundert auf eine bemerkenswerte Weise. Während die Palastkapelle des Papstes, die Cappella Sistina, zur Sachwalterin eines kanonisierten polyphonen Stils gemacht worden ist, konnte Papst Urban VIII. in seiner Musikförderung jenseits der Liturgie allermodernste Tendenzen bedienen. Zuweilen vermochten diese Tendenzen auch eine Symbiose einzugehen, etwa in der berühmten Miserere-Komposition, die der Kapellsänger Gregorio Allegri in den 1630er Jahren für die päpstliche Kapelle schrieb – und deren besonderer Reiz in der Verbindung von normierter satztechnischer Faktur und virtuosester Verzierungspraxis liegt.[8] Das große Bekehrungsstück der *Rappresentatione di Anima, et di Corpo* sollte, wie es Emilio de' Cavalieri im Titel des Erstdrucks vorschreibt, „recitar cantando" aufgeführt werden, also in der allerneuesten Art des begleiteten Sprechgesangs: Bekehrung durch eine völlig neue Form der Affektdarstellung. Der Komponist war sich dessen ebenfalls bewusst, nutzte er doch seine Vorrede dazu, erstmals wichtige Grundsätze dieser neuen Darstellungsweise überhaupt schriftlich zu erläutern.[9]

Diese ebenso selbstverständliche wie reflektierte Verbindung von dogmatischer Tradition und denkbar avanciertesten Darstellungsweisen ist zum prägenden (und in dieser Form singulären) Charakteristikum der Musikstadt Rom im 17. Jahrhundert geworden. Claudio Monteverdi hat dies in Venedig genau wahrgenommen; in seinem berühmten Druck von 1610 verbinden sich programmatisch beide Elemente, in der Gegenüberstellung der auf Gombert zurückreichenden *Missa in illo tempore* mit der *Marienvesper*, also von Messe und

---

[7] Peter Rietbergen: *Power and Religion in Baroque Rome. Barberini Cultural Policies*, Leiden: Brill 2006 (= Brill's Studies in Intellectual History 135).

[8] Vgl. vom Verf.: *Perpetuierung des Einzigartigen: Gregorio Allegris ‚Miserere' und das Ritual der päpstlichen Kapelle*, in: Joseph Imorde u. a. (Hg.): *Barocke Inszenierung. Akten des Internationalen Forschungscolloquiums an der Technischen Universität Berlin, 20.–22. Juni 1996*, Emsdetten / Zürich: Edition Imorde 1999, S. 136–145.

[9] Vgl. Emilio de' Cavalieri: *Rappresentatione di anima, et di corpo (1600)*, hg. von Murray Bradshaw, Middleton: American Institute of Musicology 2007 (= Publications of the American Institute of Musicology. Miscellanea 5).

Stundengebet, von Dogmatik und Frömmigkeitserfahrung, von polyphoner Tradition und expressiver Monodie. Kaum zufällig wurde gerade dieses Werk Papst Paul V. gewidmet. Das um 1600 willentlich heraufbeschworene Spannungsfeld hat eine wahrscheinlich auch für die Protagonisten überraschend produktive und prägende Energie entfaltet. Sie zeigt sich, nach der nur kurzen Blüte der geistlichen Oper, wesentlich in vier Gattungen, die allesamt eine lange, stabile Tradition ausgeprägt haben: der Motette, der Kantate, dem Oratorium und der selbständigen Instrumentalmusik. In allen diesen Gattungen wurden ganz eigene Wege gesucht: Oratorium und Kantate waren die Genres mit neu gedichteten Texten, geistlich im einen, zumeist weltlich im anderen Fall; die Motette bediente sich alter sakraler Texte, jedoch in avancierten kompositorischen Formulierungen; und die Instrumentalmusik partizipierte schließlich in Rom, insbesondere durch die Anstrengungen Stradellas und Corellis, am Gedanken der Versöhnung affektiver Expressivität und kontrollierter, rationaler Form – wovon Georg Muffat 1701 begeistert berichtet hat.[10]

Bedenkt man diese Ausgangslage, so erstaunt es nicht, dass Rom um 1700 zu einem musikalischen Zentrum eigener Art geworden war, mit ambitionierten musikalisch-literarischen Gattungen an der Spitze sowie der Ausprägung einer Instrumentalmusik, die sich von allen utilitaristischen Zuordnungen entfernt hatte. Getragen wurde dies von einer außerordentlich gebildeten, literaten Oligarchie, in der sich die römische Physiognomie sozial abzubilden vermochte: in der Verquickung von produktiver Konkurrenz und der Verpflichtung auf die ‚Idee' Roms. Wolfgang Reinhard hat für das Agieren dieser Eliten schon in den 1970er Jahren den hilfreichen Begriff der ‚Verflechtung' geprägt.[11] Die enge Verbindung dieser Eliten hat zu einer ausgesprochen belastbaren Infrastruktur geführt, die für die umworbenen Protagonisten durchlässig, unkompliziert und ‚familiär' zugleich gewesen ist. Und diese Strukturen blieben immerhin noch stabil, als Rom um 1700 in wirtschaftliche Schwierigkeiten geriet – und schließlich von einem furchtbaren Erdbeben heimgesucht wurde.

Händels spektakuläre Entscheidung, sich nach Rom zu wenden, mag mit diesen Voraussetzungen zu tun haben – und der Umstand, dass der mitteldeutsche Protestant dort auf keinerlei erkennbare institutionelle Schwierigkeiten gestoßen ist, im Gegenteil, spricht nicht nur für seine eigene Gelenkigkeit, sondern auch für die der römischen Akteure. Denn die literarischen Eliten waren zugleich politische Eliten, und sie liebten in ihren Zirkeln, wie in der

10 Gemeint ist hier die Vorrede zu den Concerti grossi in: *Auserlesener mit Ernst und Lust gemengter Instrumental-Musik Erste Versamblung*, Passau 1701.

11 Wolfgang Reinhard: *Freunde und Kreaturen. ‚Verflechtung' als Konzept zur Erforschung historischer Führungsgruppen. Römische Oligarchie um 1600*, München: Vogel 1979 (= Schriften der Philosophischen Fachbereiche der Universität Augsburg 4).

‚Arcadia', den spielerischen Identitätswechsel – ein durchaus ernster Habitus der fortwährenden ‚conversio', der Händel denkbar weit entgegengekommen sein dürfte. Denn auch er hat es offenbar sofort und erfolgreich gelernt, derartige Identitätswechsel zu praktizieren – dieses römische Modell sollte ihn zeitlebens prägen. Im *Trionfo del tempo e del disinganno* wird ein solcher Identitätswechsel nicht nur textlich, sondern auch, in der eindringlichen Schlussarie, musikalisch vorgeführt. Die römischen Netzwerke, in die Händel geriet und die er für sich selbst aufgebaut hat, erweisen sich also nicht einfach nur als ein biographischer Begleitumstand, sie sind für ihn eine prägende Erfahrung geworden. Rom profitierte um 1700 von einer inzwischen drei Generationen umfassenden Kultur einer produktiven, spielerischen und doch der spirituellen Sache verpflichteten Konkurrenz politischer und kreativer Eliten. Dass diese Spannungen nicht kontraproduktiv, sondern, selbst in schwieriger werdenden Umständen, über die Maßen produktiv geworden sind, mag am Ende rätselhaft erscheinen, aber Händel hat sich dieser Konstellation offenbar mit Hingabe und Leichtigkeit bedient.

Es erscheint also durchaus sinnvoll, Händels römische Zeit nochmals unter diesen Voraussetzungen in den Blick zu nehmen. Im Göttinger Symposium von 2016 wurde dies in fünf Schritten getan. Der panoramaartige Festvortrag von Dietrich Erben sollte die Szene aufspannen für dieses Unternehmen. Sabine Ehrmann-Herfort hat gewissermaßen ‚Realienkunde' betrieben, also unter dem Blickwinkel Händels die musikalische Topographie Roms erkundet. Die für Händel so wichtigen literarischen Eliten stehen im Mittelpunkt des Beitrags von Wolfgang Proß, während Klaus Pietschmann die Rolle der Musik in der römischen Aristokratie untersucht hat. Und Alexandra Nigito hat die Verhältnisse einer der für Händel wichtigsten Familien, der Doria Pamphilj, nochmals in den Blick genommen. Allen Beiträgern sei herzlich für Ihre Teilnahme und ihre Texte gedankt. In den neuen Band der *Göttinger Händel-Beiträge* (GHB) konnte dankenswerterweise auch eine detailreiche Studie von Hans Joachim Marx aufgenommen werden. Der Dank schließt, wie stets, alle Mitarbeiter der Göttinger Händel-Festspiele ein, insbesondere aber Lion Gallusser und Franziska Sagner vom Musikwissenschaftlichen Institut der Universität Zürich. Sie haben die Kärrnerarbeit der Redaktion auf sich genommen.

*

Im Mai 2016 verstarb im Alter von 81 Jahren Klaus Hortschansky, der der Händel-Forschung wichtige Impulse verliehen hat und nach der Revolution 1989 bedeutend zur Neuausrichtung der Händel-Gesamtausgabe beigetragen hat. Dieser neue Band der GHB sei daher seinem Andenken gewidmet.

Rom um 1700. Kunst, Geschichte und Händels Zeitgenossenschaft

Dietrich Erben (München)

Wenn man, wie Georg Friedrich Händel, um 1700 nach Rom fuhr, dann war nicht mehr so ganz klar, wohin die Reise ging. Denn es war zu spät für den Aufbruch ins Machtzentrum der Christenheit und zum Theater der barocken Gegenwartskunst, und auch die Gelehrten und Künstler, die seit der Renaissance die antike Hinterlassenschaft erschlossenen hatten, gehörten nicht mehr unbedingt zur intellektuellen Avantgarde, sondern waren Establishment. Es war aber auch noch zu früh für die enthusiastische, klassizistisch inspirierte Begegnung mit der Antike, und die Stadt machte sich bestenfalls gerade erst auf, die auswärtigen Reisenden mit spektakulären Schauarchitekturen in Empfang zu nehmen. Die bis heute populärsten Tourismusattraktionen – die Spanische Treppe und der Trevibrunnen – waren zwar schon erdacht, aber ihre Verwirklichung zog sich aus durchaus symptomatischen Gründen über Jahrzehnte bis ins erste Drittel des neuen Jahrhunderts hin. Rom bot um 1700 keine stabile kulturelle Orientierung mehr, wie sie sich zuvor als „Rom-Bild“[1] dargeboten hatte und wie sie sich später um die Mitte des 18. Jahrhunderts unter neuen Vorzeichen als Image einer Kulturmetropole wieder darbieten wird. Um 1700 war das Papsttum schon seit einem halben Jahrhundert von der politischen Weltbühne abgetreten. Der Spanische Erbfolgekrieg, der zwischen 1701 und 1714 die europäische Politik bestimmte, hat diesen Zustand für alle Zeiten zementiert. Die Antike stand durch den berühmten Antikenstreit, die ‚Querelle des Anciens et des Modernes‘, auf dem Prüfstand, und die Kunst des 17. Jahrhunderts, die seit der Mitte des 19. Jahrhunderts mit dem Stil- und Epochenbegriff „Barock“[2] tituliert wurde, war in der Geschmackskritik vehement unter Beschuss geraten.

Diese Umbrüche der Wertung sind in einer Fülle von Einzelindizien nachvollziehbar, hier mögen ein paar Impressionen genügen. Als 1666 die Französische Akademie in Rom gegründet worden war, hatte man sich noch euphorisch die Nachahmung der Antike auf die Fahnen geschrieben, nun war man – nach gut zwanzig Jahren – der Antike überdrüssig. Ende August 1689 hatte sich der

---

[1] Vgl. Bernhard Kytzler (Hg.): *Rom als Idee*, Darmstadt 1993 (= Wege der Forschung 656).

[2] Zum Epochen- und Stilbegriff zusammenfassend Dietrich Erben: *Die Kunst des Barock*, München 2008 (= Beck Wissen 2557), S. 7–15.

Architekt Robert De Cotte auf eine fast einjährige Studienreise nach Italien begeben. In seinem Reisejournal gibt sich der Architekt unverhohlen als ein Parteigänger der ‚modernes' zu erkennen.[3] Also zeichnet er keine Grundrisse antiker Bauten mehr, weil sie ihm für moderne Bauaufgaben als unnütz erscheinen. In die Beschreibungen der Denkmäler mischt sich oft die Indignation über eine getäuschte Erwartung. Über das Pantheon befindet er lapidar, das Ganze besitze keinerlei Proportion („Tout cela fait qu'il n'y a nulle proportions"), einem Triumphbogen wird eine „üble Machart" („méchante manière") bescheinigt. Aber auch die Kunst und Architektur der Gegenwart kommen nicht besser weg. Die Petersplatzkolonnaden vermag De Cotte nur als konfuses Unterholzdickicht („une confusion qui resemble à une foirest") wahrzunehmen. Begeistert ist De Cotte nur in Oberitalien, hier gilt seine ungeteilte Bewunderung den Renaissancebauten Andrea Palladios. An Rom, an der antiken wie der zeitgenössischen Kunst der Stadt, wird kaum ein gutes Haar gelassen, und ähnlich sah man es auch an der Académie de France in Rom. In Rom seien, so ließ deren damaliger Direktor im September 1696 maliziös verlauten, sowieso nur, sieht man vom Pantheon einmal ab, abgenutzte Ruinen zu besichtigen („des ruines bien usées").[4]

Ein etwa gleichzeitiger satirischer Beitrag zur Rom-Debatte stammt aus der Feder von Christian Reuter. In dem 1696/97 erschienenen fiktiven Reiseroman kommt der Protagonist Schelmuffsky aus Padua nach Rom. Schon dieses Itinerar gibt einen ersten Fingerzeig, dass die moderne oberitalienische Universitätsstadt polemisch gegen die altmodische Antikenmetropole ausgespielt werden soll. Und in Rom kommt es dann auch genau dazu. Der örtliche Reiseführer zeigt Schelmuffsky gleich „alle Antiquitäten, die da zu sehen seyn, daß ich auch von dergleichen Zeige [Zeug] so viel gesehen habe, daß ich mich ietzo auff gar keines mehr besinnen kan."[5] Die Audienz beim Papst pervertiert Reuter zu einer schrillen Persiflage des Fußkusses, indem der Reisende aufgefordert ist, bei der Audienz die fürchterlich stinkenden Füße des Heiligen Vaters zu küssen.[6] Es war vor allem diese Szene, die dazu führte, dass Reuters *Schelmuffsky* auf den päpstlichen Buchindex gesetzt wurde. In dem späten Schelmenroman fallen also die antiken Kunst- und Bauwerke der Amnesie anheim, und der

---

[3] [Robert de Cotte:] *Le ‚Voyage d'Italie' de Robert de Cotte. Etude, édition et catalogue des dessins*, hg. von Bertrand Jestaz, Paris 1966 (= Ecole Française de Rome. Mélanges d'archéologie et d'histoire. Suppléments 5), die folgende Zitate und Paraphrasen S. 189, 179 u. 174.

[4] Zur Akademie Dietrich Erben: *Paris und Rom. Die staatlich gelenkten Kunstbeziehungen unter Ludwig XIV.*, Berlin 2004 (= Studien aus dem Warburg-Haus 9), S. 137–218, hier S. 212.

[5] Christian Reuter: *Schelmuffskys curiöse und sehr gefährliche Reisebeschreibung und zu Wasser und zu Lande*, hg. von Ilse-Marie Barth, Stuttgart 2014, S. 163.

[6] Ebd.

Papst ist in seiner ganzen triadischen Machtfülle als Bischof von Rom, als weltlicher Fürst des Kirchenstaates und als Oberhaupt der Christenheit Gegenstand des Gespötts. Es ist durchaus möglich, dass Händel den *Schelmuffsky*-Roman von Christian Reuter gelesen hat. Reuter stammte aus der Umgebung von Halle und stand als Dichter im Dienst der Höfe in Dresden und Berlin. Unabhängig davon ist es aber keineswegs abwegig, zu vermuten, dass sich Händel der distanzierten Rom-Sicht Reuters grundsätzlich hätte anschließen können.

Damit sind einige Stimmen der Außenwahrnehmung auf Rom zu Gehör gebracht. Das Thema „Rom um 1700" heißt aus der Warte der Kunstgeschichte, die hier bezogen wird, aber auch, festzustellen, dass man sich in Rom selbst der von außen konstatierten Orientierungskrise[7] sehr wohl bewusst war. Im Folgenden soll daher der Frage nachgegangen werden, wie in Rom insbesondere die Päpste darauf reagiert haben, und es ist zu zeigen, dass man auf die Orientierungskrise, die im Zuge der Querelle des Anciens et des Modernes unübersehbar geworden war, mit einem kulturellen Modernisierungsprogramm reagierte. Das ist so weit gar nicht weiter überraschend, bemerkenswert ist es eher, dass eine Modernisierung durch Geschichte in Gang gesetzt wurde. „Geschichte allein ist zeitgemäß" – diesen hegelianischen Programmspruch des Malers Wilhelm Kaulbach[8] könnte man sich für „Rom um 1700" ausborgen. Denn bei der Kunstpatronage, die unter dem Pontifikat von Papst Clemens XI. Albani (regierte 1700–1721) ab 1700 initiiert und umgesetzt wurde, besann man sich in ganz neuartiger Weise auf das Zeitalter des Frühchristentums als kulturelle Ressource der Stadt. Die Epoche der konstantinischen Basiliken wurde als historische Legitimationsbasis der katholischen Konfession in Dienst genommen. Hinzu kommt, dass das Kunstgeschehen in Rom in dieser Ära noch einmal nachdrücklich eine europäische Prägung gewann. Beide im Folgenden erörterte Aspekte, also das frühchristliche ‚revival' und die Internationalisierung des Kunstgeschehens, bilden während der Jahre von 1706 bis 1709, die Händel in Rom und an anderen Orten in Italien verbrachte, den Kontext kultureller Zeitgenossenschaft. Im letzten Teil des vorliegenden Beitrags ist aus der Sicht eines Dilettanten, als der sich der Autor in diesen Dingen freimütig zu bekennen hat, wenigstens mit ein paar Bemerkungen anzudeuten, wie Händel diese Zeitgenossenschaft verarbeitet haben könnte.

*

---

[7] Als begriffliche Anregung vgl. Sylvia Heudecker u. a. (Hg.): *Kulturelle Orientierung um 1700. Traditionen, Programme, konzeptionelle Vielfalt*, Tübingen 2004.

[8] Michael Brix / Monika Steinhauser (Hg.): *Geschichte allein ist zeitgemäß. Historismus in Deutschland*, Gießen 1978, S. 242.

Abb. 1: Pier Leone Ghezzi: *Papst Clemens XI. Albani.* Porträt (um 1708–1712; Rom, Museo di Roma; aus: Leone: *Museo di Roma* [wie Anm. 10], Kat.-Nr. I, B17, S. 69).

Sofern man sich in der älteren Forschung überhaupt für die Kunstentwicklung in Rom im späten 17. und frühen 18. Jahrhundert interessierte, sprach man schlicht von Niedergang: Der barocken Kunstblüte der Epoche Berninis und Borrominis, Pietro da Cortonas und Guercinos, und damit auch Frescobaldis, Cavallis und Carissimis, soll der Verfall gefolgt sein. Aber seit einigen Jahren wird gegen diese Bewertung mit guten Gründen protestiert.[9] Nun werden die Kräfte der Regeneration betont, Rom bietet in der neueren Forschung nicht mehr das Bild einer barocken Verschwendungskultur, sondern das einer kulturellen Austerität, einer Konzentration der Mittel, und das verdankte sich maßgeblich dem Papst.

Giovanni Francesco Albani wurde pünktlich zum Wechsel ins neue Jahrhundert am 23. November 1700 zum Papst gewählt und nannte sich pragmatisch nach dem Heiligen des Wahltages Clemens von Rom. Dabei traf es sich

[9] Als Pionierstudie kann die Untersuchung von Christopher Johns: *Papal Art and Cultural Politics*, Cambridge / New York 1993 gelten; vgl. auch dessen neuere Monographie: Christopher Johns: *Visual Culture of the Catholic Enlightenment*, Cambridge / New York 2014. Ein Panorama geben die Ausstellungskataloge Edgar Peters Bowron u. a. (Hg.): *Art in Rome in the Eighteenth Century*, London 2000 sowie Anna Lo Bianco / Angela Negro (Hg.): *Il Settecento a Rome*, Mailand 2005.

aber bestens, dass es sich beim Namenspatron um einen frühchristlichen Heiligen handelte. Es passt zu dieser Geste einer zurückhaltenden Selbstdarstellung, dass es kaum Porträts gibt, und die wenigen sind von nicht unbedingt aufsehenerregender Qualität. Pier Leone Ghezzis Bildnis (siehe Abbildung 1) zeigt zwar den Albani-Papst noch im üblichen Formular als sitzende Halbfigur, doch mit dem gerade einmal lebensgroßen Bild hat sich der Papst vom resoluten Auftritt seiner Vorgänger verabschiedet.[10] Die Rechte ist kommunikativ zum Segensgestus erhoben, in der linken Hand hält er nicht mehr eine Staatsdepesche, sondern ein Billet, das dem Maler die Gelegenheit einräumt, sich mit seiner Signatur bemerkbar zu machen („Alla Santità di N.o Signore Papa Clemente XI per Pier Leone Ghezzi Pitt. In Roma"). Das Zurücktreten der Person zeigt sich auch in der Kunstpatronage des Papstes. Dabei war eine entscheidende Weiche schon vom Vorgänger Innozenz XII. Pignatelli (regierte 1691–1700) gestellt worden, der mit einer päpstlichen Bulle im Jahr 1692 das jahrhundertealte System des Nepotismus beendete. Für den Nepotismus hatte Bernini mit seiner vom Kardinalnepoten Scipione Borghese in Auftrag gegebenen Aeneas-Anchises-Ascanius-Gruppe die unübertroffene Allegorie geschaffen. Der greise Oberpriester wird von Aeneas aus dem brennenden Troja gerettet, und die Konstellation illustriert, dass die politische Gestaltungsmacht dem Nepoten gebührt.[11] Hatte bis dahin dieser Imperativ der sozialen und politischen Förderung der eigenen Familie zu einer ungeheuren Entladung der Energien des Kunstmäzenatentums geführt, so musste das Verbot des Nepotismus unvermeidlich zu einer Verlangsamung der Dynamik führen. Das bedeutete aber zugleich, dass sich Clemens XI. in seinem bis 1721 währenden Pontifikat auf die mäzenatische Verantwortung der Institution des Papsttums selbst zu besinnen hatte.

I. Die Internationalisierung des Kunstgeschehens

Die sicherlich ambitionierteste Initiative auf dem Feld künstlerischer Neuschöpfungen galt der Lateransbasilika (siehe Abbildungen 3 und 4). Die Vollendung der Ausstattung der Laterankirche war ein treuhänderisches Unternehmen, mit ihr wird ein älteres, gut sechzig Jahre früher aufgesetztes Testament vollstreckt. Denn es war Francesco Borromini gewesen, der mit seiner 1650

[10] Zum Porträt vgl. Museumskatalog Rossella Leone (Hg.): *Il Museo di Roma racconta la città*, Rom 2002, Kat.-Nr. I, B 17, S. 69.

[11] Zur Deutung zusammenfassend mit Bezug auf die insbesondere von Rudolf Preimesberger ausgearbeiteten Argumente Arne Karsten: *Künstler und Kardinäle. Vom Mäzenatentum römischer Kardinalnepoten im 17. Jahrhundert*, Köln 2003, S. 26–31.

von Papst Innozenz X. in Auftrag gegebenen Neugestaltung des Innenraums von San Giovanni in Laterano die raffiniert gerahmten Statuennischen in der Pfeilerzone und die Wandfelder im Lichtgaden hinterlassen hatte, die nun zur Verfügung standen, oberhalb der immerhin knapp fünf Meter hohen Nischen wurden gleichzeitig Gemäldedarstellungen der Propheten angebracht.[12]

Die Entscheidung, die leer gebliebenen Langhausnischen von San Giovanni in Laterano mit den Monumentalstatuen der zwölf Apostel auszustatten, fiel unmittelbar am Beginn des Pontifikats. Sie wurde 1703 bis 1718 in eindrucksvoll generalstabmäßiger Planung noch während der Amtszeit Clemens XI. durchexerziert.[13] Man kann die Ausstattungskampagen in solch militaristischen Tönen schildern, denn während des Spanischen Erbfolgekrieges stand das gesamte Unternehmen ganz unmittelbar unter den Vorzeichen der Allianzpolitik des Papsttums. Für die Finanzierung der zwölf Marmorkolosse hat man sich das Modell ausgedacht, einzelne europäische Herrscher zur Kasse zu bitten. Am Ende ist es tatsächlich gelungen, verschiedene Fürsten für die Bezahlung jeweils einzelner Statuen zu gewinnen, sodass sich die Apostelserie allein durch ihren Entstehungskontext als ein völlig singuläres europäisches Unternehmen darstellt. Das gilt auch im Hinblick auf die beteiligten Künstler. Die zwölf Figuren wurden von sieben Bildhauern ausgeführt, wobei sich der Kreis vergleichsweise heterogen zusammensetzte (siehe Abbildung 2). Die künstlerische Oberleitung für die Statuenfolge sowie für die darüber angebrachten Prophetengemälde wurde dem Maler und damaligen Direktor der römischen Accademia di San Luca Carlo Maratta übertragen, der durch seine Entwürfe für die Statuen und die Bilder eine gewisse formal-stilistische Einheitlichkeit der Werkserien gewährleisten sollte. Dazu ist es bei den Statuen dann nur in ganz eingeschränktem Maße gekommen. Unter den italienischen Bildhauern aus verschiedenen Ländern und italienischen Regionen taten sich insbesondere die beiden französischen Bildhauer Etienne Monnot und Pierre Legros hervor, die sich mit jeweils zwei Figuren beteiligten.

Das typologische Vorbild für die Apostelfolge boten die Vierungspfeilerfiguren aus dem frühen 17. Jahrhundert in Sankt Peter.[14] Hier waren sowohl die

---

[12] Zu Borrominis Interventionen Augusto Roca De Amicis: *L'opera di Borromini in San Giovanni in Laterano. Gli anni della fabbrica (1646–1650)*, Rom 1995.

[13] Zur Stiftungstätigkeit Clemens' XI. in der Lateranbasilika Johns: *Papal Art* (wie Anm. 9), S. 55–93; als Übersichten zu den Statuen Robert Enggass: *Early Eighteenth-Century Sculpture in Rome*, University Park / London 1976; Bowron: *Art in Rome* (wie Anm. 9), S. 211 ff. u. Kat.-Nrn. 135, S. 262 ff.; 150, S. 280 f.

[14] Zu den Vierungspfeilerstatuen in Sankt Peter vgl. Irvin Lavin: *Bernini and the Crossing of Saint Peter's*, New York 1968 sowie die Beiträge von Rudolf Preimesberger: *Il San Longino del Bernini in San Pietro in Vaticano: dal bozzetto alla statua*, in: Maria Grazia Bernardini (Hg.): *Bernini a Montecitorio*, Rom 2001, S. 95–111; ders.: *Skulpturale Mimesis. Mochis Hl.*

Abb. 2: San Giovanni in Laterano in Rom. Blick in das Kirchenschiff (Foto des Autors).

Postierung der Statuen in Pfeilernischen von riesenhaften Ausmaßen als auch die in den Kirchenraum hineinwirkende Ausdruckswucht der Figuren vorgegeben. Man hat zur Kenntnis zu nehmen, dass die Bildhauer der Apostelfiguren bis in die Körperstatuarik und die Gewandbildung hinein Motive der immerhin fast ein Jahrhundert älteren Figuren übernahmen. Formadaptionen lassen etwa beim Heiligen Philippus von Giuseppe Mazzuoli (siehe Abbildung 3) beobachten, der sich mit der in vielen Richtungswechseln aufgewühlten, aus dem Voranschreiten motivierten Gewandbildung an Berninis Heiligen Longinus in der Peterskirche anschließt. Mazzuolis Figur wurde von dem Würzburger Fürstbischof Johann Philipp von Greiffenclau finanziert, der damit seinem Namenspatron eine Ehrung erwies. Camillo Rusconi hingegen schaute beim Entwurf seiner vom Salzburger Bischof bezahlten Andreasstatue auf die Figur von François Duquesnoy in der Sankt Peter-Vierung.

Ikonographisch und formal wird die Statuenfolge der Apostel komplettiert durch die Serie der Propheten, die sich darüber befinden.[15] Die zwölf Ölgemälde stammen von lauter verschiedenen Malern, wurden jedoch – als Malereien natürlich auch erheblich billiger als die Statuen – hauptsächlich von

Veronika, in: Thomas W. Gaehtgens (Hg.): *Künstlerischer Austausch. Akten des XXVIII. Internationalen Kongresses für Kunstgeschichte, Berlin, 15.–20. Juli 1992,* Bd. 2, Berlin 1993, S. 473–482.

15 Zusammenfassend Bowron: *Art in Rome* (wie Anm. 9), Kat.-Nr. 243, S. 396f.

Abb. 3: Giuseppe Mazzuoli: *Apostel Philippus*. Marmorstatue (um 1715; Rom, San Giovanni in Laterano; Foto des Autors).

einem einzigen Mäzen bezahlt, es handelte sich um den Mainzer Fürstbischof Lothar Franz von Schönborn. Die neutestamentlichen Apostel und die alttestamentlichen Propheten darüber treten zueinander in ein ikonographisches Verweisverhältnis. Gemäß dem Epheserbrief bilden sie das „Fundament der Kirche" („super fundamentum Apostolorum et prophetarum"; Eph. 2, 20). Dieses Fundament gewinnt durch beide Gruppen größte historische Tiefe, wobei die Historizität auch durch die Gattungsästhetik der Gemälde dargelegt wird. Bereits Borromini hatte in den seinerzeit leeren Stuckrahmen im Obergaden das Ziegelmauerwerk der frühchristlichen Basilika von San Giovanni in Laterano sichtbar belassen und so dem älteren Baubestand seine Referenz erwiesen. Wenn nun die Ölbilder in die Stuckrahmen eingepasst wurden, so besann man sich damit auf die Gattung des sogenannten ‚Einsatzbildes'. Solche Einsatzbilder benutzte man traditionell, um noch kostbarere Bilder, besonders Reliquien und Ikonen, zu schützen und auch deren Wiedererscheinen umso eindrucksvoller zu inszenieren. Das berühmteste Beispiel für ein solches Einsatzbild ist vielleicht das Marienbild, das Rubens für Santa Maria in Vallicella

Abb. 4: Benedetto Luti: *Prophet Jesaias* für San Giovanni in Laterano in Rom. Gemäldeentwurf (1716/17; London, Walpole Gallery; aus: Bowron: *Art in Rome* [wie Anm. 9], Kat.-Nr. 243, S. 396f.).

in Rom malte und das die byzantinische Marienikone verhüllt.[16] Wenn nun dieser Bildtypus bei den Prophetenbildern aufgenommen wird, so wird damit die spätantike Bausubstanz der Lateranbasilika als verehrungswürdig bewahrt. Darüber hinaus ist es, wie schon bei den Aposteln, bemerkenswert zu sehen, wie die Maler sich an älteren Vorbildern orientierten und diese umarbeiteten, das betrifft in erster Linie die epochemachenden Prophetenbilder von Raffael und Michelangelo vom Beginn des 16. Jahrhunderts. Stellt man Benedetto Lutis *Jesaias* (siehe Abbildung 4)[17] das Fresko des gleichnamigen Propheten von Raffael in Sant'Agostino (um 1512/13) gegenüber, so wird das deutlich.

---

[16] Martin Warnke: *Italienische Bildtabernakel bis zum Frühbarock*, in: *Münchner Jahrbuch der bildenden Kunst* 19, 1968, S. 61–102; gekürzter Wiederabdruck in: ders.: *Nah und fern zum Bilde. Beiträge zu Kunst und Kunsttheorie*, hg. von Michael Diers, Köln 1997, S. 40–107.

[17] Bowron: *Art in Rome* (wie Anm. 9), Kat.-Nr. 243, S. 396f.

Die Ausstattungskampagne im Lateran war nicht nur ein Unternehmen, das die Fürstenhäuser halb Europas in seinen Bann zog, sondern sie ist auch für die Situation von „Rom um 1700" in vielerlei Hinsicht erhellend. In seiner gesamten Programmatik liegt das Projekt auf einer Linie mit den im Folgenden noch zu beschreibenden geschichtspolitischen Initiativen der Kirchenrestaurierungen und der Museumsprojekte, wobei hier natürlich der Anteil an tatsächlich neu geschaffenen Werken schlechterdings überwältigend ist. Darüber hinaus ist auch die inhaltliche Akzentuierung auf das Alte Testament zu bedenken. Zwar steht das Prophetenthema einerseits in der Kontinuität einer überaus prominenten Darstellungstradition, doch lässt sich andererseits für das frühe 18. Jahrhundert eine generelle Konjunktur alttestamentlicher Themen beobachten. Neben zahlreichen Einzelwerken ist das in Bezug auf das Patrozinium recht außergewöhnliche Ausschreibungsprojekt für eine Moseskirche im Rahmen der Concorsi Clementini von 1733 nur ein Beleg für dieses alttestamentliche ‚revival'.[18] Es geht um eine weit ausgreifende Geschichtskonstruktion, die neben dem Frühchristentum auch noch das Alte Testament mit einbezieht, und sie könnte auch für Händels spätere Oratorien mit alttestamentlichen Erzählstoffen relevant geworden sein.

Auch aus stilgeschichtlicher Perspektive vermittelt die Lateranausstattung mit den vielfältigen Bezugnahmen auf die ältere Kunst ein wichtiges Argument für unser Thema „Rom um 1700". Es besteht darin, dass trotz aller sich anbahnenden, bereits angesprochenen Kritik am Hochbarock dessen Formsprache keineswegs obsolet geworden ist. Ganz im Gegenteil lässt sich zeigen, dass der Hochbarock in Architektur, Malerei und Bildhauerei auch an der Jahrhundertwende immer noch eine Traditionsreferenz darstellte. Man tut sich also generell schwer, für „Rom um 1700" von einem Stil- im Sinne eines Formwandels zu sprechen, weitaus mehr geht es um einen Konzeptwandel der Kunstpatronage insgesamt. Wir sind auf der einen Seite zeitlich noch ein gutes Stück von der klassizistischen Revolte Mitte des 18. Jahrhunderts entfernt, auf der anderen Seite aber auch noch von jener ebenfalls erst nach der Mitte des 18. Jahrhunderts einsetzenden eindrucksvollen Rezeptionsleistung älterer Kunst, die nun tatsächlich als ‚Repertoire' verbindlichen Status erlangt. Dieser Prozess verläuft in der bildenden Kunst analog zu demjenigen in der Musik, und es war auch Händels Musik, die in England nach dem Tod des Komponisten zu einem der frühesten Bestandteile eines solchen Repertoirekanons wurde.[19]

---

18 Zum Entwurf des Tessiner Architekten Bernardo Antonio Vittone (1733) Werner Oechslin: *Bildungsgut und Antikenrezeption des früheren Settecento in Rom. Studien zum römischen Aufenthalt Bernardo Antonio Vittones*, Zürich 1972, S. 147–155.

19 Dietrich Erben: *Aufführung und Repertoire in Malerei und Musik im 18. Jahrhundert*, in: Elisabeth Oy-Marra / Klaus Pietschmann (Hg.): *Intermedialität von Bild und Musik*, München

Die Lateranausstattung ist schließlich auch auftrags- und stiftungsgeschichtlich von herausragender Bedeutung für die Kunstpatronage in Rom um 1700. Auf Initiative des Papstes waren die Apostel- und Prophetenfolgen als eine kollektive Stiftung der katholischen Fürsten in Europa gedacht. Damit nahm die Kurie auch eine Führungsverantwortung in Anspruch, die in der politischen Realität der Zeit längst fragwürdig und faktisch bereits obsolet geworden war. Eine solche katholisch-konfessionelle Ökumene unter der Führung des Papstes war natürlich umso mehr eine Illusion während des Spanischen Erbfolgekrieges, als nicht nur die katholischen Hauptmächte Frankreich und das Habsburgerreich gegeneinander ihre Interessen in Spanien durchzusetzen suchten, sondern auch die katholischen Fürsten untereinander Krieg führten, so Österreich gegen die Wittelsbacher in Bayern und Köln, im Jahr 1707 stellte sich Kaiser Joseph I. darüber hinaus offen gegen den Papst und ließ sogar Teile des Kirchenstaates besetzen.[20] In dieser Situation war die päpstliche Stiftungsinitiative schiere Symbolpolitik – nicht mehr, aber auch nicht weniger: Sie kompensierte politische Schwäche, signalisierte aber zugleich Präsenz in der europäischen Staatenwelt.

Es ist sozusagen ‚von Haus aus' die Architektur, die, zumindest vor dem Zeitalter der Massenmedien, die größte soziale Reichweite besitzt. Dieser Ansicht war man um 1700 auch in Rom, wo man sich allerdings nur zukunftsträchtige Projekte ausdenken konnte, deren Realisierung aber für lange Jahre verhindert wurde. Dies gilt für wenigstens drei berühmte Neubauprojekte, deren Planungen nach 1700 auf den Weg gebracht wurden. Die Rede ist von der Fontana di Trevi, der Spanischen Treppe und von der Anlage eines Tiberhafens, dem Porto di Ripetta, im Kernbereich der Stadt in der Nähe der Engelsburg.[21] Jedes dieser Bauvorhaben stellte für sich einen bedeutenden Beitrag zur Verbesserung der städtischen Infrastruktur dar. Alle drei Projekte zeichnen sich zudem dadurch aus, dass sie als ausgesprochen szenographisch-bühnenhafte Spektakelarchitekturen konzipiert sind und von Anfang an auch an auswärtige Reisende und Pilger adressiert waren. Die bis heute anhaltende Popu-

---

2017 (Druck in Vorbereitung); grundlegend zum Gesamtproblem Klaus Pietschmann / Melanie Wald-Fuhrmann (Hg.): *Der Kanon der Musik. Theorie und Geschichte. Ein Handbuch*, München 2013.

20 Als Übersicht Volker Press: *Kriege und Krisen. Deutschland 1600–1715*, München 1991 (= Neue deutsche Geschichte 5), S. 448–476.

21 Zusammenfassend Rudolf Wittkower: *Art and Architecture in Italy 1600–1750*, Bd. 3, New Haven / London 1999 (= The Pelican History of Art), Kap. 16; speziell Elisabeth Kieven: *Gli spazi urbani sull'esempio dell'architettura del XVIII secolo a Roma. Il porto della Ripetta ed altri mutamenti urbanistici nella Roma del Settecento*, in: Mariny Guttilla (Hg.): *Il Settecento e il suo doppio. Rococò e Neoclassicismo, stili e tendenze europee nella Sicilia dei viceré*, Palermo 2008, S. 115–128.

Abb. 5: Filippo Juvarra: Projekt eines Landschlosses für drei Fürsten. Vogelschauvedute (1705; Berlin, Staatliche Museen Preußischer Kulturbesitz, Kunstbibliothek; aus: Kieven: *Von Bernini bis Piranesi* [wie Anm. 22], Kat.-Nr. 70).

larität der Spanischen Treppe und des Trevibrunnens unter den Rom-Touristen bestätigen post festum diese ursprüngliche Absicht. Neben diversen Planungsproblemen wurde die zügige Verwirklichung der Bauvorhaben auch durch den Spanischen Erbfolgekrieg vereitelt.

Unter diesen ‚Papierarchitekturen', die zu Zeiten Clemens XI. gezeichnet wurden, gehört ein Palastentwurf von der Hand des Architekten Filippo Juvarra zweifelsohne zu den spektakulärsten (siehe Abbildung 5). Der Architekt reichte das Projekt für den Architekturwettbewerb der Accademia di San Luca 1705 ein und gewann damit den ersten Preis. Er stammte aus Messina, war als Priester geweiht, hatte sich autodidaktisch als Architekt weitergebildet und war 1704 nach Rom gekommen. Als Hausarchitekt des Kardinals Pietro Ottoboni entwarf er unverzüglich berühmt gewordene Bühnenbildentwürfe. Er dürfte so auch mit Händel, zu dessen Gönnern Ottoboni ebenfalls zählte, bekannt geworden sein, und Händel wiederum könnte das Palastprojekt gekannt haben. Es wurde von Juvarra für den sogenannten ‚Concorso Clementino' eingereicht, der ab 1702 jedes Jahr von der Accademia di San Luca ausgelobt wurde.[22] Solche Akademiewettbewerbe für die Sparten Malerei, Bildhauerei und Skulptur gab es schon früher, aber sie wurden unter Clemens XI. als Mittel einer überregionalen und sogar internationalen Kunstförderung gezielt aufgewertet. Entsprechend lassen sich auch die Aufgabenstellungen immer wieder auch als dezidiert politische Botschaften verstehen, wie dies beim Concorso Clementino

[22] Kurze Darstellungen finden sich in Elisabeth Kieven (Hg.): *Von Bernini bis Piranesi. Römische Architekturzeichnungen des Barock*, Stuttgart 1993, Kat.-Nrn. 67–70; Vera Comoli Mandracci (Hg.): *Filippo Juvarra. Architetto delle capitali da Torino a Madrid 1714–1736*, Turin 1995, Kat.-Nrn. 17–20; zu den Architekturwettbewerben an der Accademia di San Luca vgl. Paolo Marconi u. a.: *I disegni di architettura dell'Archivio Storico dell'Accademia di San Luca*, Rom 1974.

des Jahres 1705 der Fall war. Verlangt wurde der Entwurf eines Landschlosses für drei Fürsten im königlichen Rang. Juvarra legte, dem Reglement entsprechend, einen ganzen Plansatz mit Grund- und Aufriss, Ansichten, Schnitten und einer Vogelschau vor. Das Projekt ist in seinem utopischen Gehalt als eine in riesigen Dimensionen ausgebreitete, auf einer Insel gelegene Palaststadt für drei Könige schlechterdings atemberaubend. Das Zentrum bildet der Tripelpalast mit den Wohnpavillons für die drei Fürsten und den dazwischen gelegten ovalen Festsaalbauten, die um ein regelmäßiges Sechseck gruppiert sind. Ein kreisrunder Ehrenhof hält die konzentrisch angelegten Kavaliersbauten auf Distanz, die sich als Scharnier zwischen den Palast und die streng formalisierten Gartenanlagen schieben. Zusätzliche Vorgebäude in der Peripherie erweitern die Gesamtanlage zur geometrisch durchorganisierten Idealstadt. Die Vogelschauvedute des Hauptbaus entfaltet die ganze Suggestionskraft einer als möglich gedachten Realität. Die einzelnen Gebäudetrakte gleiten im Licht ineinander, und über die Höfe und Gärten eilen die Kutschen dahin.

Juvarras Landschlossentwurf ist nicht nur ein Schaustück spätbarocker Szenographie, sondern auch eine politische Vision. Die Titelvignette auf dem Grundriss benennt kurz das Programm eines „Regio Palazzo in Villa“, in dem für drei Personen königlichen Rangs mit ihrem jeweiligen Hofstaat Residenz geboten werden soll („Pianta Generale del Regio Palazzo in Villa per il diporto di tre Personaggi egualmente diviso e distinto per se stessi, e loro Corte con tutti gl'annessi nella conformità, si dichiara nel Sogetto dato in questa prima classe D. Filippo Juvarra F. 1705.“). Über dem Text erscheint in einer Kartusche das Emblem der Akademie. Es handelt sich dabei um einen aus zwei sich durchdringenden Dreiecken konstruierten Stern, in dem eben jenes Sechseck geformt ist, das als Cortile auch den Nukleus von Juvarras Palastbau bildet. Der Stern illustriert das Motto der Akademie „Aequas Potestas“, das die Gleichrangigkeit von Malerei, Skulptur und Architektur ausspricht. Juvarra hat aber nicht nur das Symbolzeichen der Akademie architektonisch umgesetzt, sondern auch dem Akademiemotto einen politischen Sinn gegeben. Denn die „Aequas Potestas“, also die „Ausgewogenheit der Macht“, wird hier auf die Bauaufgabe einer Palastanlage umgemünzt. Als deren einzige Funktion ist ein Treffpunkt für die Begegnung unter Monarchen denkbar. Mitten im Spanischen Erbfolgekrieg ist der Tripelpalast offenbar als Unterkunft für einen Friedenskongress der Monarchen unter der Schirmherrschaft des Papstes gedacht, und in dieser Funktion steckt auch die politische Utopie der Aufgabenstellung seitens der Accademia di San Luca und damit auch von Juvarras Wettbewerbsbeitrag. Mag die Umsetzung eines solchen Friedenskongresses unter den Vorzeichen der tatsächlichen politischen Entwicklungen ohne jede Aussicht auf Erfolg gewesen sein, so liegt der Gedanke selbst doch durchaus innerhalb des Horizonts der politischen Ideenwelt in jenen Jahren. Zwar waren Monarchenbegegnungen im Ancien Régime aufgrund allgegenwärtiger Zeremoniell- und Präzedenzstreitigkeiten zusehends eine schwierige Angelegenheit geworden, aber sie waren prinzipiell möglich und kamen unter speziellen Umständen auch vereinzelt zustande. Die Wende zum 18. Jahrhundert markiert bei den Monarchenbegegnungen sogar den Übergang vom alten dynastischen Verbrüderungsritual zu den nach den Regeln formalisierter Diplomatie organisierten modernen Staatsbesuchen.[23] Die „Aequas Potestas“, die im Projekt Juvarras monumental-sinnbildhafte Gestalt gewinnt, hatte als politisches Ziel der ‚Balance of power‘ bereits als Alternative zum Ordnungsmodell einer überkommenen Idee der ‚Monarchia universalis‘ unter der Observanz eines einzelnen Staates ebenfalls schon Konturen gewonnen.[24] Und schließlich erweist das Landschlossprojekt jener traditionell vom Papst in Anspruch genommenen Rolle eines Friedensrichters, der als ‚arbiter‘ zwischen den Fronten der europäischen Staatenwelt vermittelt, noch einmal seine Referenz. All diese zeitgenössischen Implikationen machen die Wettbewerbsausschreibung des Jahres 1705 zu einem Gedankengebilde, das den zeitgenössischen Realitäten nicht mehr standzuhalten vermochte.

Selbstverständlich war davon nicht nur das Papsttum betroffen. Zwei Jahre nach dem Friedensschluss von Utrecht, durch den der Spanische Erbfolgekrieg 1713 endlich ein Ende fand, gab der portugiesische König Johann V. für seinen Botschafter in Rom bei römischen Künstlern eine neue Kutsche in Auftrag.[25] Lebensgroße vergoldete Statuen über der Hinterachse stellen die Personifikationen des Atlantiks und des Indischen Ozeans dar, die sich über dem Kap der Guten Hoffnung die Hände reichen, um so die weltgeschichtliche Rolle der Kolonialmacht Portugal in Szene zu setzen. Die *Coche de los oceanos* ist vielleicht die prächtigste Kutsche, die es gibt, aber sie verklärt eine Weltmacht, die es nicht mehr gab. Denn mit dem Ende des Spanischen Erbfolgekrieges war bereits für die Zeitgenossen klar, dass die alten Kolonialmächte des europäischen

---

[23] Jürgen Hartmann: *Bilder eines Zeremoniells. Herrscherbegegnungen der preussischen Könige im 18. Jahrhundert*, in: *Majestas* 11, 2003, S. 160–190; allgemein Johannes Paulmann: *Pomp und Politik. Monarchenbegegnungen in Europa zwischen Ancien Régime und Erstem Weltkrieg*, Paderborn 2000, S. 30–55 zu den Verhältnissen in der Frühen Neuzeit.

[24] Franz Bosbach: *Monarchia Universalis. Ein politischer Leitbegriff der frühen Neuzeit*, Göttingen 1988 (= Schriftenreihe der Historischen Kommission bei der Bayerischen Akademie der Wissenschaften 32); breit untersucht wurden diese Aspekte der Staatenbeziehungen von Christoph Kampmann u. a.: *Die englische Krone als „Arbiter of Christendom“? Die „Balance of Europe“ in der politischen Diskussion der späten Stuart-Ära (1660–1714)*, in: *Historisches Jahrbuch* 116, 1996, S. 321–366; ders.: *Arbiter und Friedensstiftung. Die Auseinandersetzung um den politischen Schiedsrichter im Europa der Frühen Neuzeit*, Paderborn u. a. 2001 (= Quellen und Forschungen aus dem Gebiet der Geschichte. Neue Folge 21).

[25] Bowron: *Art in Rome* (wie Anm. 9), Kat.-Nr. 62, S. 176 f.; allgemein Jennifer Montague: *Roman Baroque Sculpture. The Industry of Art*, New Haven / London ²1992.

Kontinents als Weltmächte ausgespielt hatten und die Musik nun in England spielte. Das kann man durchaus wörtlich nehmen: Händel ging über den Zwischenstopp in Hannover in die Hauptstadt der aufsteigenden Weltmacht und komponierte für deren König das *Te Deum* zum Utrechter Friedensschluss.

II. Das ‚revival' des Frühchristentums: Gelehrtenkultur, Kirchenrestaurierungen und Museumsprojekte

Es ist also kennzeichnend für die Gesamtsituation, dass die wirklich großen Projekte in Rom bloße symbolpolitische Ambition blieben und zumindest fürs Erste in einem geringen Umfang realisiert werden konnten. Gleiches gilt für einen weiteren Maßnahmenkatalog, nämlich den auf dem Feld der Kulturpolitik. Die Kunstpatronage Clemens' XI. basierte auf dem Fundament der Gelehrtenförderung. Man kann sagen, dass dies im Grundsatz auch schon für die Hochzeiten der Renaissance- und der Barockära gegolten hatte, doch nun verschoben sich die Verantwortlichkeiten und die Inhalte. Es ging um nichts weniger als um den Versuch, die nachtridentinische katholische Konfession für die sich etablierende Bildungsbewegung der Aufklärung und die modernen Wissenschaften zu öffnen. Die Verantwortung übernahm die Kurie und nicht mehr die Papstfamilie. Damit verlagerten sich Stil und Inhalte von einer panegyrischen Geschichtsschreibung, welche ganz im Dienste der Papstfamilie stand, zu einer historischen Wissenschaft. Diese sollte sich nicht nur den frühaufklärerischen Normen der Empirie verpflichtet fühlen, sondern sich auch auf die Suche nach den geschichtlichen Grundlagen der Kirche im Zeitalter des Frühchristentums machen.

Einer der wichtigsten Protagonisten der Kulturpolitik unter Clemens XI. war der Mathematiker, Astronom und Historiker Francesco Bianchini.[26] An der Kurie wurde Bianchini mit wichtigen diplomatischen Missionen betraut und bekleidete mehrere Ämter, unter anderem war er ‚Presidente delle antichità', also Kustos der päpstlichen Antikensammlungen und eine Art obers-

[26] Zum Folgenden grundlegend die beiden monographischen Bände Valentin Kockel / Brigitte Sölch (Hg.): *Francesco Bianchini (1662–1729) und die europäische gelehrte Welt um 1700*, Berlin 2005 (= Colloquia Augusta 21); Brigitte Sölch: *Francesco Bianchini (1662–1729) und die Anfänge öffentlicher Museen in Rom*, Berlin 2007; allgemein zur Historiographie um 1700 die Beiträge von Simon Ditchfield, bes.: *‚Historia magistra sanctitatis'? The Relationship between Historiography and Hagiography in Italy After the Council of Trent (c.1564–1742)*, in: Massimo Firpo (Hg.): *Nunc alia tempora, alii mores. Storici e storia in età postridentina. Atti del Convegno internazionale, Torino, 24–27 settembre 2003*, Florenz 2005, S. 3–23; vgl. auch Thomas Wallnig u. a. (Hg.): *Europäische Geschichtskulturen um 1700 zwischen Gelehrsamkeit, Politik und Konfession*, Berlin 2012.

Abb. 6: *Linea Clementina* in Santa Maria degli Angeli in Rom. Fertigstellung des Meridians 1702. Kupferstich aus: Francesco Bianchini: *De nummo et gnomone Clementino* […], Rom 1703 (Brigitte Sölch, Florenz).

ter Denkmalpfleger für die antiken Monumente in Rom. Er war Mitglied der ‚familia' des Kardinals Pietro Ottoboni, der, wie schon erwähnt, auch zu den späteren Gönnern von Händel zählte. Schon 1702 ließ er in der Kirche Santa Maria degli Angeli, einem Teil der antiken Diokletiansthermen, nach seinen Plänen den berühmten Meridian installieren. Die sogenannte *Linea Clementina* wurde im Oktober 1702 enthüllt (siehe Abbildung 6).[27] Es handelt sich um ein Observatorium. Auf dem Boden ist mit Bronzestegen die Meridianlinie eingelassen, die über 45 Meter im Marmorfußboden den Kirchenraum durchmisst. Durch opulent mit Kartuschen gerahmte Lichteinlässe unterhalb der Gewölbe sind die Positionen der Sternbilder und des Polarsterns zu berechnen. Das Observatorium diente mathematischen und astronomischen Berechnungen, unter anderem von Problemen, die das kopernikanische System aufgeworfen hatte. Darüber hinaus erlaubte es der Meridian, nicht nur die Tagundnachtgleiche im Frühjahr abzulesen und damit den Termin für das Osterfest zu bestimmen, sondern auch den Gregorianischen Kalender zu überprüfen und diese höchst umstrittene gegenreformatorische Zeitreform zu bestätigen. Man sieht, wie bei der *Linea Clementina* beispielhaft wissenschaftliche und kirchenpolitische Anliegen zusammengeführt werden. Ebenso eindrucksvoll ist es aber zu sehen, wie

[27] John L. Heilbron: *Bianchini as an Astronomer*, in: Kockel / Sölch, *Bianchini* (wie Anm. 26), S. 57–82.

all diese triftigen Programminhalte ästhetisch ganz unmittelbar anschaulich gemacht werden. Die moderne Beobachtungstechnik der mathematisch begründeten Astronomie und der empirische Blick werden im Schauobjekt einer prachtvollen Rauminstallation ästhetisch gefeiert.

Eine ähnliche ästhetische Monumentalisierung fand im Bereich der Geschichte statt. Auch hier wurde dem Sichtbaren nun eine eminente Bedeutung beigemessen. Materielle Zeugnisse rücken den Schriftquellen gleichrangig als Dokumente der Vergangenheit an die Seite. Im musikgeschichtlichen Zusammenhang des Themas sei wenigstens am Rande Francesco Bianchinis erst postum veröffentlichte Abhandlung erwähnt, in der auf mehreren Tafeln die Funde antiker Musikinstrumente abgebildet sind und zusammen mit den antiken Texten einem vergleichenden Studium unterzogen werden. Bianchini schlägt hier, wie schon der Titel stolz verlauten lässt, die Klassifikation in Blas-, Streich- und Schlaginstrumente vor, die bis heute so gebräuchlich ist („gli strumenti a fiato, a cora e a percussione").[28] Im Jahr 1697 publizierte er den ersten Band seiner *Storia universale* und widmete sie Kardinal Pietro Ottoboni. Auf der Bildvignette der Widmung[29] wird das Werk seinem Gönner überreicht. Zwei Künstler, ein Maler und ein Bildhauer, hantieren mit antiken Bildwerken, die Fenster eröffnen den Blick auf das schon im 7. Jahrhundert zur Marienkirche umgewidmete Pantheon sowie auf einen modernen Kirchenbau. All dies illustriert die ununterbrochene Kontinuität der Kirchengeschichte von der Antike bis in die Gegenwart. Das Frontispiz des Werks lässt keinen Zweifel daran, welchen Instanzen sich der Historiker bei seinen Forschungen verpflichtet fühlt. Vor dem zu Zeiten der Gegenreformation aufgestellten ägyptischen Obelisken hat der Evangelist Johannes in der sitzenden Pose des Lehrers Platz genommen, während im Zentrum die Allegorie der Veritas ihren Schleier lüftet und sich zugleich der reine Quell ihrer Erkenntnis über die vor ihr knienden Vertreter der Erdteile ergießt. Die Symbolik spannt schon für das Altertum eine weite Geschichtschronologie von der ägyptischen Hieroglyphik über die griechische Schrifttafel bis zur römischen Antike auf. Alles Wissenswerte wird aber unumwunden unter die Observanz der christlichen Weisheit gestellt. Im Buch selbst findet diese Bildargumentation eine höchst originelle Fortsetzung. Die einzelnen Kapitel werden jeweils mit Bildern eröffnet, die kunstvoll arrangierte ‚pasticci' archäologischer Fundstücke zeigen. Die materielle Hinterlassenschaft soll den jeweiligen Geschichtsabschnitt illustrieren und als visuelle Gedächtnisstütze dienen, sie soll aber auch als Symbol der Epoche dienen. Die einzel-

[28] Francesco Bianchini: *De tribus generibus instrumentorum musicae veterum organicae dissertatio*, Rom 1742; vgl. Sölch: *Bianchini* (wie Anm. 26), S. 72 f.

[29] Ebd., S. 44 ff. mit Abb.

nen archäologischen Belegstücke sind in den Vignetten durchaus rätselhaft und spekulativ kombiniert und zugleich geistreich zu einer neuen szenischen Einheit zusammengestellt. Geschichte wird in diesen Schaubildern nicht nur anhand der archäologischen Hinterlassenschaft dokumentiert, sondern auch gedeutet. So werden die Bilder auch als Vergegenwärtigungen antiker Ereignisse und heidnischer Bräuche und Riten erläutert.

Bianchini widmet sich in seiner Universalgeschichte zunächst der Profangeschichte der Menschheit seit deren Anfängen und er hatte vor, dieser „storia umana“ eine „storia ecclesiastica“ folgen zu lassen. Dazu ist es in dieser Form zwar nicht mehr gekommen, aber die Vorarbeiten fanden Eingang in die umso grandiosere Idee eines historischen Museums für Kirchengeschichte. Das Vorhaben der Gründung eines Museo Ecclesiastico bedeutete, obgleich unverwirklicht geblieben, den Beginn einer neuen Ära in der Geschichte der vatikanischen Sammlungen.[30] Und diese Anfänge wirken dauerhaft und bis heute nach. Das dann um die Mitte des 18. Jahrhunderts eingerichtete und heute bestehende Museo Sacro ist ein direkter Nachfahre der Konzeption Bianchinis. In unmittelbarer Nähe zur Vatikanischen Bibliothek und ihr auch als Institution zugeordnet sollten in drei Sammlungsräumen die Zeugnisse der römischen Kaiserzeit und des frühen Christentums ausgestellt werden. Ab 1706 wurden systematisch Exponate für das Museum erworben, das Konzept Bianchinis war 1708 offenbar bereits weitgehend ausgearbeitet, und gleichzeitig begannen die Handwerksarbeiten für die Wanddekorationen. Bianchini hat in entsprechenden Entwürfen Architektur und Sammlung penibel aufeinander abgestimmt und darüber hinaus die Anordnung der Objekte geplant. Die Skizzen (siehe Abbildung 7) zeigen die einzelnen Abschnitte der Galeriewände, die von Pilastern gegliedert werden. Innerhalb der einzelnen Joche gibt es altarähnliche Einbauten, die die Sammlungsstücke aufnehmen. Der Schwerpunkt der Geschichtserzählung des Museums lag auf den ersten beiden nachchristlichen Jahrhunderten und damit auf der Ausbreitung des christlichen Glaubens durch die Apostel und die Jünger Christi. Spätere redigierte Umsetzungen der Skizzen in Kupferstichen (siehe Abbildung 8) machen die Disposition der Wände zwar besser lesbar, mindern aber zugleich die ursprüngliche ungeheure didaktische Wucht der Schauwände. So sah die ursprüngliche Konzeption etwa noch vor, vor die Marmorsäulen Skulpturen von Märtyrerinnen und Märtyrern zu stellen. Sie triumphieren als früheste Glaubenszeugen über die heidnischen Herrscher, deren Büsten den Blickfang des jeweiligen Joches bilden. Geschichte sollte nun nicht mehr nur in Bildwiedergaben, sondern durch die sinnliche Präsenz der Objekte selbst vermittelt werden. Dieser Absicht wurde nicht zu-

30 Hierzu grundlegend ebd., S. 77–265.

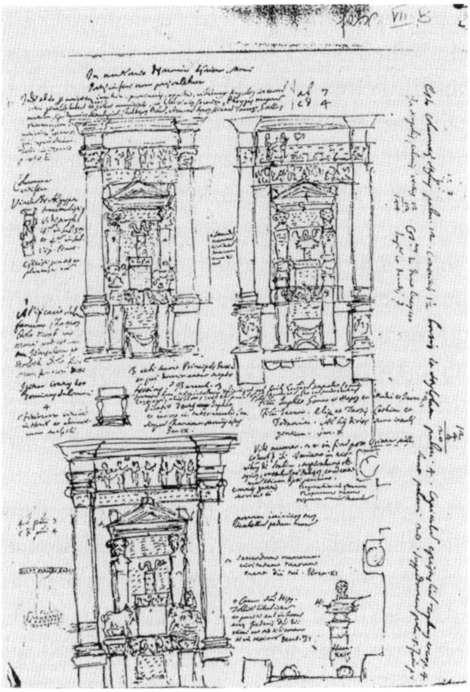

Abb. 7: Francesco Bianchini: Konzeptzeichnung für eine Schauwand des Museo Ecclesiastico im Vatikanpalast. Zeichnung (um 1707/08; Verona: Biblioteca Capitolare; Brigitte Sölch, Florenz).

Abb. 8: Francesco Bianchini: Schauwand im Museo Ecclesiastico. Kupferstich aus: Francesco Bianchini: *Demonstratio historiae ecclesiasticae quadripartita* [...], Rom 1752–1754 (Brigitte Sölch, Florenz).

letzt dadurch zu Nachdruck verholfen, dass die Exponate ohne Vitrinen frei im Raum platziert sein sollten. In dieser dinglichen Gegenwart der Relikte liegt auch eine konfessionelle Pointe in Bezug auf die heilsgeschichtliche Dimension der Geschichtserzählung im Museo Ecclesiastico. So wird gegenüber der protestantischen Bildskepsis erneut die Macht der Bilder restituiert und mit der Autorität der materiellen Zeugnisse wird darüber hinaus gegen das protestantische ‚sola scriptura'-Prinzip, also gegen das auf der Bibel basierende Schriftprinzip, Einspruch erhoben. Die exklusive materielle Überlieferung Roms wird als wesentliches Argument in den konfessionellen Auseinandersetzungen in Stellung gebracht. Im Museo Ecclesiastico wird vom Papsttum der, wie wir heute sagen würden, Standortvorteil Roms ganz unverhohlen ausgespielt.

Diese vielfältigen Interessen verfolgte die Kurie auch bei den Bewahrungs-, Wiederherstellungs- und Erneuerungsmaßnahmen frühchristlicher Basiliken.[31] Mit diesen Unternehmungen kam ein völlig neuer, ein verhaltener Ton in die päpstliche Kunstpatronage. Vordem hatten sich die Päpste und insbesondere die zur Familie gehörenden Nepoten mit Neubauten und entsprechenden Ausstattungskampagnen wie Familienpalästen, Grabkapellen und Kirchenstiftungen hervorgehoben. Nun rückte unter Clemens XI. der ‚inventio' ebenbürtig die ‚restauratio' zur Seite. Die Abschaffung des Nepotismus, wie schon eingangs angedeutet, brachte eminent wichtige ideologische und finanzielle Ressourcen zum Versiegen, ebenso spielten sowieso klamme Kassen im Staatshaushalt des Kirchenstaates eine Rolle. Letztlich ging es aber um eine kirchenpolitische Neuorientierung. In den Blick genommen wurde dabei jene Gruppe von Kirchenbauten, denen ein Ursprung in den frühchristlichen Jahrhunderten attestiert wurde, die man also als Zeugnisse aus der Zeit der Einführung des christlichen Glaubens als Staatsreligion unter Kaiser Konstantin im frühen vierten Jahrhundert betrachtete. Das betraf, neben kleineren Interventionen in anderen Kirchen, die Lateransbasilika sowie die Kirchen von Santa Maria in Cosmedin, SS. Apostoli und Santa Maria in Monticelli.

Als ein weiteres prominentes Beispiel kann die Kirche San Clemente gelten (siehe Abbildungen 9 und 10). Das Patrozinium erinnert an Clemens I., den dritten Papst im späten ersten Jahrhundert, der als Märtyrer gestorben sein soll, und nach dem sich auch der regierende Papst benannte. So begannen auch die Wiederherstellungsarbeiten unmittelbar nach dessen Amtsantritt. Seit dem frühen Seicento hatte man angenommen, dass die obere Basilika von San Clemente mit ihren monumentalen Spoliensäulen noch auf den

[31] Hierzu Anja Buschow: *Kirchenrestaurierungen in Rom vor dem Hintergrund der päpstlichen Kunst- und Kulturpolitik in der ersten Hälfte des 18. Jahrhunderts*, Diss. Bonn 1987; als Übersicht Johns: *Papal Art* (wie Anm. 9), zu San Clemente S. 94–99.

Abb. 9: San Clemente in Rom. Blick in das Atrium und auf die 1715 fertig gestellte Fassade (Foto des Autors).

Abb. 10: San Clemente in Rom. Blick in den 1715 wiederhergestellten Kirchenraum mit der neuen Holzdecke (Foto des Autors).

frühchristlichen Papst selbst zurückging. Eine ausgedehnte Unterkirche, die wohl auf einem unterirdischen Mithrasheiligtum gründet, führt einen bis heute in die ehrfurchtgebietenden Tiefen der Geschichte hinunter. Bei den Interventionen hielten sich neue Eingriffe und Bewahrungsmaßnahmen die Waage. Das Atrium wurde wiederhergestellt und die Kirche erhielt eine neue Fassade (siehe Abbildung 9). Im Inneren hat man die Obergadenwände neu gestaltet und eine neue Holzdecke eingezogen (siehe Abbildung 10). Das Zentralbild wurde von dem unter Clemens XI. viel beschäftigten Maler Giuseppe Chiari geschaffen und zeigt den Heiligen Clemens in der Glorie. An der unteren Schmalseite erscheint ein Teil der neuen Kirchenfassade, und die Darstellung macht deutlich, dass mit der Fassade selbst tatsächlich die Restitution einer antiken Tempelfront intendiert war. Im Übrigen zeichnet sich das ganze Unternehmen durch Bewahrung aus. Wir wissen aus den Zahlungsbelegen für die Handwerker im Einzelnen von Ausbesserungsarbeiten an der prachtvollen mittelalterlichen Plasterung in Cosmatenarbeit, an den Chorschranken mit den preziösen polychromen Marmoreinlagen aus dem 6. Jahrhundert, am Altarziborium und am monumentalen Apsismosaik des Hochmittelalters. Als erhaltenswert wurden neben diesen Altertümern jedoch auch die Fresken der Frührenaissance erachtet, die von Masaccio und Masolino 1428 ausgeführt wurden.

Alt und neu treten in San Clemente in besonderer Weise in einen Dialog. So spricht auch die Fassadeninschrift zum Abschluss der Restaurierung im Jahr 1715 davon, indem von Wiederherstellung und Neuausschmückung – „restauravit et ornavit" – gleichermaßen die Rede ist. Genau in dieser Dialektik liegt die programmatische Absicht. Die Kurie betont den Rang der ‚Roma sacra' als des eigentlichen Gründungsortes des christlichen Glaubens in den frühchristlichen Gemeinden, im Papsttum und im antiken Staatskirchentum. Es ist klar, dass sich der Papst damit nicht nur als Bewahrer der Tradition darstellt, sondern diese Legitimation auch nach außen beansprucht. Behauptet wird darüber hinaus die kontinuierliche kirchliche Erneuerung im Laufe der Jahrhunderte bis in die Gegenwart des Pontifikats von Clemens XI. Das Zeitgenössische, welches das Alte eben nicht tilgt und überschreibt, sondern das Alte fortschreibt, soll während des „langen Tridentinischen Jahrhunderts" (Simon Ditchfield)[32] auch die Kräfte der Regeneration unter Beweis stellen. Genau das war die Antwort der Kurie auf die *Querelle des Anciens et des Modernes*. Das Programm der ‚restauratio' sollte den Gegensatz von alt und modern versöhnen zugunsten eines Sowohl-als-auch. Während Händels Zeit in Rom können sowohl das

[32] Ditchfield: *Historia* (wie Anm. 26), S. 23 spricht vom „long Tridentine Century" von Caesare Baronio (1538–1607) bis Papst Benedikt XIV (regierte 1740–1758).

Museo Ecclesiastico als auch die Restaurierungskampagnen in den frühchristlichen Basiliken als die intellektuell anspruchsvollsten kunstpolitischen Unternehmen gelten.

III. Händels zeitgeschichtliche Erfahrung in Rom

Was hat Händel in Rom gelernt, was hat er, wie man so sagt, ‚mitgenommen', welche Erfahrungen hat er gemacht? Diese in der Händel-Forschung natürlich oft gestellte Frage[33] ist komplizierter, als sie vielleicht zunächst klingen mag. Denn Erfahrung gibt es nur auf Nachfrage, Erfahrungen werden erst gemacht, wenn man ihrer bedarf, und das gilt auch für Reiseerfahrungen und Auslandsaufenthalte. Sie sind nicht primär vorhanden, sondern formen sich erst und werden vor allem erst artikulierbar in den späteren sekundären Konstellationen. Darin unterscheiden sie sich von Erinnerungen.[34] Dieser schillernde Status der Erfahrung wirft von mehreren Seiten her ein paar systematische Probleme auf, die auch für Händels römische bzw. italienische Erfahrung relevant sind. Auch in seinem Fall würde die zurückliegende Erfahrung von Rom als vergegenwärtigte Vergangenheit und als resümierender Rechenschaftsbericht von Erlebtem erst ‚gemacht', wenn sie gebraucht wird, und das wäre bei Händel in der völlig neuen Lebens- und Arbeitssituation in England ab 1710. Man möchte also wissen, welches Wissen Händel als Zeitgenosse[35] in Italien neu erworben hat, das dann aber erst im Londoner Gebrauchskontext tatsächlich evident würde, weil es erst hier relevant geworden ist. Soweit die einigerma-

---

33 Dazu speziell Reinhard Strohm: *Handel's Italian Journey as a European experience*, in: ders.: *Essays on Handel and Italian Opera*, Cambridge 1985, S. 1–14; aus der umfangreichen Literatur zum Italienaufenthalt Händels neben den Beiträgen im vorliegenden Jahrbuch zuletzt Helen Geyer / Birgit J. Wertenson (Hg.): *G. F. Händel. Aufbruch nach Italien / In viaggio verso l'Italia*, Rom 2013 (= Centro Tedesco di Studi Veneziani. Venetiana 11).

34 Zum Erfahrungsbegriff Odo Marquard: *Krise der Erwartung – Stunde der Erfahrung. Zur ästhetischen Kompensation des modernen Erfahrungsverlustes*, in: ders.: *Skepsis und Zustimmung. Philosophische Studien*, Stuttgart 1994 (= Universal-Bibliothek 9334), S. 72–92; André Brodocz (Hg.): *Erfahrung als Argument. Zur Renaissance eines ideengeschichtlichen Grundbegriffs*, Baden-Baden 2007; Andreas Kraft u. a. (Hg.): *Erfahrung, Erzählung, Identität*, Konstanz 2009; Stefan-Ludwig Hoffmann: *Zur Anthropologie geschichtlicher Erfahrung bei Reinhart Koselleck und Hannah Arendt*, in: Hans Joas / Peter Vogt (Hg.): *Begriffene Geschichte. Beiträge zum Werk Reinhart Kosellecks*, Frankfurt a. M. 2011, S. 171–204; Dietrich Erben: *Erfahrung als Argument in Architektenautobiografien*, in: Dietrich Erben / Tobias Zervosen (Hg.): *Das eigene Leben als ästhetische Fiktion. Autobiografie und Professionsgeschichte*, Bielefeld 2017 (Druck in Vorbereitung).

35 Zum Begriff der Zeitgenossenschaft Verena Krieger (Hg.): *Kunstgeschichte & Gegenwartskunst. Vom Nutzen und Nachteil der Zeitgenossenschaft*, Köln u. a. 2008.

ßen knifflige, kultur- und zeitübergreifende Versuchsanordnung, die hier nur durch ein paar Assoziationen erschlossen werden soll.

Für Rom, und das gilt auch für Neapel und Venedig, ist zunächst bemerkenswert, mit welcher Rasanz sich Händel bei den Auftraggebern Gehör verschaffen konnte und in den ‚inner circle' der Mäzene und des intellektuellen Milieus vorstieß. Das betrifft unter anderem jene Kreise, von denen im vorliegenden Zusammenhang bereits teilweise die Rede war, also die ‚familia' des Kardinals Pietro Ottoboni sowie diejenige des Marchese Giuseppe Maria Ruspoli. Hier wäre natürlich auch an das Umfeld der Accademia degli Arcadi zu erinnern, die 1690 gegründet worden war und sich eine Erneuerung der Literatur aus dem Geiste eines naturbezogenen ‚purismo' auf die Fahnen schrieb.[36]

Im Rahmen dieser erfolgreichen und produktiven Auftragssituation sah sich Händel in erheblichem Umfang nun erstmals zu Kompositionen aufgefordert, die ganz unmittelbar auf die Tagesaktualität bezogen sind. So entstanden neben den beiden großen Oratorien (*Trionfo del tempo e del disinganno*, *La Resurrezione*) und den beiden Opern für Venedig und Florenz (*Agrippina*, *Rodrigo*) einige Werke, in denen Zeitgeschichte verarbeitet wird. Die Kantate *Donna, che in ciel* wurde zum fünften Jahrestag des Erdbebens, das Latium 1703 heimgesucht hatte, in Auftrag gegeben und vermutlich am 2. Februar 1708 zum „Anniversario della liberazione di Roma dal terremoto nel giorno della Purificazione della Beatissima Vergine" aufgeführt. Bis heute erinnern Inschriften in der Stadt an das Geschehen (so in der Basilica di San Lorenzo in Damaso / Palazzo della Cancelleria und am Palazzo dei Conservatori auf dem Kapitol). Daneben entstand die *Marien-Friedenskantate*, nachdem im Spanischen Erbfolgekrieg 1708 die Kriegserklärung des Kirchenstaates an Habsburg erfolgt war; sie ist mit dem Rezitativ und der Arie „Ah! che troppo ineguali / O del ciel Maria Regina" als Fragment überliefert. Das umfangreichste und gewichtigste Werk aus der Gruppe von Händels Zeitkommentaren ist sicher die Serenata *Olinto pastore* („O come chiare e belle"), die Anfang September 1708 zur Aufführung gelangte. Das Werk wurde von Giuseppe Maria Ruspoli anlässlich der Bereitstellungen eines Regiments für den Kirchenstaat bestellt. Doch der eigentliche Empfänger der Huldigung ist nicht Olinto / Ruspoli, sondern Papst Clemens XI. Er ist der in der Kantate gepriesene „gnädige Stern" („Astra Clemente"). Die politischen Allianzen sind in der arkadischen Szenerie unmittelbar als Allegorie der Kontinente abgebildet – Nil und Donau verweisen auf die Feindselig-

36 Hierzu aus Sicht der Musikgeschichte zuletzt Stefanie Tcharos: *Opera's Orbit. Musical Drama and the Influence of Opera in Arcadian Rome,* Cambridge 2011.

keit der Türken und des Reiches; auch von den goldführenden Flüssen Ganges und Tagus sind, als Anspielung auf die finanzielle Bedrängnis des Papsttums, keine Reichtümer mehr zu erwarten. Offenbar ist die Gruppe der die Kontinente umspannenden Flusspersonifikationen direkt von Berninis Vierströmebrunnen (errichtet 1647–1651) inspiriert. Ganz unübersehbar ist dies bei der Figur des sich verhüllenden Nils. Wird beim Brunnen auf der Piazza Navona aber am Ende des Dreißigjährigen Krieges noch einmal der universalistische Anspruch des Papsttums proklamiert,[37] so hat man es im *Olinto* mit einer ernüchternden ‚allégorie réelle' zu tun. Alles in allem sind Händels römische Gelegenheitskompositionen mehr als das – er bekam es in Rom mit einem Genre von politischen Zeitdeutungen zu tun, das ihm in England unmittelbar nützlich sein sollte, und er komponierte in den Jahren nach seiner Ankunft neben den Opern unverzüglich solche Zeitstücke (*Utrechter Te Deum* 1713; *Caroline Te Deum* 1714; *Water Music* 1717).

Eine römische ‚Erfahrung' im oben genannten Sinn mag auch die Auseinandersetzung mit alttestamentarischen Themen gewesen sein. Wie angedeutet, spielten in der clementinischen Kunstpolitik biblisch-alttestamentarische Stoffe eine seinerzeit durchaus neue und zentrale Rolle. Für den Bereich der Musik kann man an Alessandro Scarlatti erinnern, der den Judith-Stoff in mehreren Opern für Rom und Neapel vertont hat.[38] Später stand Händels Oratoriumschaffen in England zwar unter konfessionell völlig gewandelten Vorzeichen, indem sich die Monarchen des Hauses Hannover entschieden auf die Heldengestalten des Alten Testaments besannen. George I. und noch deutlicher George II. legitimierten die neue Hannoveranerdynastie dezidiert aus ihrer Stilisierung als protestantische ‚milites christiani'.[39] Doch auch angesichts dieser neuen ideologischen Gebrauchskontexte von Händels Oratoriumproduktion in England, die mit dem Cannons-Oratorium *Esther* bereits 1718 einsetzte (Wiederaufnahme 1732), wäre zu fragen, ob sich Händel nicht nur auf die alttestamentliche Ideologisierung der Politik in der englischen Revolutions- und Restaurationsepoche, sondern auch auf die geschichtspolitische Aktivierung des Alten Testaments, die er in Rom hatte beobachten können, zurückbesann.

---

[37] Frank Fehrenbach: *Compendia mundi. Gianlorenzo Berninis ‚Fontana dei Quattro Fiumi' (1648–1651) und Nicola Salvis ‚Fontana di Trevi' (1732–1762),* Berlin / München 2008.

[38] Tcharos: *Opera's Orbit* (wie Anm. 36), ad ind.

[39] Dazu Hannah Smith: *The Idea of a Protestant Monarchy in Britain 1714–1760*, in: *Past and Present* 185, 2004, S. 91–118. Allgemein zur politischen Metaphorik des „Auserwählten Volkes" („elect nation") und des „Alten / Neuen Bundes" („covenant") seit dem frühen 17. Jahrhundert in England Herbert Grabes: *‚Elect nation'. Der Fundierungsmythos englischer Identität in der frühen Neuzeit*, in: Helmut Berding (Hg.): *Mythos und Nation*, Frankfurt a. M. 1996 (= Studien zur Entwicklung des kollektiven Bewußtseins in der Neuzeit 3), S. 84–103.

Die dritte Bemerkung gilt schließlich der Frühaufklärung.[40] Nach den Stationen in Halle und Hamburg fand Händel in Rom den Zutritt zu einem Kreis exklusivster ‚erudizione', und diese Gelehrtenkultur muss als ein integraler Bestandteil der europäischen Frühaufklärung gewürdigt werden. Auf die *Querelle des anciens et des modernes* wurde hier eine sehr milieuspezifische Antwort gegeben. Mochten unter Clemens XI. Geschichtsphilosophie und wissenschaftliche Empirie weitgehend für die konfessionelle Traditionskritik in Dienst genommen sein, so handelte es sich doch um die Anwendung aufklärerischer Prinzipien. Und mochte Händel auch als Lutheraner dem Papsthof mit Distanz gegenüberstehen und in seiner venezianischen Oper *Agrippina* die ‚Corte di Roma' in der Form einer Satire unter die Lupe genommen haben,[41] so konnte er sich gerade auch in Rom bzw. in Italien diese Form der kritischen Auseinandersetzung angeeignet haben. Jedenfalls war er für die frühaufklärerische Gesellschaftskritik, die er in England durch John Gay, Alexander Pope und den Burlington-Kreis kennenlernen sollte, gerüstet. In „Rom um 1700" herrschte nicht die Windstille der Aufklärung. Ganz im Gegenteil, Händel konnte sich von der römischen Brise nach England getragen fühlen.

40 Zur Aufklärung zuletzt umfassend mit der Darstellung der Implementierung der Aufklärung und deren Mediengeschichte Steffen Martus: *Aufklärung. Das deutsche 18. Jahrhundert – ein Epochenbild*, Berlin 2015.

41 So die Deutung von Reinhard Strohm: *Handel in Italia: Nuovi contributi*, in: *Rivista di musicologia* 9, 1974, S. 152–174; vgl. auch Harris Sheridan Saunders: *Handel's „Agrippina": the Venetian Perspective*, in: *Göttinger Händel-Beiträge* 3, 1989, S. 87–98.

Römische Musikorte. Zur musikalischen Topographie Roms um 1700

Sabine Ehrmann-Herfort (Rom)

Das Musikleben Roms ist über die Jahrhunderte hinweg aufs Engste mit der Stadt, ihrer Architektur, ihren Institutionen und Besonderheiten, den sie bevölkernden Menschen und deren politischen und sozialen Motivationen verbunden. So stehen viele Gebäude in einem engen Wechselbezug zu den zahlreichen kulturell aktiven Eliten – in Rom sind das häufig Geistliche. Die Stadtarchitektur mit ihren baulichen Besonderheiten und den Referenzen auf antike Vorbilder prägt auch die für die römischen Höfe komponierte Musik. Zudem bringt der von migrativen Tendenzen bestimmte ‚Tourismus' der Frühen Neuzeit jedes Jahr Scharen von Musikern und Musikinteressierten von nördlich der Alpen in die Ewige Stadt. Sie alle erhoffen sich viel vom römischen Musikleben. Sie suchen Anstellungen und Beschäftigungen, streben danach, in der kulturell höchst umtriebigen Papststadt die neuen Entwicklungen und Tendenzen der Musik kennenzulernen oder bei den zahlreichen Festveranstaltungen aktuelle Präsentationsformen und Verbindungen zwischen den Künsten mitzuerleben. Rom um 1700 ist ein enormer Schmelztiegel, ein Zusammentreffen unterschiedlichster Kulturen, wie sie Michel de Montaigne bereits für das ausgehende 16. Jahrhundert beschrieben hat.[1]

In dieser Stadt also sind Musikproduktion und Musikrezeption eng mit bestimmten Örtlichkeiten und Räumen verknüpft, für die jeweils eine spezifische Musik komponiert wird, die an diesem Ort nur so und nicht anders realisiert werden kann und die häufig von der Architektur der Räume selbst inspiriert ist. Musik und Räumlichkeit verbinden sich in besonderer Weise, eine symbiotische Beziehung, die eine interpretative Herangehensweise auf der Basis eines ‚spatial turn' nahelegt.[2]

---

[1] Michel de Montaigne: *Journal du voyage en Italie, par la Suisse & l'Allemagne en 1580 & 1581*, Bd. 2, Rom 1775, S. 47: „Je disois des commodités de Rome, entr'autres, que c'est la plus commune ville du monde, & ou l'etrangeté & differance de nation se considere le moins; car de sa nature c'est une ville rappiecée d'etrangiers; chacun y est come chés soi."

[2] Vgl. dazu u. a.: Doris Bachmann-Medick: *Spatial turn*, in: dies.: *Cultural Turns. Neuorientierungen in den Kulturwissenschaften*, Reinbek bei Hamburg [5]2014 (= Rowohlts Enzyklopädie); Martina Löw: *Raumsoziologie*, Frankfurt a. M. 2001 (= Suhrkamp Taschenbuch Wissenschaft 1506). Zu Raumkonzepten im Blick auf europäische Städte vgl. insbesondere: Michel Pauly / Martin Scheutz (Hg.): *Cities and their spaces. Concepts and their use in Europe*, Köln u. a. 2014.

I. Theoretische Modelle

Schon seit längerem beschäftigen sich die Kulturwissenschaften mit Fragestellungen, die im Rahmen von kulturgeschichtlichen Interpretationen auch den Raum als neue und gegenüber primär physischen Raumkategorien beträchtlich erweiterte Zugriffsweise einbeziehen.[3] Als ‚Raum' wird nun eben nicht nur der natürliche oder reale Raum fokussiert. Vielmehr werden auf einer Metaebene auch Parameter der Vergesellschaftung und der Sozialbeziehungen in die Raumuntersuchungen integriert. Die so entstehende Kategorie des Raums erlaubt es, an die Musik und Musikgeschichte einer Stadt – in diesem Fall Roms – mit neuen Fragestellungen heranzutreten und die Aufmerksamkeit für die unterschiedlichen Raumperspektiven zu schärfen. So meint Raum in dieser neuen Konzeptualisierung im Sinne eines *spatial turn* eine interdisziplinäre Zugangsweise, die vielschichtige und oft widersprüchliche gesellschaftliche Prozesse, kulturelle Praktiken und die Dynamik sozialer Beziehungen in das Raumkonzept und seine Deutung aufnimmt.[4] Raum mutiert so zu einem relationalen Begriff, der mit seinen soziologischen und machtpolitischen Perspektiven auch der Musikgeschichtsdeutung einer Stadt wie Rom neue Impulse zu geben vermag.

II. Musikstadt Rom um 1700

Wenn wir ausgehend von diesen theoretischen Grundlagen auf Rom als Musikmetropole um 1700 schauen, welches Bild bietet sich uns da? Wie klang Rom um 1700? Welches waren die zentralen Musikorte und welche Art von Musik war dort zu hören? Die musikalische Topographie Roms um 1700 ist aufs Engste mit zentralen Punkten der Stadt verknüpft, mit dort angesiedelten kulturellen Institutionen, mit einflussreichen Persönlichkeiten und architektonischen Besonderheiten. Auch die für die Papststadt typische Kulturförderung der Patronage und die vielfältigen Vernetzungen römischer Protagonisten untereinander gehören zum Profil dieser Stadt. Aus all diesen Parametern lässt sich in der Art einer Kollage das Musikleben Roms um 1700 verdichten. Dafür sollen im Folgenden Beispiele für verschiedene Aufführungsorte und die dort präsentierte Musik gegeben werden. Außerdem wird der Fokus immer

3 Vgl. beispielsweise Löw: *Raumsoziologie* (wie Anm. 2). Zu Raumkonzepten im Blick auf europäische Städte insbesondere: Pauly / Scheutz: *Cities and their spaces* (wie Anm. 2).

4 Vgl. Bachmann-Medick: *Spatial turn* (wie Anm. 2), S. 288 f.; Pauly / Scheutz: *Der Raum und die Geschichte am Beispiel der Stadtgeschichtsforschung*, in: dies. (Hg.): *Cities and their spaces* (wie Anm. 2), S. 1–14, hier S. 14.

wieder auf Georg Friedrich Händel gerichtet, der vermutlich gegen Ende des Jahres 1706 aus Hamburg angereist war und sich mit all den wichtigen Musikorten im römischen Zentrum wohl sehr schnell und auf seine Weise vertraut gemacht hat.[5]

Bei seiner Ankunft in Rom traf Händel also auf eine kulturell höchst lebendige Stadt. Ungetrübt waren diese kulturellen Aktivitäten freilich nicht. Auch in Italien wütete zu dieser Zeit der Spanische Erbfolgekrieg, und in der Tiberstadt, wo alle am Krieg beteiligten Mächte durch Vertreter repräsentiert waren, tobte eine heftige Propagandaschlacht, die bewirkte, dass auch die Musik entsprechend funktionalisiert wurde.[6]

Außerdem hatten 1703 im römischen Umland heftige Erdbeben Angst und Schrecken verbreitet, was auch für Roms Kulturleben folgenreich war. So verzichtete man danach offiziell mehrere Jahre auf Opernaufführungen, sahen doch die verantwortlichen Kirchenmänner einen wie auch immer gearteten Zusammenhang zwischen den Naturkatastrophen und den immer wieder angefeindeten Bühnenwerken. Doch Roms Musik- und Kulturleben blühte um 1700 trotz Kriegshandlungen und Reglementierungen. Zentrale Standorte und Besonderheiten dieser städtischen Musiklandschaft sollen im Folgenden schlaglichtartig beleuchtet und Wechselbeziehungen der Stadt am Tiber zu Georg Friedrich Händel in den Blick genommen werden. Dabei rücken primär musikalische Institutionen und Musikorte in den Fokus, über die zudem vielfach bereits intensiv wissenschaftlich gearbeitet wurde. Der Stand der Forschung und die einschlägige Forschungsliteratur zu diesen Themen sollen freilich im Folgenden keineswegs resümierend wiedergegeben werden. Im Gegenteil, es werden nur ganz wenige, einschlägige Titel in den Fußnoten angeführt, denn in erster Linie geht es um die Zusammenschau all dieser Brennpunkte römischen Musiklebens um 1700 und um ihre Verortung in der Topographie der Stadt. So geben auch die diesem Beitrag beigefügten Abbildungen keine Porträts von Protagonisten wieder, sondern vielmehr Gebäude und architektonische, städtebauliche Strukturen, in denen die bereits thematisierte Verbindung von kulturellem Handeln und stadtrömischer Topographie manifest wird.

---

[5] Zu Händels Rom-Aufenthalt vgl. Juliane Riepe: *Händel vor dem Fernrohr. Die Italienreise*, Beeskow 2013 (= Studien der Stiftung Händel-Haus 1).

[6] Vgl. dazu Matthias Schnettger: *Der Spanische Erbfolgekrieg 1701–1713/14*, München 2014, insb. S. 52–62.

III. Plätze

In Rom lassen sich zahlreiche Orte finden, wo die Stadt selbst zur Bühne wird und dabei eine Theatralität ausstrahlt, wie sie auch die Musik dieser Zeit vermittelt. Von römischen Plätzen geht häufig eine solche Bühnenwirkung aus.[7] Der wichtigste und bekannteste Platz in Rom ist die Piazza San Pietro mit den Kolonnaden Gian Lorenzo Berninis.[8]

Für Berninis eindrucksvolle Konstruktion wurden schon unmittelbar bei ihrer Fertigstellung in den 1660er Jahren Wendungen wie „gran teatro intorno la piazza" oder „piazza del teatro di San Pietro" benutzt.[9] Diese Bezeichnungen beziehen sich nicht nur auf die Theaterform der Anlage, sondern auch und vor allem auf den Bühnencharakter des architektonischen Ensembles und den dadurch artikulierten performativen Gestus.[10] Insbesondere Bernini selbst hat bei seinem Kolonnaden-Projekt stets den Aspekt des Theaters hervorgehoben, während für den Auftraggeber, Papst Alexander VII., eher andere Gesichtspunkte wie die Schutzfunktion der Säulengänge im Vordergrund standen.[11]

Diesen Theatereffekt und die Bühnensituation der Stadt hat auch der Architekt und Kupferstecher Giovanni Battista Falda (1643–1678) ins Blickfeld gerückt, der seine Stadtansichten von Rom *Il nuovo teatro delle fabriche, et edificii, in prospettiva di Roma moderna sotto il felice pontificato di N. S. Papa Alessandro VII* (Bd. 1, Rom 1665) genannt hat. Der performativen Grundkonzeption entsprechend beginnt Falda seine Dokumentation der römischen Architektur

---

7 Vgl. dazu Werner Henning u. a.: *Die Stadt als Bühne. Macht und Herrschaft im öffentlichen Raum von Rom, Paris und London im 17. Jahrhundert*, Bielefeld 2016 (= Edition Kulturwissenschaft 63), insb. S. 47–151. Der Fokus dieser Studie liegt auf städtischen Räumen als Texten, die Botschaften der Macht aussenden.

8 Gebaut unter Alexander VII. zwischen 1656 und 1667. Vgl. dazu Marcello Fagiolo: *Der Petersplatz: vom ‚Christlichen Forum' zum ‚Theater der Welt'*, in: Hans-Joachim Aminde (Hg.): *Plätze in der Stadt*, Ostfildern-Ruit bei Stuttgart 1994, S. 118–127; Christof Thoenes: *Römische Plätze: Planung und Nicht-Planung*, in: ebd., S. 128–151.

9 Zit. nach: Richard Krautheimer: *The Rome of Alexander VII, 1655–1667*, Princeton, NJ 1985, S. 3–7, hier S. 4. Seit dem 16. Jahrhundert bezeichnet der Begriff ‚teatro' nicht nur die Form eines antiken Amphitheaters, eines Theaters oder dessen Zuschauerraum, sondern schließt auch Bedeutungen wie ‚Bühne', ‚Bühnenaktion' oder ‚Performanz' ein, vgl. dazu ebd., S. 6; außerdem den Artikel *Teatro*, in: Salvatore Battaglia: *Grande dizionario della lingua italiana*, Bd. 20, Turin 2000, S. 783–786, insb. S. 784.

10 Zum Zusammenhang von Platzgestaltung und absolutistischer Macht vgl. Horst Bredekamp: *Sankt Peter in Rom und das Prinzip der produktiven Zerstörung. Bau und Abbau von Bramante bis Bernini*, Berlin 2008 (zuerst 2000) (= Kleine kulturwissenschaftliche Bibliothek 63), S. 148 f.; Christof Thoenes: *Studien zur Geschichte des Petersplatzes*, in: *Zeitschrift für Kunstgeschichte* 26, 1963, S. 97–145; Krautheimer: *The Rome of Alexander VII* (wie Anm. 9).

11 Vgl. Fagiolo: *Der Petersplatz* (wie Anm. 8), S. 119 f.

Abb. 1: Piazza San Pietro in Vaticano, in: Giovanni Battista Falda: *Il nuovo teatro delle fabriche, et edificii, in prospettiva di Roma moderna, sotto il felice Pontificato di N. S. Papa Alessandro VII*, Bd. 1, Rom 1665, Kupferstich Nr. 3 (Exemplar der Bibliotheca Hertziana – Max-Planck-Institut für Kunstgeschichte, Rom). Der hier abgebildete Kupferstich entstand vor der Vollendung der Kolonnaden und gibt auch den nicht verwirklichten dritten Flügel wieder. Dadurch wird der Bühneneffekt noch verstärkt.

der zweiten Hälfte des 17. Jahrhunderts mit einer Vorstellung der Plätze.[12] Im Umkreis von Berninis Kolonnaden sind in dieser Zeit zwei berühmte Sängerensembles lokalisiert: die Cappella Pontificia, d. h. die Sängerkapelle des Papstes, und die Cappella Giulia, das Sängerensemble des Petersdoms.

Für die Cappella Pontificia sind um 1700 zwei gegenläufige Tendenzen kennzeichnend. Zum einen ist in dieser Zeit ein zunehmendes Interesse der vielen Romreisenden aus den Ländern nördlich der Alpen an der päpstlichen Kapelle und ihrem geradezu legendären Ruf zu verzeichnen. Zum anderen bedeutet bereits das 17. Jahrhundert eine Zeit wachsender Isolierung der Kapelle durch ihre Festlegung auf den polyphonen Satz und das A-cappella-Ideal.[13]

---

[12] Vgl. dazu Krautheimer: *The Rome of Alexander VII* (wie Anm. 9), S. 7, 53 u. 68.

[13] Vgl. Bernhard Janz: Art.: *Cappella Sistina*, in: MGG2, Sachteil 2, Sp. 433–441; Richard Sherr: *The Papal choir during the pontificates of Julius II to Sixtus V: 1503–1590. An institutional history and bibliographical dictionary*, Palestrina 2016 (= Storia della Cappella Musicale Pontificia 3); Claudio Annibaldi: *La Cappella Musicale Pontificia nel Seicento*, Bd. 1: *Da Urbano VII a Urbano VIII (1590–1644)*, Palestrina 2011 (= Storia della Cappella Musicale Pontificia 4). Bd. 2, der die Entwicklung der Cappella Pontificia in der zweiten Hälfte des 17. Jahrhunderts darstellen wird, ist noch nicht erschienen.

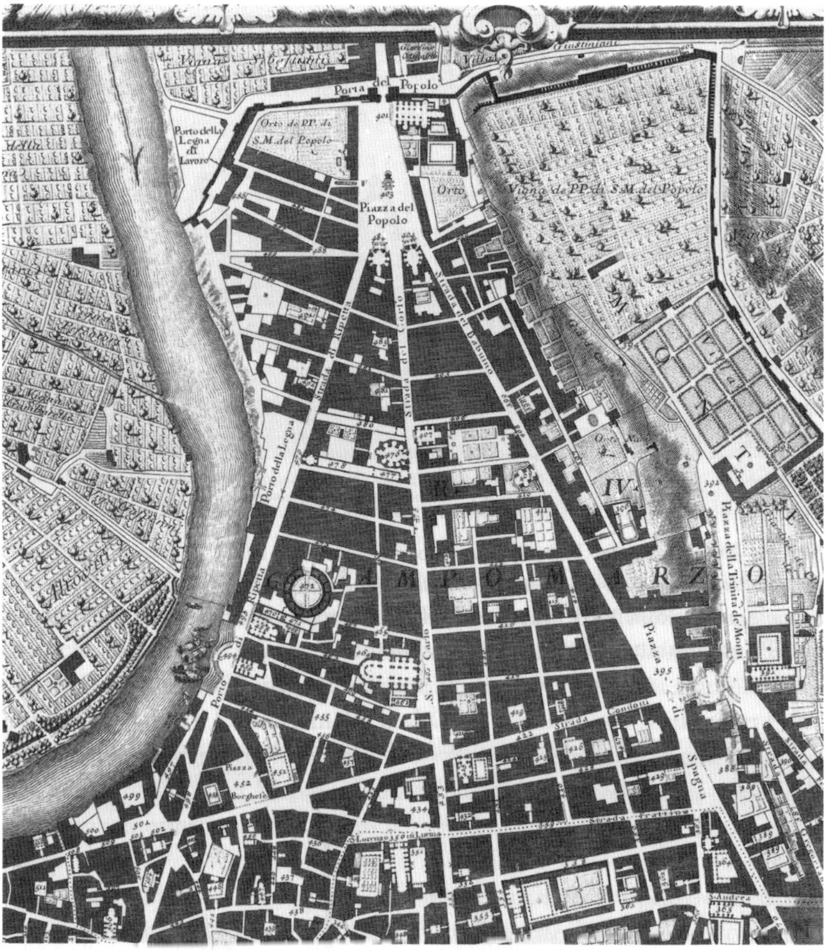

Abb. 6: *Piazza del Popolo*, als Schnittpunkt der drei Straßen des Tridente, entnommen aus: Giambattista Nolli: *Pianta di Roma*, hg. von Francesco Ehrle, Rom 1932 (Exemplar des Deutschen Historischen Instituts in Rom).

16. Juli 1707 und am Abend zuvor in dieser Kirche gefeiert wurde. Das Stück ruft die Karmelitinnen dazu auf, sich nicht zu ängstigen und bestärkt sie im Vertrauen auf den Schutz der Jungfrau Maria.[20] Vermutlich spielt der Text damit auch auf die Bedrohungen an, die von den Wirren des Spanischen Erbfolgekrieges ausgingen und die vor der Papststadt keinen Halt machten. Dort aber

[20] Vgl. dazu Graham Dixon: *Handel's Music for the Carmelites: A study in liturgy and some observations on performance*, in: *Early Music* 15, 1987, S. 16–29.

sollen, so die Prophezeiungen des Textes, die „stellae fides“, die getreuen Gestirne, Schutz bieten und den Menschen Frieden bringen, während Luzifer unkriegerisch („imbellis“) und friedsam wird. Dass hier mit dem Bild der Sterne ein weiteres Mal auf den guten Stern des Papstes, das Wappen von Clemens XI., angespielt wird, steht außer Frage.[21]

Anlässlich dieses Festes wurden alljährlich auch die Piazza del Popolo und das umliegende Viertel als Festort mit einbezogen, und die Chroniken berichten von vielfältigen Vergnügungen für die Besucher, zu denen nächtliche Beleuchtungsspektakel, Feuerwerk und die Aufstellung von Festbögen gehörten.[22] So partizipiert auch Händels für Santa Maria di Montesanto geschriebene Musik an einer weit umfangreicheren Festveranstaltung, die sich auch 1707 auf den Plätzen und Straßen des umgebenden Stadtviertels abgespielt hat.[23]

IV. Patronage

Rom um 1700 ist freilich nicht nur eine grandiose Bühne, sondern auch die Stadt der großen Sponsoren kultureller Veranstaltungen. Glanzvolle musikalische Aufführungen wie die eben beschriebene und vom Hause Colonna ausgerichtete, organisierten in diesen Jahrzehnten bekanntermaßen unter anderen die bereits genannte, im römischen Exil lebende schwedische Königin Christina von Schweden (1626–1689), außerdem der Kardinal und Librettist Benedetto Pamphilj (1653–1730), der Kardinal und päpstliche Vizekanzler Pietro Ottoboni (1667–1740), der ebenfalls als Textdichter tätig war, und der schon genannte Marchese Francesco Maria Ruspoli (1672–1731).[24] Sie alle haben das römische Musikleben auf entscheidende Weise gefördert, durch Kompositionsaufträge, durch das Engagement von hervorragenden Musikern wie Arcangelo Corelli, Alessandro Scarlatti, Georg Friedrich Händel oder Antonio Caldara, durch die Organisation von Konzerten oder die in ihren Häusern geführten gelehrten Diskussionen in akademischen Zirkeln. Insbesondere aber waren sie alle auch engagierte Förderer des Oratoriums, dem in seiner Geburtsstadt Rom in dieser Zeit eine besondere Bedeutung zukommt.

Vorrangig zwei Oratorientypen gibt es in der Stadt um 1700: Das lateinische Oratorium, das im Oratorio di SS. Crocifisso aufgeführt wird, in Sichtweite des

21 Vgl. Georg Friedrich Händel: *The Roman Vespers of 1707*, hg. von Ian Cheverton u.a., Cardiff 1982, insb. Nr. 3 (*Stelle fide*).

22 Vgl. dazu Hans Joachim Marx: *Händels lateinische Kirchenmusik und ihr gattungsgeschichtlicher Kontext*, in: *Göttinger Händel-Beiträge* 5, 1993, S. 102–144, insb. die Dokumente S. 142ff.

23 Vgl. Riepe: *Händel vor dem Fernrohr* (wie Anm. 5), insb. S. 234–240.

24 Zu diesen Protagonisten des römischen Musik- und Kulturlebens vgl. ebd.

Abb. 7: Kirche und Oratorium Santa Maria in Vallicella, aus: *Opus architectonicum equitis Francisci Boromini*, Rom 1725 (Biblioteca dell'Accademia Nazionale dei Lincei e Corsiniana, Rom).

Palazzo Bonelli, wo sich spätestens im Jahr 1708 Händels römischer Wohnsitz befand, und als weiterer Typus das italienische Oratorium.

Der Aufführungsort des lateinischen Oratoriums, das Oratorio SS. Crocifisso, war 1562 von der Arciconfraternità del SS. Crocifisso errichtet worden, einer Bruderschaft des römischen Adels und der hohen Geistlichkeit.[25] Während man hier Mitte des 17. Jahrhunderts groß besetzte mehrchörige Oratorien aufführte, die schnell zu einer Touristenattraktion wurden, ging der Trend der Aufführungen um und nach 1700 eher zum solistisch-konzertierenden Satz. Das Oratorium der Erzbruderschaft hatte kein stehendes Ensemble, man suchte sich von Fall zu Fall für die Projekte renommierte Kapellmeister aus. Im 16. Jahrhundert gehörten u. a. Lasso und Palestrina dazu, im 17. und

25 Vgl. Juliane Riepe: *Die Arciconfraternità del SS. Crocifisso und ihre Oratorienmusik in der ersten Hälfte des 17. Jahrhunderts*, in: Markus Engelhardt (Hg.): *Musikstadt Rom. Geschichte – Forschung – Perspektiven. Beiträge der Tagung „Rom – Die Ewige Stadt im Brennpunkt der aktuellen musikwissenschaftlichen Forschung" am Deutschen Historischen Institut in Rom, 28.–30. September 2004*, Kassel 2001 (= Analecta musicologica 45), S. 159–203; dies.: *Gli oratori di Giacomo Carissimi e l'Arciconfraternità romana del SS. Crocifisso*, in: Daniele Torelli (Hg.): *L'opera musicale di Giacomo Carissimi. Fonti, catalogazione, attribuzioni. Atti del convegno internazionale di studi. Roma, 18–19 novembre 2005*, Rom 2014 (= L'Arte Armonica 14, Serie III, Studi e testi), S. 197–220.

Abb. 8: Innenraum des Oratoriums, aus: *Opus architectonicum equitis Francisci Boromini*, Rom 1725, Tafel 39 (Biblioteca dell'Accademia Nazionale dei Lincei e Corsiniana, Rom).

frühen 18. Jahrhundert Giacomo Carissimi (1605–1674), Alessandro Stradella (1639–1682), Bernardo Pasquini (1637–1710), Alessandro Scarlatti (1660–1725) oder Francesco Gasparini (1661–1727). In der Fastenzeit des Jahres 1708, die Händel in Rom verbrachte, wurden hier gleich mehrere neue lateinische Oratorien aufgeführt.[26]

Das italienische Oratorium dagegen hatte *einen* wichtigen Aufführungsort im Oratorium der Chiesa Nuova, in dem von Francesco Borromini erbauten Oratorio de' Filippini.[27] Außerdem wurde das italienische Oratorium in Rom auch in den Palazzi einflussreicher Adelsfamilien und durch auswärtige Potentaten

[26] Von Giuseppe Facciolo, Francesco de Messi, Filippo Botari, Gregorio Cola; vgl. dazu Karl Böhmer: *Händel in Rom*, Mainz 2009, S. 51.

[27] Vgl. dazu Arnaldo Morelli: *„Il Tempio armonico". Musica nell'oratorio dei Filippini in Roma (1575–1705)*, Laaber 1991 (= Analecta musicologica 27); Florian Grampp: *„...mentre la loro figura non è esposta alla vista, ma solo all'udito". Aspekte der musikalischen Praxis am Filippi-*

gepflegt und gefördert. Im Oratorium der Chiesa Nuova haben u. a. die schon genannten Patrone Pamphilj, Christina von Schweden und Ottoboni Oratorien gesponsert.[28]

So gab es hier beispielsweise 1677 als Andachtsmusik die Aufführung von Pamphiljs und Pasquinis Oratorium *Sant'Agnese*, in dem vom Martyrium der römischen Heiligen Agnese berichtet wird, die auf brutale Weise sterben muss, weil sie ihrem christlichen Glauben treu bleibt. Hier handelt es sich also um einen unmittelbar zu Rom gehörigen Heiligenstoff, mit engen Verbindungen zu den Pamphilj, deren Hauskirche Sant'Agnese an der Piazza Navona war.

Im Oratorium der Filippiner durfte es in dieser Zeit eigentlich nur Generalbassinstrumente zur Begleitung von Oratorienaufführungen geben. War man jedoch so einflussreich wie der junge Pamphilj, dann konnte man bei der Filippiner-Kongregation auch eine Ausnahme von dieser Einschränkung erwirken.[29] Der in den Oratorien-Aufführungen der Filippiner ursprünglich intendierte Andachtscharakter wird freilich noch an einer baulichen Besonderheit deutlich: Um möglichst alle Konzentration auf das Hören der Andachtsmusik zu lenken, hatte man die Sängeremporen durch Blendgitter uneinsehbar gemacht, eine architektonische Maßnahme, wie man sie auch auf den Sängeremporen vieler römischer Kirchen findet.[30]

Andererseits werden in Rom Oratorien seit den 1670er Jahren auch als Festmusiken bei säkularen Anlässen aufgeführt und zu politischer Selbstdarstellung und Propaganda genutzt, wie Juliane Riepe gezeigt hat.[31] So liefert auch das italienische Oratorium dieser Zeit Beispiele für eine Grundkonstellation des römischen Kulturlebens um 1700: die Dichotomie zwischen geistlichen Bestimmungen und weltlichen Funktionalisierungen.

V. Viele Höfe im Wettbewerb

Rom wird auch die Stadt der vielen Höfe genannt. Denn zahlreiche Adelsfamilien rivalisierten mit den kulturellen Angeboten des Papsthofes und untereinander. Sie engagierten Künstler und Musiker in ihren Haushalten, ver-

ner-Oratorium, in: Markus Engelhardt (Hg.): *Studien zur italienischen Musikgeschichte XVI*, Laaber 2005 (= Analecta musicologica 37), S. 179–208.

28 Vgl. dazu Juliane Riepe: *Jenseits des Betsaals. Oratorienaufführungen im profanen Kontext im Italien des 17. und 18. Jahrhunderts*, in: *Händel-Jahrbuch* 55, 2009, S. 23–64, insb. S. 31 ff.

29 So war Benedetto Pamphilj bereits 1673 schon einmal die Aufführung eines mit Instrumenten begleiteten Oratoriums gestattet worden, und auch Christina von Schweden hatte 1675 für eine Oratorienaufführung erfolgreich interveniert.

30 Grampp: *Aspekte der musikalischen Praxis am Filippiner-Oratorium* (wie Anm. 27).

31 Riepe: *Jenseits des Betsaals* (wie Anm. 28), S. 43 f.

Abb. 9: Palazzo Pamphilj, aus: Alessandro Specchi: *Il quarto libro del nuovo teatro delli palazzi in prospettiva di Roma moderna, dato in luce sotto il felice Pontificato di Nostro Signore Papa Innocenzo XII*, Rom 1699, S. 21 (Exemplar der Bibliotheca Hertziana – Max-Planck-Institut für Kunstgeschichte, Rom).

anstalteten Opernaufführungen, Oratorien, Konzerte und Festmusiken. Die bereits genannten Familien Pamphilj, Colonna, Ottoboni und Ruspoli sind hier ‚tonangebend'.

Pamphilj, ab 1695 auch Mitglied der römischen Accademia dell'Arcadia, strebte in dieser Zeit nach der Kardinalswürde, und da galt es, die Werbetrommel für sich und die eigene Familie zu rühren. Auch im weiteren Verlauf seines Lebens übernahm Pamphilj die Rolle eines wichtigen Förderers der Musik in Rom. Zahlreiche Oratorien- und Kantatenlibretti stammen aus seiner Feder. Auch für Händel hat er Werktexte geschrieben.

Einer der bedeutendsten Kunst- und Musikpatrone dieser Zeit überhaupt und weit über Rom hinaus bekannt, war der aus Venedig stammende Pietro Ottoboni. Im römischen Musikleben war er bestens vernetzt, an ihm kam niemand vorbei. Er hatte die besten Sänger und Instrumentalisten in seinen Diensten und war zu gewissen Zeiten sogar an der Auswahl und Aufnahme päpstlicher Sänger maßgeblich beteiligt.[32] So war insbesondere Ottobonis Cancelleria in der Zeit von Händels Rom-Aufenthalt *der* zentrale Aufführungs-

[32] Riepe: *Händel vor dem Fernrohr* (wie Anm. 5), S. 215.

Abb. 10: Palazzo della Cancelleria, aus: Alessandro Specchi: *Il quarto libro del nuovo teatro delli palazzi in prospettiva di Roma moderna, dato in luce sotto il felice Pontificato di Nostro Signore Papa Innocenzo XII*, Rom 1699, S. 6 (Exemplar der Bibliotheca Hertziana – Max-Planck-Institut für Kunstgeschichte, Rom).

ort für zahlreiche Oratorien von Alessandro Scarlatti.[33] Die Aufführungen dort lebten auch von theatralischen Elementen und waren keineswegs nur der Andacht gewidmet. So wundert es nicht, dass Ottoboni in seinem Palazzo dann 1709 auch ein ‚richtiges' Theater errichten ließ. In der Cancelleria fanden zudem zahlreiche musikalische ‚Accademie' und ‚Conversazioni' statt, wie auch im nicht weit entfernten Palazzo Colonna, wo Händel bekanntlich im September 1707 mehrfach mit einem dreizehnjährigen Lautenisten musizierte.[34]

Auch Händels wichtigster römischer Patron, der bereits mehrfach genannte Francesco Maria Ruspoli, umgab sich mit einem solchen Hof. Ruspoli gehörte zwar nicht zum alteingesessenen römischen Adel, hatte aber ein riesiges Vermögen geerbt und unternahm gerade in den Jahren um 1700 vielfältige Anstrengungen, Teil der römischen Elite zu werden, was ihm auch gelang.

[33] Vgl. Karl Böhmer: *„Tragedia sacra": Alessandro Scarlattis Oratorien im Palazzo della Cancelleria und ihr Einfluss auf Händel*, in: *Händel-Jahrbuch* 55, 2009, S. 65–83.

[34] Vgl. dazu Riepe: *Händel vor dem Fernrohr* (wie Anm. 5), Anhang, S. 448; Donald Burrows u. a. (Hg.): *George Frideric Handel. Collected Documents*, Bd. 1: *1609–1725*, Cambridge 2013, S. 107 f.

Abb. 11: Piazza SS. Apostoli mit dem Palazzo Bonelli im Hintergrund, aus: Giovanni Battista Falda: *Il secondo libro del nuovo teatro delle fabriche et edificii*, Rom 1665, Kupferstich Nr. 4 (Exemplar der Bibliotheca Hertziana – Max-Planck-Institut für Kunstgeschichte, Rom).

Von Musik verstand er viel, wie seine Zeitgenossen bestätigen und sein vielfältiges Musiksponsoring deutlich macht.[35] Ab 1713 residierte Ruspoli im Palazzo Caetani am Corso, einer zu Beginn des 18. Jahrhundert sehr beliebten Gegend.[36] Zuvor und während Händels römischem Aufenthalt wohnte er im Palazzo Bonelli an der Piazza SS. Apostoli. Dort fanden in einem heute so nicht mehr existierenden Saal vornehmlich in der Fastenzeit Oratorienaufführungen statt. Hier gab es stets am Sonntag Zusammenkünfte mit Musik, sogenannte ‚conversazioni'. Das waren Gesellschaftsabende, bei denen die Gäste auf vielfältige Weise unterhalten wurden. Die meisten Kantaten Händels und seiner römischen Zeitgenossen kamen wohl anlässlich solcher Conversazioni

[35] Bernardo Caffi: *Cantate da cammera a voce sola*, Rom 1700. Hier spricht Caffi in der Widmung der *Cantate* an Francesco Maria Ruspoli von „la perfetta cognitione di V. S. Illust. nell'arte della musica".

[36] Vgl. dazu Maria Celeste Cola: *Palazzo Valentini a Roma. La committenza Zambeccari, Boncompagni, Bonelli tra Cinquecento e Settecento*, Rom 2012, insb. S. 145–170; Roberto Mattia: *Feste musicali a Palazzo Bonelli*, in: Gennaro Farina (Hg.): *Palazzo Valentini*, Rom 1985, S. 213–228.

bei Ottoboni und Ruspoli zur Aufführung.[37] Beide Kunstförderer führten in ihren Häusern vielfach Oratorien auf. Den Oratorienzyklus des Jahres 1708 beschloss dann Händels Osteroratorium *La Resurrezione* am Ostersonntag auf eindrucksvolle Weise. Wie so häufig berichteten auch die Chronisten der Stadt darüber. Dem Historiker und Literaten Francesco Valesio (1670–1730) waren insbesondere das theatralische Element und die Vielzahl der Zuhörer bzw. Zuschauer wichtig, wenn er in seinem Tagebuch am 8. April 1708 schrieb: „Questa sera il marchese Ruspoli fece nel palazzo Bonelli a' SS. Apostoli un bellissimo oratorio in musica, havendo fatto nel salone un ben ornato teatro per l'uditorio. V'intervenne molta nobiltà et alcuni porporati".[38]

Das Ganze ist ein Oratorium, allerdings eines, das mit größtem Aufwand in Szene gesetzt wird. Es gibt ein mit 48 Musikern groß besetztes Orchester mit Arcangelo Corelli als Konzertmeister, ferner eine Art Bühnenbild mit einem Hintergrundgemälde, außerdem raffinierte Beleuchtung und Bühnenvorhänge. Die Ausführenden sind auf mehreren aufsteigenden Podien platziert, die als „teatro a scalinata" bezeichnet sind.[39] Auch hier also fällt in der Beschreibung der ‚Inszenierung' der Begriff „teatro". Librettodrucke in einer Auflage von 1500 Exemplaren sprechen ebenfalls für das Renommee der Aufführung und den repräsentativen Gestus. Das Stück ist groß besetzt, virtuos, reich instrumentiert, theatralisch. Es lebt, wie so häufig in Rom, von emotionalen Kontrasten. So werden Himmel und Hölle vom Engel (Angelo) und von Luzifer (Lucifero) repräsentiert. Virtuose und theatralische Stücke kontrastieren mit einfachen arkadischen Szenerien. Es ist eine Veranstaltung, die auch bereits Konzertcharakter hat. *La Resurrezione* ist somit also ein Oratorium, das zugleich auf die Oper und auf das Konzert verweist und somit für die eingangs erwähnte Durchlässigkeit der Gattungen steht. Musik ist hier nicht mehr nur für exklusive Kreise und Gelegenheiten reserviert, sondern sie gewinnt einen bestimmten Grad an Öffentlichkeit und eine soziale Rolle. Denn zu den Veranstaltungen Ruspolis im Palazzo Bonelli hatte (quasi) jeder Zutritt. Ruspoli hat, wie viele andere Adlige Roms in dieser Zeit, seinen Palazzo sozusagen als Bühne genutzt. Auch er hat in seinem Haus ein öffentliches Theater eröffnet, und zwar im Jahr 1711,[40] aber auch schon zuvor die vor seinem Palazzo befindliche Piazza SS. Apostoli für die Aufführung von Werken genutzt.

---

[37] Vgl. Riepe: *Händel vor dem Fernrohr* (wie Anm. 5), S. 176ff.

[38] Francesco Valesio: *Diario di Roma*, hg. von Gaetana Scano und Giuseppe Graglia, Bd. 4: *1708–1728*, Mailand 1978, S. 57.

[39] Vgl. Ursula Kirkendale: *The Ruspoli Documents on Handel*, in: *Journal of the American Musicological Society* 20, 1967, S. 222–273, hier S. 234.

[40] Vgl. Mattia: *Feste musicali a Palazzo Bonelli* (wie Anm. 36), S. 217.

So ist die Beschreibung der Aufführung einer Serenata von Antonio Caldara am 27. August 1709 überliefert, bei der das Orchester über dem Haupteingang des Palazzo in der Nähe der Loggia positioniert war. Die Fassade zur Piazza hin war mit Fackeln und Kerzen erleuchtet, und ein zahlreiches Publikum vergnügte sich bis vier Uhr morgens auf der Piazza.[41] Solche Freiluftaufführungen sind auch für andere Orte in Rom belegt, so beispielsweise für die Loggia des Palazzo Zuccari, in dem Anfang des 18. Jahrhunderts die polnische Ex-Königin Maria Casimira residierte.[42]

VI. Vernetzungen

Die römischen Eliten dieser Zeit waren bestens vernetzt. Ein gutes Beispiel ist hierfür die Accademia dell'Arcadia. Um 1700 stehen in Rom so ziemlich alle einflussreichen Persönlichkeiten, Vertreter des Adels wie der Geistlichkeit, in einer Verbindung zu dieser Akademie. Seit 1690 als literarische Akademie bestehend, hatte sie es sich zum Ziel gesetzt, die antike Idee des Hirtenlebens und die pastorale Landschaft Arkadiens zu neuem Leben zu erwecken. Wie bereits in der antiken Idylle, so spielte die Musik um 1700 gerade bei den nicht offiziellen Zusammenkünften der Arkadier eine Rolle, zumal auch all die in der römischen Musikpatronage aktiven Sponsoren zugleich Mitglieder der Arcadia

---

[41] Vgl. ebd., S. 226f., wo der Autor aus dem *Diario di Roma* zitiert: „Il principe Ruspoli fece questa sera una bellissima serenata intitolata ‚Chi s'arma di virtù vince ogni affetto' cantata da tre celebri canterine. Erano tutte le fenestre del palazzo Bonelli, che esso habita, nella facciata rivolta verso la piazza di SS. Apostoli, con torce alla ringhiera. Sopra la porta ove si cantò e sonò erano stati aggiunti due bracci di ringhiera finta con parapetti dipinti e sopra la suddetta loggia vi erano candelieri con candele e sopra campane di vetro per riparo dal vento [...] e terminò la serenata alle 4 hore della notte, havendo il medesimo principe fatto distribuire copiosi e lauti rinfreschi. V'intervennero li cardinali Pamphili, Tramoglie, Colonna et Ottoboni, essendo ripiena la piazza fin dal giorno di carrozze senza cavalli e vi concorse pubblico infinito." Vgl. auch Tommaso Manfredi: *Mecenatismo e architettura per la musica nel primo Settecento romano*, in: Sabine Ehrmann-Herfort / Matthias Schnettger (Hg.): *Georg Friedrich Händel in Rom. Beiträge der Internationalen Tagung am Deutschen Historischen Institut in Rom, 17.–20. Oktober 2007*, Kassel 2010 (= Analecta musicologica 44), S. 307–329, S. 317.

[42] Accademia dell'Arcadia, Manoscritto 18, c. 287, Numero 38, Foligno, Adì 23. Settembre 1712. Roma 17. Settembre: „Fù fatta cantare Lunedì sera da questa Regina di Polonia nella Ringhiera della sua Abitazione una bellissima Serenata in memoria della liberazione di Vienna, nel qual giorno cadde l'anniversario di così prodigioso successo, in cui ebbe tanta parte il valore del Rè Giovanni III. suo Marito di gloriosa memoria. Riuscì universalmente applaudita sì per la Composizione delle parole, che della Musica, come anche per la rarità de Cantanti".

Abb. 12: Palazzo Bonelli aus: Alessandro Specchi: *Il quarto libro del nuovo teatro delli palazzi in prospettiva di Roma moderna, dato in luce sotto il felice Pontificato di Nostro Signore Papa Innocenzo XII,* Rom 1699, S. 39 (Exemplar der Bibliotheca Hertziana – Max-Planck-Institut für Kunstgeschichte, Rom).

waren. Außerdem verstand sich die römische Arcadia als unmittelbare Nachfolgerin der musikalisch-literarischen Kreise um Königin Christina von Schweden, da liegt eine Affinität zur Musik nahe. Ein Veranstaltungsformat arkadischen Kultur- und Musiklebens waren die bereits genannten Conversazioni oder Accademie, die in den Privathäusern und Palazzi der römischen Mitglieder, bisweilen auch in deren Gärten abgehalten wurden. Dabei führte man insbesondere Instrumentalmusik und Kantaten auf.

Römisches Musikleben dieser Zeit spielte sich also auch im Freien ab, auf Plätzen und in Gärten. Besonders Festmusiken, die vielfach politisch konnotiert waren, hat man auf den Plätzen der Stadt präsentiert. Für Funktionalisierungen von römischer Musik in dieser Zeit gibt es zahlreiche Beispiele. Eines der bekanntesten ist Händels Serenata *Oh, come chiare e belle* HWV 143, auf einen Text Ruspolis. Der Anlass des Auftrags und der Aufführung ist ein politischer, der genaue Aufführungsort ist freilich nicht überliefert. Der Auftraggeber Ruspoli flankiert mit der Aufführung dieser Serenata am Sonntag, dem 9. September 1708, die Bereitstellung seines Regiments, das er dem Papst zur Verteidigung gegen die kaiserlichen Truppen in Oberitalien zur Verfügung ge-

Abb. 13: Alessandro Piazza: Colonella Ruspoli auf der Piazza SS. Apostoli, vor dem Palazzo Bonelli, 9. September 1708, Palazzo Ruspoli, Rom. Ursula Kirkendale hat dieses Bild erstmals analysiert und mehrfach publiziert. Vgl. dazu aktuell: Ursula Kirkendale: *Georg Friedrich Händel. Francesco Maria Ruspoli e Roma*, Lucca 2017 (Druck in Vorbereitung). Warren Kirkendale danke ich herzlich für die Abdruckgenehmigung.

stellt hat und das sich auf der Piazza SS. Apostoli versammelt, um den päpstlichen Segen zu empfangen.[43]

VII. Verbote

Verbote spielen im Kulturleben der Tiber-Stadt um 1700 eine prägende Rolle. So gibt es in dieser Zeit zwar keine öffentlichen Opernhäuser, dafür aber Opernaufführungen in den Privattheatern der römischen Adligen. Als erstes römisches öffentliches Opernhaus wurde 1671 das Teatro Tordinona am Tiber eröffnet, eine Initiative, an der Christina von Schweden wesentlich beteiligt war. 1675 bereits wieder geschlossen, hat dieses Haus insgesamt eine sehr wechselvolle Geschichte. Nach seiner Wiedereröffnung 1690 wurde es bereits 1697 auf Antrag von Papst Innozenz XII. unbenutzbar gemacht. Eine Neueröffnung fand dann erst 1733 statt. Das zweite öffentliche Opernhaus Roms war das seit 1692 im öffentlichen Betrieb spielende Capranica.

Oratorien mussten da bisweilen die Rolle des Ersatzvergnügens übernehmen.[44] So hatte Papst Clemens XI. 1704 selbst befunden, dass ein Karneval ohne Oper, wie er ihn nach dem Erdbeben von 1703 neuerlich angeordnet hatte, auf Dauer allzu trist sei. Um den Römern einen gewissen Ausgleich zu verschaffen, hatte er zugelassen, dass an den letzten drei Faschingstagen vor Aschermittwoch „gl'oratorij con sinfonia di violini, et altri istromenti" aufgeführt werden konnten.[45] Von Ottobonis Cancelleria als wichtigem römischem Zentrum für das Oratorium war schon die Rede. Allerdings scheint die Haltung des Papstes auch wieder nicht eindeutig, hat er sich doch dann 1708 entschieden gegen die Aufführung einer Oper in einem römischen Palazzo gewandt.[46]

Verbote betrafen in dieser Zeit auch das Auftreten von Frauen. So hatte nur das Tordinona bis 1674 als einziges römisches Theater das Privileg, Sängerin-

[43] Vgl. die Beschreibung bei Valesio: *Diario di Roma* (wie Anm. 38), Bd. 4, S. 150: „Havendo questa mattina il marchese Ruspoli distribuiti gl'habiti a' soldati del suo reggimento, hoggi tutti in ordinanza alle 23 hore si portarono al palazzo di Monte Cavallo a prendervi la benedizzione, essendosi prima schierati nel cortile del palazzo Bonelli a' SS. Apostoli, dove habita detto marchese, et il marchesino suo figlio pasteggiò questa mattina tutti gl'officiali, a' quali oltre l'habito regalò una spada, sì come a ciaschedun soldato uno scudo."

[44] Vgl. Böhmer: *„Tragedia sacra"* (wie Anm. 33), S. 79 ff.

[45] Arnaldo Morelli: *Alessandro Scarlatti Maestro di cappella in Roma ed alcuni suoi oratori. Nuovi documenti*, in: *Note d'archivio per la storia musicale* 2, 1984, S. 117–145, hier S. 125.

[46] Vgl. dazu Thomas Griffin: *Musical References in the Gazzetta di Napoli 1681–1725*, Berkeley 1993. So hatte Clemens XI. im Februar 1708 den Marchese Maccarani aus Rom verbannt, weil er eine Oper hatte aufführen lassen, außerdem ließ er vorübergehend Zuschauer und Ausführende verhaften.

nen auftreten zu lassen. Während Ruspoli in Händels *Resurrezione* für den Auftritt der Sängerin Margherita Durastante 1708 bekanntlich eine Rüge riskierte, traten 1710 in Caldaras Oratorium *La castità al cimento* offenbar Frauen als Sängerinnen auf. Auch als Zuhörerinnen hatten sie es schwer, waren sie doch von den Aufführungen der Filippiner ausgeschlossen.[47]

VIII. Fazit

Manches wäre hier noch zu erwähnen: So die typisch römische Mehr- und Vielchörigkeit des 17. Jahrhunderts (‚Policoralità'), die mit der Innenarchitektur römischer Kirchen und mit ihren zahlreichen Sängeremporen (‚Cantorie') korrespondiert; oder die damals weit draußen vor der Stadt zwischen Weingärten und Gemüsebeeten liegende Lateransbasilika, die mit ihrer Cappella pia ebenfalls eine wichtige Sängerkapelle besaß, und außerdem über eine neu errichtete Orgel verfügte, auf der Händel im Januar 1707 auf eindrucksvolle Weise gespielt hatte; oder die zahlreichen römischen Nationalkirchen, die zu den jeweiligen nationalen Events sich gegenseitig mit musikalischen Ereignissen zu überbieten suchten;[48] dann die vielen weiteren Sängerkapellen und die Bruderschaften der Stadt, die gerade im Heiligen Jahr 1700 miteinander musikalisch wetteiferten; die musikalischen ‚Salons', wie sie nach Pariser Vorbild auch in Rom eingeführt wurden, zum Beispiel von Maria Mancini Colonna; oder die populäre Musik und die der sogenannten ‚kleinen Leute'. Die Reihe ließe sich noch weiter fortsetzen.

Das theatralische Moment ist um 1700 in Rom allgegenwärtig. Am Stadtbild Roms, an seinen Plätzen und Fassaden lässt sich das zeigen und auch an Beispielen aus der kurz nach 1700 für Rom entstandenen Musik Händels. Da erscheint es auf den ersten Blick nicht recht verständlich, dass im Rom dieser Zeit gerade theatralische Musikwerke (sprich Opern) auf dem päpstlichen Index stehen. Bei genauerem Hinsehen zeigt sich jedoch eine eher doppelbödige Situation.

Ausländische und in Rom ansässige Potentaten wie beispielsweise Maria Casimira, die Witwe des polnischen Königs, haben sich über solche Richtlinien des Papstes oftmals hinweggesetzt. Andere Hofhaltungen haben angesichts

---

[47] Vgl. dazu auch Riepe: *Jenseits des Betsaals* (wie Anm. 28), S. 42.

[48] Vgl. dazu den aktuellen Forschungsüberblick: Michela Berti / Emilie Corswarem: *Il modello musicale delle chiese nazionali a Roma in epoca barocca: panoramica e nuove prospettive di ricerca*, in: Alexander Koller / Susanne Kubersky-Piredda (Hg.), unter Mitwirkung von Tobias Daniels: *Identità e rappresentazione. Le chiese nazionali a Roma, 1450–1650*, Rom 2015, S. 233–247.

einer mit Aufführungsverboten belegten Oper listigerweise versucht, auf andere Gattungen auszuweichen. So haben Kantaten, Serenaten oder Oratorien in dieser Zeit oft einen theatralischen Gestus.[49]

Auch der ausgedehnte Einfluss der Accademia dell'Arcadia spiegelt sich in der römischen Musik dieser Zeit: Arkadische, pastorale Szenen sind in allen Gattungen präsent. Außerdem vermittelt die römische Musik dieser politisch bewegten Zeit häufig eine aktuelle Botschaft, indem sie politisch Stellung bezieht oder der Propaganda und Publicity dient. Auch durch solche Funktionalisierungen werden Gattungsgrenzen durchlässiger.

All diese Verflechtungen und Vernetzungen finden auf engem Raum im römischen Zentrum statt. Viele Musikorte liegen in Sichtweite zueinander. Es findet ein dichter, durch die Präsenz zahlreicher internationaler Musikergruppen geprägter kultureller Austausch statt. Händel ist zwar nur verhältnismäßig kurz in Rom, kennt aber alle wichtigen Persönlichkeiten des kulturellen Lebens und wird gekannt. Er bewegt sich offenbar leichtfüßig zwischen den topografischen Musikzentren der Stadt, deren Kultur- und Musikleben eine große Strahlkraft besitzt.

Händels weitere Stationen sind dann u. a. Venedig und Hannover, ehe er im Herbst 1710 in London eintrifft, der Stadt, die zu einer kulturellen Hauptstadt des 18. Jahrhunderts werden sollte. Hier wird fortan Händels Lebensmittelpunkt sein, die römischen Erfahrungen jedoch werden seinen weiteren Lebensweg auf unterschiedlichen Ebenen begleiten.

---

[49] Vgl. beispielsweise die szenische Aufführung von Scarlattis *Il Martirio di S. Cecilia* 1709 in der Cancelleria, vgl. Böhmer: „*Tragedia sacra*" (wie Anm. 33), S. 83.

Händel im Rom der ,Arcadia'

Wolfgang Proß (Bern)

Agli amici triestini,
Cinzia Ferrini e Andrea Lausi

Händels Aufenthalt in Rom (1707/08) während der vier Jahre, die er in Italien verbrachte, führte zu einer Fülle von Anregungen, die der junge Komponist im Dialog mit der italienischen musikalischen und literarischen Kultur aufnahm und weiterentwickelte,[1] und diese sollten seine Arbeit auf Dauer prägen: Der in Rom 1707 entstandene *Trionfo del tempo e del disinganno* begleitete ihn bis in seine letzte Schaffensperiode, in der Bearbeitung von 1737 als *Il trionfo del tempo e della verità* und in der englischen Version von 1756/57, als *The Triumph of Time and Truth*; dazwischen griff 1751 *The Choice of Hercules* das gleiche Thema an einem mythologischen Stoff auf. Das Sujet der Serenata *Aci, Galatea e Polifemo* (Neapel, 1708) wurde in England sogar dreimal bearbeitet, als *Acis and Galatea* 1718, dann wieder im Jahr 1732 und nochmals zwischen 1739 und 1743. Und wie kein anderes Werk reflektiert die Umarbeitung von Guarinis *Il pastor fido* zu einem Libretto (entstanden in London 1712, bearbeitet 1734) die Thematik und Topik der römischen ,Arcadia', der zentralen Instanz, die 1690 zur Erneuerung der italienischen Literatur gegründet worden war. Aber Rom und die Kurie besaßen an der Wende vom 17. zum 18. Jahrhundert, wie sich unter Papst Clemens XI. – dem am 23. November 1700 gewählten Giovanni Francesco Albani – zeigte, nur mehr scheinbar die Kraft zur

[1] Händels Aufenthalt in Italien ist in den letzten Jahren der Gegenstand intensiver Forschung gewesen, vor allem mit folgendem Tagungsband: Sabine Ehrmann-Herfort / Matthias Schnettger (Hg.): *Georg Friedrich Händel in Rom. Beiträge der Internationalen Tagung am Deutschen Historischen Institut in Rom, 17.–20. Oktober 2007*, Kassel u.a.: Bärenreiter 2010 (= Analecta musicologica 44); vgl. daneben auch die kleine Monographie von Karl Böhmer: *Händel in Rom*, Mainz: Philipp von Zabern 2009. Zur Verfügung stehen auch die ersten Ergebnisse eines umfangreichen Forschungsprojekts der Musikwissenschaftlichen Institute Mainz und Zürich, betreut von Laurenz Lütteken und Klaus Pietschmann, die in der Reihe *Musik und Adel im Rom des Sei- und Settecento* (MARS) erscheinen: Alexandra Nigito: *La musica alla corte del principe Giovanni Battista Pamphilj*, Kassel: Merseburger 2012 (= MARS 1); Lea Hinden: *Die Kantatentexte von Benedetto Pamphilj (1653–1730). Mit vollständiger Edition*, Berlin: Merseburger 2015 (= MARS 2). Dem Verfasser war noch nicht zugänglich: Berthold Over (Hg.): *La fortuna di Roma. Italienische Kantaten und römische Aristokratie um 1700 / Cantate italiane e Aristocrazia Romana intorno il 1700*, Kassel: Merseburger 2016 (= MARS 3).

Gestaltung kultureller Prozesse;[2] gerade in der langen Amtszeit dieses Papstes (bis 1721) erwies sich, dass die katholische Kirche ihre politische Schwäche – sichtbar in der Ohnmacht des Papstes im Spanischen Erbfolgekrieg – durch Intransigenz in Glaubensdingen zu kompensieren versuchte: so in ihrem Vorgehen im sogenannten ‚Ritenstreit' um die Form der Mission in China, der mit dem Verbot des traditionellen Ahnenkults für die Konvertiten und damit dem Scheitern der Missionstätigkeit endete (1704 und 1715), oder im Verhältnis zum Jansenismus, dessen Eindämmung durch die Bulle *Unigenitus* (1713) den Klerus Frankreichs spaltete. Der Gründung der Arcadia zum Trotz verliert Rom zudem angesichts des Wirkens bedeutender Gelehrter in Verona, Modena, Bologna, Florenz oder Neapel und später auch besonders in Mailand, seine kulturpolitische Stellung, und die wenigen hoffnungsvollen Ansätze im Verlauf des Jahrhunderts, die nochmals den Beginn des Pontifikats von Benedikt XIV. (Prospero Lambertini, 1740–1758) wie die kurze Amtszeit von Clemens XIV. (Lorenzo Ganganelli, 1769–1774) kennzeichneten, konnten den Prozess der Erstarrung des kulturellen Lebens und mit ihm der Literatur am römischen Hof nicht verhindern. Grund dafür ist natürlich auch die Zensur, die nach den Vorgaben der Inquisition betrieben wurde; eine Reihe von Werken bedeutendster Autoren konnte nur außerhalb des Herrschaftsbereichs der römischen Kurie oder gar im Ausland publiziert werden, zumal im England Händels, wie zu sehen sein wird. Bedeutsam war hier die Person Paolo Rollis, der in London – trotz anscheinend ausgeprägter Animosität zwischen beiden Charakteren – eine Reihe von Libretti für Händel verfasste;[3] er war als junges Mitglied der Arcadia dem von Crescimbeni verdrängten Gravina bei dessen Sezession in die Accademia dei Quirini gefolgt, und seit seiner Ankunft in London um 1715/16 betätigte er sich als Anwalt jener Literatur, die in Italien dem Publikum unter dem Einfluss der Kurie nur schwer oder gar nicht zugänglich war.

*

[2] Einen aufschlussreichen Überblick über die Situation der bildenden Künste unter diesem Pontifikat liefert der Katalog einer Ausstellung, die im Herbst und Winter 2001/02 erst in Urbino, dann in Rom zu sehen war: Giuseppe Cucco (Hg.): *Papa Albani e le arti a Urbino e a Roma 1700–1721*, Venedig: Marsilio 2001.

[3] Es handelt sich um *Floridante* (1721), *Scipione* (1726), *Alessandro* (1726), *Riccardo Primo* (1727), *Deidamia* (1741) und eventuell *Sosarme* (1732).

Fünf Aspekte behandelt der folgende Beitrag: Den Ausgangspunkt bildet ein Rückblick auf die pastorale Dichtung der Zeit um 1600; an sie schließt die Arcadia bereits mit ihrem Namen programmatisch an. Besonderes Augenmerk gilt der Behandlung der Pastorale durch Alessandro Tassoni, der ihr 1612 exemplarisch den Rang einer Poesie der Moderne zuspricht. Im Rahmen der ‚Querelle des Anciens et des Modernes‘ wurde die Bukolik von Bernard Le Bovier de Fontenelle jedoch erneut als Kleinform behandelt; Fontenelle schränkt die Gattung auf bestimmte Themen ein, der die Dimension verengt, die sie in Italien gewonnen hatte (*Discours sur la nature de l'Eglogue*, 1688). Hierin liegt nun der Anlass, als nächstes das poetische Programm von zwei Autoren zu betrachten: einen Komplex von drei Gedichten von Alessandro Guidi, die Ludovico Antonio Muratori in *Della perfetta poesia Italiana* (1706) zum Ausgangspunkt nimmt, um Ziele dieses modernen Stils zu definieren. Drittens geht es darum, wenigstens ansatzweise zu zeigen, wieweit der junge Händel schon von Erfahrungen in Deutschland her darauf vorbereitet sein konnte, die kulturelle Situation in Rom, Neapel oder Venedig – den bedeutenden Stationen seiner Italienreise – zu erfassen. Es ist ein gravierender Unterschied, ob man in Hamburg ein deutsch-italienisches Pasticcio komponiert (*Almira*, 1705), oder ob man sich in Rom mit einem Kardinal in dessen Muttersprache über den Text einer Kantate oder gar das Libretto für ein Oratorium zu verständigen hat, oder für das Publikum Venedigs eine Oper komponiert (*Agrippina*, 1709). Zentral für die Situation in beiden Ländern ist die Zurückweisung – ‚recusatio‘ ist hier ein zentraler Begriff – des Stils, der das Jahrhundert des Barock beherrscht hatte, und dies greift tief in die Mentalität der Zeit ein; ein Beispiel dafür ist der noch von Goethe gewürdigte Giovanni Lazzarelli und seine *Cicceide* (1688/92), die nicht nur einen Stil-, sondern einen tiefgreifenden Mentalitätswandel signalisiert. Der vierte Problembereich, der zu diskutieren ist, bezieht sich nun erneut auf Rom und die Programmatik der Arcadia; Gravina und Muratori führen einen Gesichtspunkt ein, von dem her sie die Welthaltigkeit der Dichtung und ihr Verhältnis zum Publikum thematisieren und sich damit von Crescimbeni deutlich absetzen. Zu erläutern ist die Bedeutung dieser Positionsnahme durch einen kurzen Exkurs zum Werk des populären Radierers Giuseppe Maria Mitelli (1634–1717), in dem sich der Wandel der Auffassung von ‚Tempo‘ und ‚Esperienza‘ manifestiert. Es wäre falsch, bei einer Institution wie der Arcadia nur an schöngeistig gepflegte Geselligkeit zu denken, die sie in den ‚Conversazioni‘ zwar auch bot, oder an eine Nachfolge der platonisierenden Bestrebungen im Florenz der Renaissance, die nie zu einer institutionellen Form gefunden hatten; als Musterbild für italienische Akademien steht, neben der Accademia della Crusca, seit der zweiten Hälfte des 17. Jahrhunderts immer auch die zwar kurzlebige, aber immens einflussreiche Accademia del Cimento der Galilei-Schüler und Nachfolger wie Vincenzo Viviani oder Alfonso Borelli im Hintergrund, die von 1657 bis 1667 bestand.[4] Ihre Mitglieder Francesco Redi und Lorenzo Magalotti waren durchaus angesehene Literaten, und letzterer hatte auch die für die Wissenschaftsgeschichte und die Literatursprache Italiens gleichermaßen bedeutende Sammlung der *Saggi di Naturali Esperienze fatte nell' Accademia del Cimento* (1667, Neudruck 1714) herausgegeben. Zumindest war dies in Gravinas Sinn die Idee der Institution, der sie in seinen Augen nicht treu blieb,[5] und daraus resultierte der Dissens zu Crescimbeni, der 1711 mit der Spaltung der Arcadia – und damit einer scheinbaren Niederlage Gravinas – endete. Aber seine Position blieb trotzdem wirksam, nicht nur in der europäischen Ausstrahlung des Werkes seines Schülers Metastasio; in der Debatte um das Verhältnis von Sprache, Literatur und Kultur, die um 1770 im Mailand der Habsburger – zur Zeit, als der junge Mozart dort souverän drei Kompositionsaufträge absolvierte – kulminierte, sollte sein Programm schließlich triumphieren. Und abschließend: Wie mochte ein Rückblick Händels auf diese Erfahrungen aussehen, wenn man die Position der Arcadia an ihrem eigenen Anspruch misst und sie in ihrer Außenwirkung und von ihrem Nachleben her betrachtet? Nicht zu vergessen: Händel komponierte als Deutscher in Italien italienische Texte; in England sollte er ebenso italienische wie englische Texte vertonen. Hatten demnach die Erfahrungen, die er in Florenz, Rom, Neapel oder Venedig gemacht hatte, nicht auch Auswirkung auf den Umgang mit der Sprach- und Stilsituation, der er sich in der Heimat eines Dryden, Shaftesbury, James Thomson oder Pope gegenüber sah? Allerdings fand er in den Ländern, in denen er tätig war, trotz völlig unterschiedlicher Milieus eine ähnliche Situation der Künste vor, gekennzeichnet von der Abgrenzung von den Kunstformen des Barock und getragen von der Entwicklung eines neuen Stils. Es sind nicht zuletzt die Topik und der Stil der Pastoralpoesie, die hier von zentraler Bedeutung waren.

I. Die Pastorale Tassos und Guarinis als Poesie der ‚Moderne': Von Tassoni zu Fontenelle

Seit Alessandro Tassoni – wohl der eigentliche Urheber der später in Frankreich so berühmt gewordenen Querelle des Anciens et des Modernes – im siebten Buch seiner *Pensieri diversi* (1612) die Frage gestellt hatte, ob die Künste und Techniken zu verschiedenen Zeiten den Gesellschaften tatsächlich Nutzen oder

[4] Vgl. dazu Marco Beretta u. a. (Hg.): *The Accademia del Cimento and its European Context*, Sagamore Beach, MA: Watson History Publishing 2009.

[5] Vgl. dazu unten, S. 92–96.

Schaden gebracht hätten, war die Beziehung von Kunst und Gesellschaft zur Diskussion gestellt, mit nachhaltigen Folgen für das 18. Jahrhundert: Gravinas Programm einer Erneuerung der italienischen Kultur durch die Arcadia, Muratoris Kritik an einer nutzlosen und eitlen Gelehrsamkeit oder gar die berühmte Zivilisationsschelte der beiden Preisschriften Rousseaus stehen noch unter seinem Einfluss.[6] In einem 1620 seinen *Pensieri* hinzugefügten zehnten Buch, in dem es um den Vergleich der Kunstgenies der Antike und Moderne (*Ingegni antichi, e moderni*) geht, hatte Tassoni zudem nachdrücklich darauf hingewiesen, dass die nachantike Literatur gerade dadurch innovativ geworden sei, dass sie die Optionen unter den Gattungen erweitert und die Mischung von Stilen ermöglicht habe; Dantes *Commedia* und sein eigenes heroisch-komisches Epos *La secchia rapita* (1622) – kein geringes Selbstlob – seien dafür Zeugen.[7] Aber vor allem war es die bukolische Tradition, so Tassoni, der es tatsächlich gelungen sei, eine bedeutende Neuerung einzuführen; schon Jacopo Sannazaros *Arcadia* (Erstdruck 1506) habe auf die Möglichkeiten der Gattung hingewiesen, aber der bekannten Topik hätten erst Tasso mit *Aminta* (1573, Erstdruck 1580) und Guarini mit *Il Pastor fido* (1580/84, Erstdruck 1590) eine neue Ausdrucksmöglichkeit verliehen. Das pastorale Drama bedeute die Erfindung eines der Antike unbekannten Genres:

> „Ma i nostri hanno inventata una terza spezie né comica né tragica, chiamata pastorale, sì che possiamo sicuramente dire che oggi ella [la poesia rappresentativa] si divida in tre, cioè comica, tragica e boschereccia. [...] Di maniera che la poesia nostra, quanto al suo tutto, viene a risultare più assai copiosa che non era l'antica.“[8]

Auch wenn die italienische Poesie im Wettstreit mit der Antike nicht in der Lage gewesen sei, auf dem Gebiet der Tragödie und der Komödie zu bestehen, mit dieser neuen Gattung habe sie ihre Überlegenheit über die alten Modelle demonstriert:

> „Ma nelle pastorali all' incontro, dove si richiede dolcezza e languidezza di stile, i nostri poeti hanno scritto con eccellenza tale che non gli agguagliano le più ornate e leggiadre composizioni degli antichi.“[9]

---

[6] Vgl. dazu Alessandro Tassoni: *Pensieri e Scritti preparatori*, bearb. von Pietro Puliatti, Modena: Panini 1986 (= Opere di Alessandro Tassoni 1), Buch VII: *Lettere e dottrine profane*, S. 621–681 – Zur italienischen Vorgeschichte der beiden Preisschriften Rousseaus vgl. Wolfgang Proß: *Italien und die Voraussetzungen der Zivilisationskritik der Aufklärung: Ludovico Antonio Muratori und der erste „Discours“ von Jean-Jacques Rousseau*, in: Thomas Bach / Mario Marino (Hg.): *Naturforschung und menschliche Gesellschaft*, Heidelberg: Winter 2011, S. 1–40.

[7] Tassoni: *Pensieri* (wie Anm. 6), Buch X, Kap. XIV: *Poeti antichi e moderni*, S. 869 f.

[8] Ebd., S. 869.

[9] Ebd.

Tatsächlich beschränkte sich die innovative Kraft des neuen Genres nicht auf die Poesie; die Darstellungen eines änigmatischen Arkadien in der Malerei Guercinos (*Et in Arcadia ego*, 1618/22) und in den beiden Versionen von Poussins *Les Bergers d'Arcadie* (1627 und 1637/38) verbanden das Thema der Freiheit einer sorglos genossenen Existenz mit der Schwermut der Erfahrung ihrer Begrenztheit durch den Tod. Mehr noch, Ottavio Rinuccini hatte die Thematik und die Form der Pastorale sofort in den Dienst der Musik gestellt, mit den Libretti zur *Dafne* von Jacopo Peri (1598) und der *Euridice*, die sowohl Peri (1600) wie Giulio Caccini (1602) vertonten, und Alessandro Striggio und Claudio Monteverdi sollten ihm mit dem *Orfeo* (1607) folgen. Noch rund hundert Jahre später sollte Ludovico Antonio Muratori in *Della perfetta poesia italiana* (1706) die Bedeutung der Erfindung des ‚recitar cantando' für die Dichtkunst hervorheben, die er allerdings seinem Modeneser Landsmann Orazio Vecchi – noch vor Rinuccini – zusprechen wollte; mit der Dominanz des Musiktheaters in der Öffentlichkeit gegenüber dem gesprochenen Drama mochte sich Muratori allerdings nicht abfinden.[10]

*

Aber die eigentliche Fruchtbarkeit der bukolischen Thematik lag in der Verbindung, die sie im Laufe des 17. Jahrhunderts mit den Überlegungen der Jurisprudenz zum Naturzustand des Menschen einging. Offensichtlich wird in der Geschichte des politischen Denkens zu wenig beachtet, wie sehr auch von Italien – zwischen dem von Machiavelli beeinflussten venezianischen Diplomaten und Historiker Paolo Paruta (1540–1598) und dem Mitbegründer der Arcadia Gian Vincenzo Gravina, der ja primär Rechtsgelehrter war – Anstöße zur Entwicklung der Theorie des Naturzustands ausgingen, und ein zentraler Punkt war dabei die naturgegebene Freiheit des Menschen. In seiner in Dialogform gehaltenen Schrift *Della perfettione della vita politica* (1579) hatte Paruta die folgenreiche These der *Politik* des Aristoteles attackiert, nach der die Natur einen Teil der Menschen zu einem Sklavendasein bestimmt, ebenso wie sie andere zu geborenen Herren macht.[11] Das Naturrecht hatte sich seit Hugo Grotius

[10] Lodovico Antonio Muratori: *Della perfetta poesia italiana spiegata, e dimostrata con varie osservazioni, e con varj giudizj sopra alcuni componimenti altrui, con le annotazioni critiche dell'Abate Anton Maria Salvini*, 2 Bde., Venedig: Stamperia Coleti 1770, hier Bd. 2, Buch III, Kap. IV, S. 23 ff. Der Herausgeber Salvini beharrte in einer Anmerkung jedoch auf dem Primat Rinuccinis und Peris an dieser Erfindung (S. 23 f.). – Zur Kritik Muratoris an der Dominanz des Musiktheaters zum Nachteil der Sprechbühne vgl. ebd. das folgende Kap. V, S. 26–38.

[11] Aristoteles: *Politik* I/5 u. III/13 – Es sind vier Argumente, die Paruta gegen Aristoteles' These setzt: Herrschaft des Menschen gibt es nur über die ihm untergeordneten Tiere, aber nicht

(*De jure belli ac pacis*, 1625) dem Problem gestellt, die Grenze zwischen dem Naturzustand, in dem die Gleichheit der Menschen angenommen wurde, und dem vergesellschafteten Zustand zu bezeichnen, in dem die positiven Gesetze etablierter Herrschafts- und Gesellschaftsformen diese Gleichheit zum Verschwinden brachten. Aber die Frage nach dieser Grenze war mit dem Beginn der modernen Bukolik bei Tasso und Guarini bereits in exemplarischer Weise aufgetaucht, und zwar so, als ob die Aristoteles-Kritik von Paruta bereits auf deren Texte gewirkt hätte. Denn dieser hatte schroff festgestellt: „rimane fondato il dominio sopra la sola legge humana; la quale, dalla naturale dipartendosi, non è nè giusta, nè uera legge" – jede Form von Herrschaft ist willkürliche menschliche Einrichtung und ist, da sie sich vom Naturgesetz entfernt, weder von Gerechtigkeit geleitet noch beruht sie im eigentlichen Sinn auf einem Fundament, das – eben weil willkürlich – als ‚Gesetz' bezeichnet werden könnte.[12] In beiden bukolischen Dramen gibt es einen Bruch zwischen dem Gemeinschaftsleben des ‚goldenen Zeitalters' und den von Konventionen regierten Gesellschaften; aber der Ausgangspunkt ist bei Tasso und Guarini unterschiedlich. Der Naturzustand ist zwar bei beiden mit denselben Zügen der traditionellen ‚aurea aetas' geschildert: Die Menschen leben in Harmonie mit allen Geschöpfen, die Natur gibt dem Menschen in einem ewigen Frühling freiwillig alles, was er zu seiner Selbsterhaltung benötigt; Kulturtechniken wie Ackerbau, Schifffahrt und Metallurgie sind, weil überflüssig, noch nicht entdeckt, und die Krankheiten der Zivilisation – Geldgier, Ehrgeiz und Neid – sind unbekannt. Aber im Chorlied, das den ersten Akt von Tassos *Aminta* beschließt, sind selbst alle diese Vorzüge akzidenziell gegenüber dem, was das Wesen dieses glückseligen Zustandes ausmacht: die schrankenlose sinnliche Lust („piacere"), die einem „goldenen Gesetz" folgt, das „die Natur dem Menschen in die Brust eingegraben" hat. In dem Moment, in dem durch das Götzenbild der Ehre („onore") gesellschaft-

---

über die Mitmenschen, die von Gott und der Natur in gleicher Weise mit Kräften des Körpers und Geistes ausgestattet sind; demnach ist es vernunftwidrig, dass einem Menschen erlaubt sein soll, über seinesgleichen zu herrschen. Jede Form von Herrschaft ist demnach nur von Menschen begründet und damit ihrer Form nach willkürlich. Auch die Tatsache, dass es Menschen gibt, die körperlich oder intellektuell anderen unterlegen sind, ist keine Grundlage für ein Recht des Stärkeren. Und schließlich die schärfste Attacke: Jede von Menschen geschaffene Herrschaftsform entzieht einem Teil dieser Menschheit die naturgegebene Freiheit; sie ist damit ein Akt der Vergewaltigung der natürlichen Gleichheit des Menschen. Im Original fasst Paruta seine Argumente in vier Kernsätze zusammen, die im Druck als Randnoten neben dem entsprechenden Abschnitt erscheinen: „Non par ragioneuole, che l'huomo habbia dominio sopra l'altro huomo simile a lui." – „Il Dominio dell'huomo sopra l'altro huomo è fondato sopra la legge humana." – „Non ha la natura intentione di formare imperfettione nell'huomo." – „La violenza ha introdutti nel Mondo i nomi di libertà, e di seruitù"; zit. nach: Paolo Paruta: *Della perfettione della vita politica*, Venedig 1619, Buch III, S. 308 f.

12 Ebd.

liche Rücksichten eingeführt werden, ist dieser Glückszustand unbeschränkter Freiheit beendet.[13] Als nun Guarini im *Pastor fido* Tassos Text in einer poetisch wie literarisch auffälligen Form aufgriff, stellte er mit der ‚onestà' dem ‚piacere' bei Tasso einen Begriff entgegen, den er allerdings von der gesellschaftlichen Schranke der Ehre (‚onore') unterschied. Die Technik, die Guarini dabei anwendet, geht eigentlich auf die sizilianische Dichterschule um den Staufer Friedrich II. im 13. Jahrhundert zurück, die noch im Kreis des ‚Dolce stil nuovo' gepflegt worden war. Es handelt sich um eine ‚Tenzone', jene Form des literarischen Wettstreits, an dem zwei oder mehrere Dichter teilnehmen; Thema, Wortwahl, ja Satzbau und Reim werden aus dem Text, der die Tenzone eröffnet, übernommen und ingeniös abgewandelt. Genau dies geschieht in dem Chorlied, mit dem Guarini nun im vierten Akt des *Pastor fido* seine Replik auf Tasso formulierte; die ersten beiden Strophen seien hier zitiert:

Tasso: *Aminta*; Atto I, Choro	Guarini: *Il Pastor Fido*; Atto IV, Coro
„O Bella età dell' Oro,	„O Bella età de l'oro,
Non già perche di latte	Quand'era cibo il latte
Sen corse il fiume, e stillò mele il bosco:	Del pargoletto mondo, e culla il bosco,
Non perche i frutti loro	E i cari parti loro
Dier da l' aratro intatte	Godean le gregge intatte,
Le terre, e gli angui errar senz' ira, ò tosco;	Nè temea il mondo ancor ferro, nè tosco!
Non perche nuvol fosco	Pensier torbido, e fosco
Non spiegò allhor suo velo,	All'hor non facea velo
Ma in Primavera eterna,	Al Sol di luce eterna,
C' hora s' accende, e verna,	Hor la ragion, che verna
Rise di luce, e di sereno il Cielo,	Trà le nubi del senso, hà chiuso il cielo:
Nè portò peregrino	Ond'è, che'l peregrino
O' guerra, o merce, a gli altrui lidi il pino.	Va l'altrui terra, e 'l mar turbando il pino.
Ma sol, perche quel vano	Quel suon fastoso, e vano,
Nome senza soggetto,	Quell' inutil soggetto
Quell' Idolo d' errori, Idol d' inganno,	Di lusinghe, di titoli, e d'inganno,
Quel, che dal volgo insano	Ch'onor dal volgo insano
Honor poscia fù detto,	Indegnamente è detto,
Che di nostra natura 'l feo tiranno,	Non era ancor de gli animi tiranno;

[13] Woran sich diese Auffassung von der Lust als höchstem Gut bei Tasso orientiert, kann hier nicht näher untersucht werden; es besteht aber Grund zur Annahme, dass er damit an die topische Behandlung des Begriffs der epikuräischen Lust anschließt, die von Lorenzo Valla in der zwischen 1431 und 1449 entstandenen Schrift *De voluptate* (Erstdruck Paris 1509) ausgeht und als deren Gegenbegriff eine – falsche –‚honestas' gilt; vgl. hierzu Maristella de P. Lorch: *The Epicurean in Lorenzo Valla's ‚On Pleasure'*, in: Margaret J. Osler (Hg.): *Atoms, ‚Pneuma', and Tranquillity. Epicurean and Stoic Themes in European Thought*, Cambridge: University Press 1991, S. 89–114.

Non mischiava il suo affanno	Ma sostener affanno
Fra le liete dolcezze	Per le vere dolcezze,
De l' amoroso gregge	Trà i boschi, e trà le gregge
Nè fù sua dura legge	La fede haver per legge,
Nota à quell' alme in libertate auuezze,	Fù di quell' alme al ben oprar avvezze
Ma legge aurea, e felice,	Cura d'honor felice,
Che natura scolpì, *S' ei piace, ei lice.*"[14]	Cui dettava honestà: *piaccia se lice.*"[15]

Bei Guarini ist nun der anfängliche Zustand des Menschen, trotz der Verwendung von Tassos Material, ein anderer: Hier sind die Affekte von einem Gefühl der Ehrbarkeit („honestà") kontrolliert; die „glückliche Sorge der Menschen, die dem Guten zugeneigt waren, bestimmte ihr ehrbares Handeln", und die „Aufrichtigkeit" („fede") war ihr Gesetz, eine Modifikation, die auf die Schilderung der aurea aetas in der *Octavia* des (Pseudo-)Seneca zurückgeht;[16] Lust, Ehrbarkeit und gesetzliche Einschränkung werden hier als vereinbar gedacht, im Gegensatz zu Tasso. Nur eine Verdunklung des natürlichen Lichts, welche die Menschen von der ewigen Vernunft separierte – der Sündenfall –, hat die Verfinsterung der naturgegebenen ‚recta ratio' und ihre Verdüsterung durch die Sinnlichkeit bewirkt; die Folge ist jene falsche Ehre, mit der die hierarchische Ordnung der Gesellschaft die Aufhebung der natürlichen Gleichheit gerechtfertigt hat.

*

Wie bedeutsam diese von Tasso und Guarini angeschnittene Problematik der Einführung der Ungleichheit für den Themenbereich der Idylle war, lässt sich durch einen Blick auf die fünfte der *Satires* von Nicolas Boileau (1666) und

[14] Torquato Tasso: *Aminta, difeso, e illustrato da Giusto Fontanini*, Rom: Stamperia del Zenobj, e del Placho 1700, S. XXXVIII f. – Wie im Fall des *Pastor fido* wurden mit Absicht Textvorlagen aus Händels Zeit gewählt, hier die 1700 in Rom gedruckte Version Giusto Fontaninis, der sich später als erbitterter Gegner Muratoris einen Namen machen sollte.

[15] Giovanni Battista Guarini: *Il Pastor fido. Tragicomedia Pastorale, colla Vita, e Genealogia di questo Autore, e colle Spiegazioni e Annotazioni, Morali, Mitologiche, Historiche, Genealogiche, Geografiche, Critiche &c. &c. dei Luoghi più difficili di Francesco Lodovico Tonelli,* Nürnberg: Pietro Corrado Monath 1734, S. 258 f. – Die hier benutzte Ausgabe ist insofern interessant, als sie textlich auf einer Londoner Ausgabe von 1718 beruht, dann aber in den sprachlichen Erklärungen vor allem auf ein deutsches Publikum abzielt.

[16] Zur dieser Verbindung von Gesetz (‚legge') und Aufrichtigkeit (‚fede') bei Guarini vgl. (Pseudo-)Seneca: *Octavia*, V. 397 ff.: „Tunc illa virgo, numinis magni dea, / *Iustitia, caelo missa cum sancta Fide* / Terra regebat mitis humanum genus" (Kursivierung durch den Verfasser): „Damals wurde jene Jungfrau, die Gerechtigkeit (‚Iustitia'), die vom höchsten Wesen entsprungene Göttin, gemeinsam mit der heiligen Aufrichtigkeit (‚Fides') vom Himmel gesandt, und regierte auf Erden in Sanftmut das Geschlecht der Menschen".

deren Übersetzung durch den Freiherrn von Canitz illustrieren, die 1692 entstand, aber erst 1727 in der von Johann Ulrich König veröffentlichten Sammlung von dessen Gedichten weiter bekannt wurde:

„Dans les tems bienheureux du monde en son enfance,	Als die noch zarte Welt lag gleichsam in der Wiegen,
Chacun mettait sa gloire en sa seule innocence.	Durfft einer sich auf nichts, als auf die Unschuld, triegen,
Chacun vivoit content, & sous d'égales loix.	Da war das Volck vergnügt und in Gesetzen gleich,
Le mérite y faisoit la noblesse & les Rois;	Verdienst war Adels werth, und galt ein Königreich.
Et sans chercher l'appui d'une naissance illustre,	Da fand man keinen Held, der sich auf Herkunfft stützte,
Un Heros de soi-même empruntoit tout son lustre.	Und der nicht, an sich selbst, mit eignen Strahlen blitzte;
Mais enfin, par le tems le mérite avili	Bis daß man mit der Zeit die Tugend so verließ,
Vit l'honneur en roture, et le vice anobli;	Daß man sie bürgerlich, das Laster edel, hieß.
Et l'orgueil d'un faux titre appuyant sa foiblesse,	Der neuerwachsne Stand hielt andre bald für Sclaven:
Maitrisa les humains sous le nom de noblesse.	Das Land war überschwemmt von Freyherrn und von Grafen:
De là vinrent en foule & Marquis & Barons:	Man wieß, an statt des Kerns, die Welt mit Schalen ab,
Chacun pour ses vertus n'offrit plus que des noms.	Und hatte Tugend gnug, wann man sich Titel gab.“[17]

*

Eine derartige Thematik findet man jedoch in der Pastoralpoesie, wie sie Fontenelle konzipierte, nicht mehr;[18] 1688 veröffentlichte er seine Eklogen, zusammen mit dem sehr einflussreichen *Discours sur la nature de l'Eglogue* und der *Digression sur les Anciens et les Modernes.* Als Gegenstand des bukolischen Ge-

---

[17] [Friedrich Rudolph Ludwig, Freyherr von Canitz]: *Des Freyherrn von Canitz Gedichte* [...] *Nebst Dessen Leben, und einer Untersuchung von dem guten Geschmack in der Dicht- und Rede-Kunst, ausgefertiget von Johann Ulrich König,* Berlin/Leipzig ^{2}1734. Vgl. den Paralleldruck beider Texte: *Satire V. Du Sr. Boileau Despreaux, A Mr. Le Marquis De Dangeau* bzw. *Die zehente Satyre. Übersetzung der fünften des Boileau, Von dem wahren Adel,* S. 274–287, Zitat S. 280–283.

[18] Übergangen werden muss hier René Rapins: *Dissertatio de carmine pastorali* (1659), auf die Fontenelle antwortet; zum Verhältnis beider Autoren vgl. Renate Böschenstein: *Idylle,* Stuttgart: Metzler 1967 (= Sammlung Metzler 63), S. 42–45.

dichts gilt ihm die Beschreibung des Gemütszustandes der Hirten, nicht die ihrer Lebensbedingungen oder gar der Verrichtungen bei der Betreuung der Herde; diese sind als Gegenstand der Mimesis nicht geeignet, angenehme Empfindungen zu erwecken:

> „Je conçois donc que la Poésie pastorale n'a pas de grands charmes, si elle est aussi grossière que le naturel, ou si elle ne roule précisément que sur les choses de la campagne. Entendre parler de brebis & de chèvres, des soins qu'il faut prendre de ces animaux, cela n'a rien par soi-même qui puisse plaire: ce qui plaît, c'est l'idée de tranquillité attachée à la vie de ceux qui prennent soin des brebis & des chèvres. [...] c'est que l'idée ne tombe plus précisément sur le ménage de la campagne, mais sur le peu des soins dont on est y chargé, sur l'oisivité dont on y jouit; &, ce qui est le principal, sur le peu qu'il en coûte pour y être heureux."[19]

Die Muße, die den Menschen in diesem Dasein vergönnt ist, führt dazu, dass die Liebe im Grund zur einzigen Beschäftigung wird, der sie sich widmen; es entsteht eine Liebeskasuistik, der allerdings alle pathetischen und raffinierten Züge fernbleiben müssen:

> „Elle [la vie pastorale] n'admet point l'ambition, ni tout ce qui agite le cœur trop violemment; la paresse a donc lieu d'être contente. Mais cette sorte de vie-là, par son oisivité & par sa tranquillité, fait naître l'amour plus facilement qu'aucune autre, ou du moins le favorise davantage; & quel amour? Un amour plus simple, parce qu'on n'a pas l'esprit si dangereusement raffiné; plus appliqué, parce qu'on n'est occupé d'aucune autre passion; plus discret, parce qu'on ne connoît presque pas la vanité; plus fidèle, parce qu'avec une vivacité d'imagination moins exercée, on a aussi moins d'inquiétudes, moins de dégoûts, moins de caprices; c'est à-dire, en un mot, l'amour purgé de tout ce que les excès des fantaisies humaines y ont melé d'étranger & de mauvais."[20]

Die realen Bedingungen dieses Daseins, sein Elend und seine Gewöhnlichkeit müssen ausgeblendet werden, obwohl sie Theokrit in seinen *Idyllen* durchaus einbezog; es geht einzig um den Zustand der Beschaulichkeit, in dem sie ihr Leben verbringen:

> „L'illusion & en même temps l'agrément des bergeries consiste donc à n'offrir aux yeux que la tranquillité de la vie pastorale, dont on dissimule la bassesse: on en laisse voir la simplicité, mais on en cache la misère; & je ne comprends pas pourquoi Théocrite s'est plu à en montrer si souvent & la misere & la bassesse."[21]

---

19 Bernard Le Bovier de Fontenelle: *Discours sur la nature de l'Eglogue*, in: Œuvres de Mo*nsieur de Fontenelle. Nouvelle édition, Tome quatrieme*, Paris: Libraires associés 1766, S. 125–168, hier S. 135 f.

20 Ebd., S. 138 f.

21 Ebd., S. 143 f.

Allerdings gibt Fontenelle eine Beschreibung des idyllischen Stils, die ihre Wirkung auf Muratori nicht ganz verfehlen sollte; denn auch eine poetisch niedrige Gattung darf des Reizes nicht entbehren:

> „On ne prend pas moins de plaisir à voir un sentiment exprimé d'une manière simple que d'une manière plus pensée, pourvu qu'il soit également fin: au contraire, la manière simple de l'exprimer doit plaire davantage, parce qu'elle cause une espèce de surprise douce & une petite admiration. On est étonné de voir quelque chose de fin & de délicat sous de termes communs & qui n'ont point été affectés; & sur ce pied-là, plus la chose est fine sans cesser d'être naturelle, & les termes communs sans être bas, plus on doit être touché."[22]

Aber diese Einschränkung auf „paresse" und „amour", die stereotype Festlegung von Personal und Szenerie und der völlige Ausschluss von Themen, die – wie in Vergils berühmter vierter *Ekloge* – ‚paulo maiora' behandeln, erlegten der Bukolik einen Zwang auf, der spätestens am Ende des 18. Jahrhunderts zu ihrer raschen Abwertung führen sollte, und sie überdeckte jenes Moment der Kritik an der naturfernen Gesellschaft, das bei Boileau noch deutlich sichtbar gewesen war.

II. Zur Poetik der ‚Arcadia': Alessandro Guidi und Ludovico Antonio Muratori

Der Kontrast zu Fontenelle zeigt sich in der italienischen Dichtung sofort, wenn man das Werk Alessandro Guidis (1650–1712) betrachtet. Unter den Gründervätern der Arcadia fällt ihm eine bedeutende Rolle zu, die von Gravina und Crescimbeni gleichermaßen anerkannt wurde;[23] in der Forschung lastete auf ihm allerdings lange das negative Urteil, das später Leopardi über ihn fällen sollte. Aber die Gesellschaft der Arkadier verdankt ihm einen wichtigen Beitrag zu ihren theoretischen Grundlagen; es handelt sich besonders um drei Kanzonen, die ein kleines Korpus bilden. Hier wird bereits das Problem skizziert, das hundert Jahre später noch Schiller in seiner systematischen Analyse der ‚modernen' bzw. ‚sentimentalischen' Poesie beschäftigen sollte. Der Gegensatz zu Fontenelles Verengung der poetischen Thematik ist sofort an der ersten dieser Kanzonen kenntlich, die dem Kardinal Pietro Ottoboni – Händels

[22] Ebd., S. 157 f.

[23] 1692 erschien bereits im Erstdruck von Guidis *Endimione* Gravinas *Discorso*, von dem später noch die Rede sein wird (vgl. dazu unten, S. 92–96); noch 1726 veröffentlichte Crescimbeni eine Ausgabe der *Poesie* Guidis mit einer Lebensbeschreibung. Für die bibliographischen Angaben vgl. folgende Ausgabe: Alessandro Guidi: *Poesie approvate. L'Endimione – La Dafne – Rime – Sonetti – Sei omelie*, bearb. von Bruno Maier, Ravenna: Longo 1981, hier S. 81 f.

Mäzen in Rom – gewidmet ist. Sie trägt den Titel *Costumi degli Arcadi* und ist in Form einer recusatio geschrieben; die vorgebliche Weigerung, ‚hohe' Themen und Stoffe zu behandeln, erlaubt gerade, diese zu benennen und damit in den Bereich des ‚genus humile' einzuführen. Das klassische Vorbild dieses Verfahrens stellt die erste Elegie des zweiten Buches der *Elegien* des Properz dar: Sie enthält die Absage des Dichters an Maecenas, den Auftrag von Kaiser Augustus zur *Aeneis* zu übernehmen, den dann Vergil ausgeführt hat; die Alltagsepisoden der Affäre mit seiner Geliebten Cynthia seien die Abenteuer, die für den Dichter die gleiche Bedeutung hätten, wie die Taten der Heroen mythischer Zeiten. Hierin liegt nun das poetische Vorbild für Guidis Widerspruch gegen die naturferne Gesellschaft und den Lobpreis des ‚vivere secundum naturam' als Gegenstand der arkadischen Poesie, und dies fordert den Rückzug aus dem höfischen Ambiente in die Geborgenheit eines fingierten Arkadien, in dem der Wille zur Kunst der Einfachheit bestimmend ist. Dazu führt er den Kontrast zum „innocente primo costume" Roms vor Augen, der sich im Lauf der Geschichte verloren und damit, trotz der Ruhmestaten der römischen Geschichte, zum Untergang des Imperiums geführt habe:

„Nasce da nostra mente
Un felice desio,
Che a natura conforma il viver nostro:
Non anelar si sente
Entro i tetti Reali,
E non cerca di bisso ornarsi, e d'ostro:
Solo talor si è mostro
Pallido innanzi a Giove
Qualora ei vide infra baleni, e lampi
Star sospese le nubi
Sovra gli Arcadi campi:
E per la chiara, ed onorata fronde,
Che Febo altrui comparte,
Ferve il nostro pensier su la bell'arte
Ed alle Muse in buon voler risponde:
E queste son le cure
Che ne' nostri tugurj abitar ponno,
Non quelle, che dei Re turbano il sonno.

O, se una eterna legge
Fatta s'avesse il Lazio
Dell'innocente suo primo costume!
Certo, che l'Oceano
Seguito non avria sì lungo spazio
L'altere voglie del Romuleo Fiume:
Né già da' sette Colli avrian le piume
Vittoriose al Caucaso, ai Britanni
Volte l'Aquile invitte; e il Mondo intero
Già non avrian veduto
Posarsi all'ombra del Romano Impero:
Ma non avrian nè meno
Tante crudeli Cittadine spade
Per le belle Contrade
Squarciato dell'Italia il manto, e il seno;
E non avrebbe alfine
L'ampio splendor della Città di Marte
Da' lidi aspri, e rimoti
Chiamata sul Tarpeo l'ira de' Goti."[24]

[24] Vgl. dazu: *Poesie d'Alessandro Guidi, con la sua Vita descritta da Gio: Mario Crescimbeni con altre aggiunte*, Venedig ³1751: *Costumi degli Arcadi*, S. 20–23, hier S. 20 f.; vgl. auch die Ausgabe von Bruno Maier (wie Anm. 23), hier: *Costumi degli Arcadi*, S. 200–204, hier S. 200 f. – Zu diesem und den folgenden behandelten Gedichten vgl. auch die *Introduzione* in Bruno Maiers Ausgabe, S. 59–62.

Dabei eignet diesem Rückzug in eine bescheidene, nur der Kunst gewidmete Existenz, durchaus etwas Provokantes an: Sollte sich dieses Modell eines herrschaftsfreien Lebens auf die Zentren der Zivilisation ausdehnen, würde es die Formen von weltlicher Herrschaft grundlegend ändern. Dies wird ganz das Thema von Metastasios *Il re pastore* (1751) sein, den auch Mozart 1775 noch komponieren sollte:

„Non di possente Rege,
Nè d'altero Senato
Unqua apparver fra noi Scettro e Bipenne,
Nè, qual Leon di maestate armato,
Chiaro Pastor fra noi
Unqua la bella Arcadia, in man si tenne.
Sol di saggio Custode altri sostenne
L'amabil nome, e i mansueti uffici:
Così le nostre selve
Piene son di costumi almi, e felici:
E se nostra Virtute
Venisse in pregio alle Città famose,
Quanti superbi fortunati Eroi
Vedriano i lor splendori
Occuparsi da' poveri Pastori."[25]

Aber für Guidi ist das ‚Als-ob' der arkadischen Poesie, der fiktionale Charakter ihres idealen Gegenstandes völlig evident. In der Kanzone, die er anlässlich der Verkündung der Gesetze der Arcadia durch Gravina verfasste (*La promulgazione delle leggi di Arcadia*, 1696), erklärt er ohne Zögern das goldene Zeitalter zu einer schönen Fiktion; es gibt die Idee dieser Utopie, die in uns angelegt ist, um sich aus der realen Welt hinauszuträumen. Aber die Regellosigkeit unserer Begierden und die Zügellosigkeit unserer Leidenschaften verhindern die Realisierung dieses Traumbildes:

„Io non adombro il vero
Con lusinghieri accenti:
La bella Età dell'oro unqua non venne.
Nacque da nostre menti
Entro il vago pensiero,
E nel nostro desio chiara divenne:
[...]
Chiude nostra Natura
In mente gli aurei semi,
Onde sorger potrian l'Età beate;
Ma il suo desir, che è cieco
E incontro al ben s'indura,
Da così bel pensiero la diparte.
Vedete come in carte
Si ragiona di Lei, che in seno accoglie
Tanti feroci voglie
E col loro piacer sol si consiglia:
Vedete come a se sempre somiglia,
E come spira all'Innocenza in petto
Lampi, e faville di vendetta, e d'ira,
E come poscia tesse atroci inganni
Velando di virtute anco i Tiranni."[26]

---

[25] *Poesie d'Alessandro Guidi* (wie Anm. 24), S. 21 f., bzw. Ausgabe Maier (wie Anm. 23), S. 202 f.

[26] *Poesie d'Alessandro Guidi* (wie Anm. 24): *La promulgazione delle leggi di Arcadia*, S. 24–27, hier S. 24 f., bzw. Ausgabe Maier (wie Anm. 23), S. 205–209, hier S. 205 f.

Es ist diese Kanzone, deren erhabenen Stil Muratori im vierten Teil von *Della perfetta poesia italiana* (1706) wegen des Verfahrens des Dichters gerühmt hat:

> „[...] ne i parti di questo gusto originale si mira tutto quel sublime e nuovo, che può mai darsi a gli oggetti, sieno questi grandi e stranieri per se stessi, o sieno bassi e triviali. Ogni cosa, dico, che sappia immaginare la fantasia, senza che questa potenza o mostri giammai povertà, o ecceda dalla parte del lusso, o del troppo. La fecondità del Poeta, più tosto che ad empiere di gran varietà di proposizioni e cose i suoi versi, tende ad amplificare, e colorire con tutta la novità e splendidezza possibile alcune delle più belle e più scelte proposizioni, che si convengano al suggetto; le quali così sontuosamente addobbate e legate, formano poscia un componimento rarissimo, a cui qualche oscurità talvolta accresce, non toglie la maestà. Oltre a ciò ogni verso, ogni frase, ogni senso qui è lavorato, e limato con incredibile attenzione e finimento, in guisa tale che da per tutto corrisponde l'esterna armonia del metro all'interna bellezza de' sentimenti.“[27]

Das neue Stilideal wird in dieser Eloge auf Guidis Kanzone explizit formuliert: Es geht um den Abbau der Dominanz der als bizarr und zugleich ärmlich geltenden ‚inventio‘ des barocken Stils; die Kategorie der ‚maraviglia‘, die an sich für das 17. Jahrhundert charakteristisch war, bleibt zwar erhalten, aber die neue Form erhabenen Dichtens entsteht nicht mehr aus der überraschenden Inkongruität zwischen ‚res‘ und ‚verba‘, wie bei Marino und seiner Schule, sondern aus der Dominanz der ‚convenevolezza‘ und dem, was der deutsche Ästhetiker Alexander Gottlieb Baumgarten treffend als ‚ubertas aesthetica‘ bezeichnen sollte, der Fülle der Details.[28]

Die dritte Kanzone Guidis, die für das Programm der Arcadia von Bedeutung ist, trägt den Titel *La Fortuna*. Dem Dichter erscheint in seiner armen Hütte die Glücksgöttin als stolze Herrscherin und fordert ihn auf, ihre Macht in der Welt der Heroen zum Gegenstand seiner Poesie zu machen, um sich ewigen Ruhm zu erwerben. Aber der Dichter widersetzt sich diesem Ansinnen, um dem arkadischen Ideal treu zu bleiben; die Fortuna ergreift zunächst das Wort:

„So che ne' tuoi pensieri
Altre figlie di Giove
Ragionano d'Imperi
E delle tue voglie fansi Reine:
Da lor speri venture alte, e divine:
Speran per loro i tuoi superbi carmi
Arbitrio eterno in su l' età lontane,

Una felice donna ed immortale
Che dalla mente è nata degli dei,
Allor risposi a Lei,
Il sommo impero del mio cor si tiene,
E questa i miei pensier alto sostiene
E gli avvolge per entro il suo gran lume,
Che tutti i tuoi splendori adombra, e preme;

[27] Muratori: *Della perfetta poesia italiana* (wie Anm. 10), Bd. 2, Buch IV, S. 262f.

[28] Alexander Gottlieb Baumgarten: *Aesthetica*, Hildesheim: Olms 1970 [Reprint der Ausgabe Frankfurt a. d. Oder 1750]; vgl. dazu *Sectio VIII: Ubertas aesthetica*; §§ 115–118, S. 55–58.

E già del loro ardore
Infiammata tua mente
Si crede esser possente
Di destrieri, e di vele
Sovra la terra, e l'onde,
Quando Tu giaci in pastorale albergo
Dentro l'inopia, e sotto pelle irsute:
Né v'è chi a tua salute
Porga soccorso: Io sola
Te chiamo a novo, e glorioso stato:
Seguimi dunque, e l'alma
Col pensier non contrasti a tanto invito:
Ché neghittoso e lento
Già non può star su l'ale il gran momento.

E se ben non presume
Meritar il mio crin le tue corone,
Pur su l'alma i' mi sento
Per Lei doni maggiori
Di tutti i Regni tuoi,
Nè Tu recargli, nè rapirgli puoi.
E come non comprende il mio pensiero
Le splendide venture,
Così il pallido aspetto ancor non scorgo
Delle misere cure:
L' orror di queste spoglie
E di questa capanna ancor non vede
Vive fra l'auree Muse,
E i favoriti tuoi figli superbi
Allor sarian felici,
Se avesser merto d'ascoltarsi un giorno
L' eterno suono de' miei versi intorno."[29]

Der Streit zwischen der Fortuna, die die kontingente Welt regiert und vergängliche Güter verschafft, und den Idealen eines ‚Summum bonum', das dauerhafte Freude verheißt, gehört ja noch bis über die Mitte des 18. Jahrhunderts zu den traditionellen Stoffen der Oper oder Serenata. In Händels Werk taucht das Thema nicht nur in den Fassungen des *Trionfo del tempo* oder in *The Choice of Hercules* auf, sondern ist auch ein wichtiges Handlungselement in den Opern *Rinaldo* (1711) und *Alcina* (1728); in den Zauberinnen Armida und Alcina kehrt die verführerische Gestalt der Lust (Piacere) aus dem *Trionfo* zurück. Noch 1772 vertonte Mozart Metastasios *Il sogno di Scipione* (1735), in dem Costanza und Fortuna den Helden für sich zu gewinnen suchen. Sicher tradiert dieser Topos die dem Barock so wichtige Lehre der Bedeutungslosigkeit des Irdischen, und Kardinal Pamphilj hat sein Libretto vermutlich primär unter diesem Aspekt gesehen; aber die Gestalt des Tempo ist um 1700 nicht nur mehr die Allegorie des ‚Memento mori', sondern kann auch als Mahnung funktionieren, sich dem Irdischen zuzuwenden.[30]

*

Eine Ausformulierung von Guidis poetischem Programm zur theoretischen Grundlage der Bukolik, die sich aus dem Widerspruch zum Stil des Barock

[29] *Poesie d'Alessandro Guidi* (wie Anm. 24): *La Fortuna,* S. 28–34, hier S. 30 ff. (Ausgabe Maier [wie Anm. 23], S. 209–217, hier S. 213 f.).
[30] Vgl. dazu unten, S. 96–98.

herleitet, und ihre erneute Erhebung zur ‚modernen' Poesie par excellence findet sich in Muratoris *Della perfetta poesia italiana*, und nicht nur in seinem Lobpreis von Guidis Kanzone auf die Verkündigung der Satzung der Arcadia. Er trifft nun in seiner Darstellung eine in der Benennung zunächst erstaunliche Unterscheidung zwischen dem Stil Marinos und dem von ihm favorisierten neuen Ideal: Derjenige Marinos wird nicht, wie man annehmen könnte, als Spätstil und damit als Verfallserscheinung gedeutet, sondern als jugendlich übermütige Entartung der ursprünglich naturnahen Sprache und Dichtung: als ‚stile fiorito', der durch gesuchte Bilder und Eleganz zu blenden sucht. Das neue Ideal der Dichtung der Arcadia ist dagegen der ‚stil maturo' einer Spätzeit, der den Reichtum der Gedanken unter einer kargen, konzentrierten, aber wieder natürlicheren Sprache verbirgt, und nur durch sie gewinnt er den Anschluss an den Stil der Anfänge der Poesie zurück, von dem der stile fiorito des Marinismus weggeführt hatte:

> „Altro è dunque lo *Stil Maturo*, ed altro lo *Stil Fiorito*. Il primo è stile d'Autunno, il secondo di Primavera. Questo ha del focoso, del giovenile, del piccante; quello ha del temperato, del virile, ed è più naturale. Dipinge lo stil fiorito le azioni, i costumi, le cose con acutezza di pensieri, con vivacità di riflessioni, di sentenze, e ristringendo in poche parole i sentimenti, a prima vista ferisce colla sua pompa, e col suo lume l'intelletto altrui, scoprendo assai chiaramente l'arte. Non ha lo stil maturo tanto splendore nella sua superfizie; ma è pieno di buon sugo, ha più sodezza, usa le parole convenevoli al suggetto, e quantunque o più, o non men dell'altro, abbondi di studio, e d'arte, pure meno lo scuopre."[31]

In den Ausführungen Muratoris wird deutlich, was hier stilistisch geschieht: Es geht um die Senkung des pathetisch-erhabenen Stils, um seine Befreiung vom Ballast des Rhetorischen und Artifiziellen, und um eine Annäherung an das Natürliche und Wirkliche, das auch den niedrigen Stil durch seine Grazie nobilitiert:

> „Lo Stile acuto, ed ingegnoso, quando non sia con parsimonia usato, agevolmente stanca l'intelletto dell'uditore, o lettore; laddove il maturo non sazia, né stanca giammai col suo buon sugo. E la ragion di ciò mi par questa. Le spesse metafore, le allegorie affollate, il dire una cosa per farne intendere un'altra, il ristringere i sentimenti in un piccante estratto, e compendio, e altri simili ornamenti dell'artifizio scoperto, e dello Stil fiorito, essendo lontani dalla comune, e natural espression delle cose, per lo più non si possono intendere senza qualche fatica dell'intelletto, che ha da sgombrare quelle artifiziose tenebre, se ne vuol discernere il proprio e il vero. [...] Lo stil maturo

[31] Muratori: *Della perfetta poesia Italiana* (wie Anm. 10), vgl. Bd. 1, Buch II, Kap. XV, S. 365 f.

per lo contrario dipingendo le bellezze della natura, trattando la materia senza tante acutezze, e usando con temperanza gl'ingegnosi veli, non affatica giammai di soverchio le nostre menti. [...] Aggiungerò finalmente, che lo Stil piccante non è molte volte verisimile, e convien valersi del maturo, come quello, che può essere ad un tempo stesso, e sommamente dilettevole, e affatto verisimile."[32]

Die berühmte Formel des antiken Rhetorikers Quintilian, Kenner würden den Gehalt eines Kunstwerks mit dem Verstand, die Laien aber auf dem Weg über das empfundene Vergnügen erfassen, führte damit zur Gleichrangigkeit des intuitiven Laien-Urteils mit dem der Kenner.[33] Als Beispiel der Realisierung eines solchen reifen Stils, der sowohl unterhaltend wie vom Vorzug der Wahrscheinlichkeit geprägt ist, benennt Muratori das Genre des Hirtengedichts, wie es vor allem Vergil mit seinen *Bucolica* verkörpert habe. Aufgabe des Dichters sei in diesem Sinn die Vervollkommnung der Natur, d. h. die Darstellung der Hirten „nicht als rohes und ungehobeltes Volk, das es für gewöhnlich ist, sondern als Figuren voller Sanftmut, Einsicht und Anmut". Der Beschreibung des Menschen im Zustand pastoraler Unschuld, fern von jeder Deformation durch die Kultur des höfischen oder städtischen Lebens mit seiner Gelehrsamkeit, den erzwungenen gesellschaftlichen Rücksichten und der ‚Politesse' im Umgang, verlangt nach einem Stil, der seine Kunstgriffe verbirgt, um die Einfachheit der Sitten und die Schlichtheit der Gefühle des Hirtenvolks darzustellen:

„Certo è, che in questi il valoroso Poeta, seguendo l'obbligazione propria, ha da mettersi a perfezionare la natura, cioè a a dipingere i pastori, non come gente rozza, e villana, quale per l'ordinario suol questa essere, ma come persone dotate di gentilezza, intendimento e leggiadria. Ciò nondimeno dee farsi, per quanto può verisimilmente comportare lo stato loro, che è lontano da gli studj, e dall'accortezza, o finezza de' cittadini. [...] Volendosi adunque custodire il verisimile, egli è de' più purgati Poeti l'usare in tai casi il solo artifizio ascoso, e lo Stil maturo. E ciò fanno essi col considerare, ed espor senza pompa di concetti l'invidiabile tranquillità, e semplicità de' pastori [...]."[34]

---

32 Ebd., S. 372 f.

33 Quintilian: *Institutio oratoria*, Buch IX/IV, 116: „docti rationem componendi intelligunt, etiam indocti voluptatem." – Zur Aufwertung des Urteils des Publikums und der Phantasie in der italienischen poetischen Theorie vgl. Alberto Martino: *Geschichte der dramatischen Theorien in Deutschland im 18. Jahrhundert*, Erster [einziger] Bd.: *Die Dramaturgie der Aufklärung (1730–1780)*, Tübingen: Niemeyer 1972; vgl. bes. Kap. I, S. 37–41. Zur Bedeutung der ‚fantasia' in der Musik vgl. Laurenz Lütteken: *Das ungeliebte Paradigma. Schwierigkeiten und Perspektiven musikhistorischer Aufklärungsforschung*, in: Stefanie Stockhorst (Hg.): *Epoche und Projekt. Perspektiven der Aufklärungsforschung*, Göttingen: Wallstein 2013 (= Das achtzehnte Jahrhundert. Supplementa 17), S. 159–179, hier S. 161 f.

34 Muratori: *Della perfetta poesia Italiana* (wie Anm. 10), vgl. Bd. 1, Buch II, Kap. XV, S. 373.

Aber mit dieser künstlich erzeugten Natürlichkeit und der Forderung nach Wahrscheinlichkeit stellt sich auch die Frage, ob die Schilderung des realen Hirtenlebens zulässig ist, da es keine eigentlich ‚schönen' und damit der Würde der Dichtung angemessenen Sujets bietet. Muratori plädiert hier dennoch entschieden, und im Widerspruch zu Fontenelle, für die Legitimität solch niedriger Gegenstände, selbst wenn es sich um banale Verrichtungen wie um die Besorgung des Viehs oder die Bestellung der Felder handeln sollte; denn gerade hier zeige sich die Meisterschaft des Dichters in der Handhabung seiner Gegenstände. Nicht mehr der ästhetisch eigentlich reizlose Gegenstand, sondern die Handhabung der poetischen Fertigkeit wird hier zur Quelle des ästhetischen Vergnügens und bewirkt die Bezauberung der Phantasie, und der scheinbar einfache Stil verbirgt elegant die kunstvolle Verwendung der Stilmittel („artifizio ascoso"):

> „Potrà ben darsi caso, che non sia bella per se stessa la materia, come allorchè i Pastori s'introducono a narrar certe vili, e trivialissime loro fatiche intorno alla cura de gli armenti, o alla coltivazione de' campi. Ma con ciò, che non può dilettarci per se stesso, ci diletterà usando grand'arte e grazia nel ben vestire la materia deforme, o spiacevole con figure, con immagini, e con altri ajuti dell'ascoso artifizio poetico; e allora non la materia, ma l'artifizio d'essa, diverrà cagione del nostro diletto."[35]

III. Händel und die literarische Kultur um 1700: Die Zurückweisung des Barockstils in Deutschland und Italien

Will man die Situation der Künste um 1700 in Europa beschreiben, so scheint es klare Linien zu geben, nach denen sich die Entwicklung gleichermaßen in Frankreich, England, Italien und schließlich auch in Deutschland vollzieht, wenn auch hier mit einer gewissen Verspätung. Der große barocke Stil, der sich am höfischen Zeremoniell, dem Bedürfnis nach Repräsentation und Pomp orientiert, verblasst; es etabliert sich eine Kunst, die den Überschwang zurücknimmt und einem Ideal zuneigt, das klarere Linien bevorzugt und nicht nur weltlichen und geistlichen Fürsten dient. Sie wird auch Laien und Bürgern zugänglich, den Schichten, die im öffentlichen Leben sichtbar und einflussreich zu werden beginnen. Die Künstler bemühen sich, die passenden Ausdrucksformen für einen neuen Geschmack zu finden, der sich am frühesten in den Idealen des französischen Hofklassizismus ausbildet, vor allem in Boileaus *Art poétique* (1674). Der Reflexion des ‚bon goût' bei Dominique Bouhours

[35] Ebd., S. 373 f.

(*La manière de bien penser dans les ouvrages de l'esprit*, 1687) folgte Muratori (*Riflessioni sopra il buon gusto nelle scienze e nelle arti*, 1708/15), und dazu gesellt sich als bedeutender Einfluss die Theorie des Emotionalismus, im Gefolge der *Réflexions critiques sur la poésie et la peinture* (1719) des Abbé Dubos.[36] Die höchste ästhetische Kategorie ist die ‚bienséance', die ‚convenevolezza', die das Verhältnis von res und verba, von Ausdrucksmittel und Sujet reguliert und auf der die Kritik des barocken Stils beruht. Aber die ‚moderne' Kunst des Settecento entsteht nicht einfach aus der Gegenbewegung zur Kunst des Seicento; es überlagern sich in dieser Zeit in Italien wie in Deutschland ästhetische, formale und literatursprachliche Probleme, die zum Teil erneut auf die Zeit um 1600 zurückgreifen und zu durchaus überraschenden Ergebnissen führen. In Italien ist es die Nachfolge Petrarcas, aber auch von Pindar oder Anakreon bei Gabriello Chiabrera (1552–1638) oder Fulvio Testi (1593–1646), an die etwa Benedetto Menzini (1646–1704) und Alessandro Guidi im späten 17. Jahrhundert anknüpfen und damit der Arcadia im Kampf gegen den Marinismus den Weg weisen. In Deutschland erhält Martin Opitz die Rolle des großen Autors, zu dem eine junge Generation zwischen 1690 und 1730 zurückkehrt, um dem Stil der zweiten schlesischen Schule – allen voran Hofmannswaldau und Lohenstein – eine Absage zu erteilen: So der bereits erwähnte Freiherr Friedrich Rudolph von Canitz (1654–1699), dann Benjamin Neukirch (1665–1729), Johann Christian Günther (1695–1723), Johann Christoph Gottsched (1700–1766) und der junge Albrecht von Haller (1708–1777). Händel bekannt waren von Hamburg her eventuell der durch seine Epigramme berühmte Christian Wernicke (1661–1725), sicher Michael Richey (1678–1761), Barthold Hinrich Brockes (1680–1747) – dessen *Passion* er 1719 vertonte – und wohl auch Johann Ulrich König (1688–1744), auch wenn dieser erst nach Händels Zeit in Hamburg als Librettist für Reinhard Keiser und Telemann wirkte. Nicht zu vergessen ist, dass Händel 1702 geplant hatte, bei Christian Thomasius in Halle Rechtswissenschaft zu studieren; dessen *Discours Welcher Gestalt man denen Frantzosen in gemeinem Leben und Wandel nachahmen solle? ein Collegium über des Gratians Grund-Reguln / Vernünfftig / klug und artig zu leben* (um 1690) hatte nachhaltig das Problem des Deutschen als Literatur- und Gesellschaftssprache artikuliert. Auch wenn Leibniz seine *Unvorgreiffliche Gedancken, be-*

[36] Muratoris *Riflessioni sopra il buon gusto* erschienen zunächst in zwei Teilen, in Venedig 1708 und in Neapel 1715. Hier wird folgende Ausgabe verwendet: Lamindo Pritanio [Ludovico Antonio Muratori]: *Riflessioni sopra il buon gusto nelle scienze e nelle arti*, 2 Bde., Venedig: Presso Niccolò Pezzana 1723. – Zum Einfluss des Emotionalismus von Dubos auf die ästhetische Theorie und die Dramaturgie um 1700 vgl. erneut Martino: *Geschichte der dramatischen Theorien in Deutschland im 18. Jahrhundert* (wie Anm. 33), Kap. I, S. 22–54.

treffend die Ausübung und Verbesserung der Teutschen Sprache (um 1697 entstanden) nicht selbst veröffentlichte – dies geschah erst 1717 –, war sein Einfluss auf die Entwicklung des Deutschen als Literatursprache von größter Bedeutung;[37] an dem jungen Händel sind wohl, gerade im Blick auf die Situation der Hamburger Literatur- und Opernszene, solche Überlegungen nicht ganz vorbeigegangen.

*

Dass der pathetische Stil des Barock nie ganz ohne Widerspruch geblieben war, zeigt bereits 1660 die in Hamburg gedruckte Sammlung *Die geharnschte Venus* von Kaspar Stieler (1632–1707).[38] Sie besteht aus zehn mal zehn Gedichten, jeweils zu einer Dekade zusammengefasst, und jede der zehn Dekaden wurde mit einer eigenen Widmung an verschiedene Freunde und Gönner versehen. Dass der Dichter sehr bewusst vorging, zeigen die ersten drei Gedichte der ersten Dekade: Wie im Fall der zitierten recusatio von Alessandro Guidi in der Kanzone *Costumi degli Arcadi* wird auch hier Properz' erste Elegie aus dessen zweitem Buch thematisch aufgegriffen und die Liebesdichtung polemisch dem pathetischen Stil hoher Dichtung entgegengesetzt. Das zweite der drei Gedichte zitiert Properz sogar wörtlich, und sogar sein Titel – *Liebe, der Poeten Wezz-stein* – ist eine Anspielung auf Opitz' *Buch von der Teutschen Poeterey* (1626),[39] und zwar

[37] Zu Leibniz und Thomasius vgl. die Eingangskapitel von Eric A. Blackall: *Die Entwicklung des Deutschen zur Literatursprache 1700–1775. Mit einem Bericht über neue Forschungsergebnisse 1955–1964 von Dieter Kimpel*, Stuttgart: Metzler 1966, S. 1–14 u. 15–20.

[38] Kaspar Stieler: *Die geharnschte Venus*, hg. von Ferdinand van Ingen, Stuttgart: Reclam 1970. – Es lohnt sich, den vollen Titel der Originalausgabe (Hamburg 1660) anzuführen: *Die Geharnschte Venus oder Liebes=Lieder im Kriege gedichtet mit neuen Gesang=Weisen zu singen und zu spielen gesezzet nebenst ettlichen Sinnreden der Liebe. Verfertiget und lustigen Gemüthern zu Gefallen heraus gegeben von Filidor dem Dorfferer.*

[39] Zum *Buch von der Teutschen Poeterey* vgl. Trillers Ausgabe von 1746: *Martin Opizen von Boberfeld Teutsche Gedichte, in vier Bände abgetheilet, Von neuem sorgfältig übersehen, allenthalben fleißig ausgebessert, mit nöthigen Anmerkungen erläutert, von Daniel Wilhelm Triller* [...], *Erster Band, enthaltend Weltliche Gedichte*, Frankfurt a. M. 1796; Stieler bezieht sich auf das 3. Kapitel: *Von etlichen Sachen, die den Poeten vorgeworfen werden; und derselben Entschuldigung*, S. 4–10, hier S. 8: „Doch wie ehrliche, auffrichtige, keusche Gemüther (welche von den auch keuschen Musen erfordert werden) derer, die ihre Geschickligkeit mit üblen Sitten verdunckeln, nicht entgelten können: so sind auch nicht alle Poeten, die von Liebes-Sachen schreiben, zu meiden: Denn viel unter ihnen so züchtig reden, daß sie ein jegliches ehrbares Frauenzimmer ungescheuet lesen möchte. Man kan ihnen auch dessentwegen wol ihre Einbildungen lassen, und ein wenig übersehen, weil *die Liebe gleichsam der Wetzstein ist*, an dem sie ihren subtilen Verstand schärffen, und niemals mehr sinnreiche Gedancken und Einfälle haben, als wann sie von ihrer Buhlschafften himmlischen Schöne, Jugend, Freundligkeit, Haß und Gunst reden“ (Kursivierung durch den Verfasser).

auf seine Verteidigung der Liebesdichtung vor dem Vorwurf, einen unwürdigen und stilistisch niedrigen Gegenstand zu behandeln:

Liebe, der Poeten Wezz-stein

„1.
Warum ich nur von Lieben
die Blätter voll geschrieben /
warum mein Buch verzärtlet lacht:
möcht' einer wundernd fragen.
Drüm will ich selber sagen
Was mich darzu hat angebracht:

2.
Der Feuerhauch der Musen
hat meinen engen Busen
mit solchen Flammen nicht gerührt.
Apoll ist hier nicht Meister /
nicht Pallas / so die Geister
auff Helikons Gebüsche führt.

3.
Die Lust / die Red' und Blikke /
der Glieder ihr Geschikke /
und was Rosillen mehr beschönt:
Ihr Wesen / Kleidung / Lachen
Betrübniß / Schlaf und Wachen
Hat mich mit Efeu umgekrönt.

4.
Straks bin ich ein Poete /
wenn ihre Wangenröhte
im weissen Alabaster blikkt.
Wenn in die göldnen Saiten
will ihre Kehle streiten /
so werd' ich auß mir selbst entzükkt.

5.
Ist wo ihr Leib entblösset:
so bin ich schon beflösset
mit Wasser auß dem Pferde-Guß.
Auff ihr Bewegen / regen /
wächst mir geschwind entgegen
ein Buch / das Troja trozzen muß.

6.
Der mag die Tugend melden
und der die alten Helden
auß Teutschland tragen zu Papier /
der hohe Sachen schreiben:
Ich wil die Liebe treiben
Und wie Rosille mir kommt für.

7.
Der Schiffer schwazzt von Stürmen /
der Krieger praalt von Türmen
die er so oft erstiegen hat /
der Bauer lobt die Felder /
der Jäger Wild und Wälder /
der Reisender so manche Stat:

8.
Ich bin ein Jungfernlieber /
die Zunge geht mir über
von dehm / was auß dem Hertzen quillt.
Wer mich hierum will schelten /
der fluche den Gewälten /
die ob uns hat ein Weibes-Bild."[40]

Die ersten beiden Strophen greifen das Exordium von Properz' Elegie auf; so wie dieser sein ‚mollis liber' rechtfertigt, begründet Stieler, warum sein Buch „verzärtlet lacht" – bei beiden sind nicht Apollo, Pallas oder die Musen die Quelle der Inspiration, sondern die Geliebte:

[40] Stieler: *Die geharnschte Venus* (wie Anm. 38), *Erstes Zehen*, II., S. 22 f.; die Zitat-Bezüge zu Opitz und vor allem zu Properz werden vom Herausgeber der hier benutzten Ausgabe im Kommentar nicht erläutert.

„Quaeritis unde mihi totiens scribantur amores?
Unde meus veniat mollis in ora liber?
Non haec Calliope, non haec mihi cantat Apollo.
Ingenium nobis ipsa puella facit."[41]

Die folgenden Strophen sind voller Paraphrasen zum weiteren Text der Elegie des Properz; was immer die Geliebte bei Tag und Nacht tut, ihr Reiz, ihre Launen, ihr Gesang, ihre Nacktheit – all dies macht ihn zu einem Dichter, dem der Ruhm, den er mit einem heroischen Epos gewinnen könnte, nichts Vergleichbares bedeuten könnte: „Ich will die Liebe treiben" – „Qua pote quisque, in ea conterat arte diem".[42] Und wörtlich zitiert Stieler in der siebten Strophe die bekannten Verse, die im Deutschen als Sprichwort bekannt sind: „Wes das Herz voll ist, des geht der Mund über"; bei Properz lauten sie:

„Navita de ventis, de tauris narrat arator,
Enumerat miles vulnera, pastor oves."[43]

Die Gewalt der Liebe ist unwiderstehlich; wenn auch Stieler die Fatalität der Liebe, die bei Properz den zweiten Teil der Elegie dominiert, in der achten Strophe nicht weiter vertieft, bleibt dessen „Laus in amore mori" auch im Schluss seines Gedichtes gegenwärtig, in der unwiderstehlichen Gewalt, die die Geliebte über ihn ausübt.[44] Hier geht es nicht mehr um das Thema der Liebe als Krieg, für Italien etwa in den Texten des achten Madrigalbuchs von Monteverdi (1638) exemplarisch zusammengefasst;[45] hier geht es bereits um eine Konkurrenz nicht nur zur Gattung der heroischen Dichtung, sondern zum erhabenen Stil an sich und seiner Prägung durch Marino und seine Nachfolger.

*

[41] Zitiert wird hier die von dem Dichter und Philologen Joan van Broekhuizen (1649–1707) besorgte Ausgabe, in einem Druck von 1727: *Sex*[ti] *Aurelii Propertii Elegiarum Libri Quatuor, Ad Fidem Veterum Membranarum, Curis Secundis Jani Broukhusii, Sedulo Castigati*, Amsterdam: Rod. & Gerh. Wetstenios 1727, vgl. *Liber Secundus*, I., S. 89–100, hier V. 1–4, S. 89.

[42] Ebd., V. 7–16, 39–42 u. 45 f.: „Seu vidi ad frontem sparsos errare capillos, / Gaudet laudatis ire superba comis. / Sive lyrae carmen digitis percussit eburnis, / Miramur, faciles ut premat arte manus. / Seu quum poscentes somnum declinat ocellos, / Invenio causas mille poëta novas. / Seu nuda erepto mecum luctatur amictu, / Tunc vero longas condimus Iliadas. / Seu quidquid fecit, sive est quodcumque locuta, / maxima de nihilo nascitur historia.[…] Sed neque Phlegraeos Jovis Enceladique tumultus / Intonet angusto pectore Callimachus. / Nec mea conveniunt duro praecordia versu / Caesaris in Phrygios condere nomen avos. […] Nos contra angusto versamus praelia lecto. Qua pote quisque, in ea conterat arte diem" (S. 90 f., 93 u. 95).

[43] Ebd., V. 43 f., S. 94.

[44] Ebd., V. 47, S. 95.

[45] Die *Madrigali guerrieri e amorosi* basieren, neben acht anonymen Texten, auf Petrarca, Giulio Strozzi, Fulvio Testi, Ottavio Rinuccini, Tasso, Marino und Guarini.

In der *Untersuchung* zur Kategorie des Geschmacks in der Ästhetik, die er 1727 seiner Canitz-Ausgabe angefügt hatte, bilanziert Johann Ulrich König die deutsche Entwicklung um 1700; die Natur und der Rückgriff auf die Antike sind die neuen Instanzen, an denen sich der ‚bon goût' geschult habe:

> „Nachdem inzwischen bey andern Völckern, und sonderlich unter den Franzosen, durch den berühmten *Boileau*, der Tyranney des verderbten Geschmacks, mit aller Macht, Einhalt gethan, und, in Italien selbst die Marinische Schreibart von Vernünftigen verabscheuet und gäntzlich verbannet ward; so wusten auch einige trefliche Köpfe unsers Teutschlandes sich solches zu Nutze zu mache, und sonderlich in der Dicht- und Redekunst, durch eine Nachahmung, welche sich auf die Natur und die geistreichen Schrifften der alten Griechen und Römer gründete, dem guten Geschmack bey uns wieder aufzuhelfen."[46]

Aber es sei eben der Rückgriff auf Martin Opitz, der der neuen Poesie zum Durchbruch verholfen habe; dazu zitiert König aus einem Gedicht von Benjamin Neukirch aus dem Jahr 1700, das dieser im sechsten Band seiner Hoffmannswaldau-Ausgabe (1709) veröffentlicht hatte. Es ist an sich ein Hochzeits-‚Carmen', aber es verkündet seine Abkehr von den Idealen der zweiten schlesischen Schule:

„Ihr Musen! helft mir doch! Ich soll schon wieder singen,
Und ein verliebtes Paar in Teutsche Verse bringen:
Und zwar in Schlesien. Ihr kennt dieß Land und mich,
Ihr wißt auch, wann ihr wollt, wie vormals Breßlau sich
Zum Theil an mir ergetzt. Jtzt scheinen meine Lieder
Ihm, wo nicht ganz veracht, doch mehr als sonst, zuwieder."[47]

Der Prunkrhetorik der barocken Dichtung, die preziösen Metaphern, vor allem auch das Einstreuen von Sentenzen anerkannter Autoren, ob Plato, Tacitus oder Seneca, hätten seiner Dichtung wohl Anerkennung verschafft, aber nun sei es Zeit, zu sehen, ob seine Kunst auch ohne diese an sich überflüssigen Zutaten bestehen könne. Nicht der Ruhm, den er geerntet habe, sei in Zukunft von Belang, sondern es gehe darum, die Anforderungen an die Poesie zu erfüllen, wie sie Horaz in seiner *Ars poetica* und Opitz in der *Teutschen Poeterey* aufgestellt hätten:

---

[46] König: *Untersuchung von dem guten Geschmack*, vgl. dazu Canitz: *Gedichte* (wie Anm. 17), S. 371–476, hier S. 383.

[47] Ebd., S. 381 – Das Original ist abgedruckt in: *Herrn von Hoffmannswaldau und andrer Deutscher auserlesener und bißher ungedruckter Gedichte sechster Theil, nebst einer Vorrede wider die Schmeichler und Tadler der Poesie,* Leipzig: Thomas Fritsch 1709: *Auf die Linck- und Regiußische Vermählung,* S. 101–104, hier S. 101.

„Ha! schrie man hie und da: für den muß *Opitz* weichen.
Ja, dacht ich, wann ich ihn nur erstlich könnt erreichen!
Den Willen hätt' ich wohl. So, wie ich es gedacht,
So soll es auch geschehn. Ich habe manche Nacht
Und manchen Tag geschwitzt; allein, ich muß gestehen,
Daß ich ihm noch umsonst versuche nachzugehen.
O grausamer Horatz! was hat dich doch bewegt,
Daß du uns soviel Last im Dichten aufgelegt?
So bald ich nur dein Buch mit Nutz und Ernst gelesen,
So ist mir auch nicht mehr im Schreiben wohl gewesen.
Vor kam Wort und Reim; itzt lauf ich ihnen nach:
Vor flog ich Himmel an; itzt thu ich gantz gemach.
Ich schleiche, wie ein Dachs, aus dem Poeten-Orden,
Und bin mit grosser Müh noch kaum dein Schüler worden.
Kommt, sprech ich oftermahls, Gold, Marmor und Porphir!
Nein: denck ich wiederum, flieht, fliehet weit von mir!
Ihr seyd mir viel zu theur bey diesen schweren Jahren,
Ich habe jung verschwendt, ich will im Alter sparen.
Und also bin ich nicht mehr nach der neuen Welt.
Dann ich erfinde nichts, was in die Augen fällt.
Was wird denn Schlesien zu meinen Versen sagen?
Es sage, was es will; Ich muß es dennoch wagen."[48]

Noch die Opitz-Ausgabe des Dichters Daniel Wilhelm Triller (1695–1782) von 1746 wird mit einem *Lobgedichte, auf den unsterblichen Poeten, Martin Opiz von Boberfeld* eingeleitet, das nicht nur den Dichter selbst rühmt, der gleichsam aus dem Nichts die deutsche Poesie hervorgebracht habe. Es schildert erneut die Wiederherstellung der deutschen Poesie nach der Epoche des Verfalls, den die Schule Marinos bei Lohenstein und Hoffmannswaldau gebracht habe. Canitz, Neukirch, Günther, Brockes, Richey, Haller oder Gottsched wird darin mit anderen Zeitgenossen ein Platz zugewiesen; sie sind es, die „in Opitz' Geist und Sinn" die Poesie wiedererweckten:

„Opiz kam; gleich ward es helle,
Die Vernunfft und die Natur
Wieß Ihn auf die rechte Spur
Zu der wahren Dichter-Quelle:

Drauf verfiel der Dichter Hauffen
Theils in Niederträchtigkeit,
Theils auch in Verwegenheit
Rauch und Wolcken zu verkauffen:

[48] Ebd., S. 382f. [Original, S. 102].

Ohne Beystand, Hülff und Rath,
Hatt er dieses unternommen.
Auf die Bahn, die Er betrat,
War vor Ihm, noch niemand kommen,
Sondern Er mußt ganz allein
Dieser Kunst Erfinder seyn. [...]
Wenn wir also fortgefahren
Wie Du anfiengst, wären wir
Warlich nicht so fern von Dir,
Leyder noch nach hundert Jahren.
Doch Du fiengst die Dichtkunst an,
Und hast sie zugleich beschlossen;
Weil sich ein verkehrter Wahn
Deinen Schülern eingegossen,
Daß der Welschen Schwulst und Dunst
Besser sey, als Deine Kunst. [...]

Endlich hat Dein Geist und Sinn
Sich von neuem eingefunden,
Endlich fiel das Spielwerck hin,
Endlich war der Dunst verschwunden,
Und die Schwind- und Wassersucht
Nahmen schimpflich ihre Flucht. [...]
Jetzund stimmt man seine Saiten
Wiederum nach Deinem Ton,
Jetzt sucht mancher Musen-Sohn
Dir nicht gleich, doch nach zu schreiten;
Andre Dichter frißt der Staub,
Die man bis anher gepriesen;
Nur Dein grünend Lorbeer-Laub
Wird der Jugend vorgewiesen,
Deine Dichtkunst nur allein
Soll ietzt nachgeahmet seyn. [...]“[49]

Martin Opitz war sich der Möglichkeiten des idyllischen Genres bei seiner Einführung neuer literarischer Modelle in Deutschland bewusst gewesen; mit der Adaptation von Rinuccinis *Dafne* (1626), die Heinrich Schütz in – leider nicht erhaltene – Musik setzte, und der *Schäfferey von der Nimfen Hercinie* (1630) setzte er sofort einen programmatischen Akzent, der sich in der pastoralen Poesie des Barock höchst erfolgreich fortsetzen sollte. Sicher tritt sein Ideal der Stilreinheit unter dem Einfluss Marinos zurück, so in Hoffmannswaldaus Übersetzung von Guarinis *Pastor fido* (*Der Getreue Schäffer*, 1679). Aber erneut zeigt sich in der sechsten Satire des Freiherrn von Canitz (*Vorzug des Landlebens*, 1696) – zeitgleich mit Guidis programmatischen Kanzonen – das Potential idyllischer Dichtung, jenseits der von Fontenelle gesetzten Grenzen; auffällig hier auch die bewusste Wortwahl, die durchaus niedrige Gegenstände einbezieht („bey Kohl und Rüben stehen“) und sie der höfischen Konvention entgegensetzt:

„Hier merck ich, daß die Ruh in schlechten Hütten wohnet,
Wenn Unglück und Verdruß nicht der Palläste schonet;
Daß es viel besser ist, bey Kohl und Rüben stehn,
Wenn, ob der Hunds-Stern gleich am heitern Himmel glüht,
Man mich bey dem Camin im Fuchspeltz sitzen sieht.
So mach ichs, wenn die Lufft mit Regen überzogen:

[49] Triller: *Lobgedichte, auf den unsterblichen Poeten, Martin Opiz von Boberfeld*, vgl. dazu Opitz: *Gedichte* (wie Anm. 39), unpaginiert. Zitiert werden die 7., 16., 19. und 22. Strophe des 30-strophigen Gedichts, das auf die *Vorrede* folgt.

Als in dem Labyrinth des Hofes irre gehn.
Hier ist mein eigner Grund, der mir selbst angestorben;
Hier ist kein Fußbreit Land durch schlimmes Recht erworben;
Kein Stein, der Wittwen drückt, und Wäysen Thränen preßt,
Kein Ort, der einen Fluch zum Echo schallen läßt.
Hier kan ich Schaaf und Rind in den begrünten Auen,
Die Scheunen voller Frucht, das Feld voll Hoffnung, schauen [...].
Von allem bin ich Herr, was in dem Paradieß
Der Vater Adam erst mit eignen Nahmen hieß. [...]
Hier leb ich, wie ich soll. Mein Wille giebt Gesetze,
Und keinem Rechenschafft. Ich fürchte kein Geschwätze,
Wenn Iris aber nun mit dem gefärbten Bogen
Den Horizont bekrönt, führt mich auf neue Spur
Das Wunder-grosse Buch der gütigen Natur.
Mein Gott! was zeiget uns doch die an allen Seiten!
Da halt ich ein Gespräch mit frommen Arbeits-Leuten,
Die stellen manchen Schluß, in ihrer Einfalt, dar,
Der selbst dem Seneca noch schwer zu lösen war.
Da seh ich, was für Wahn uns Menschen offt bedecket,
Daß viel gesunder Witz auch in den Sclaven stecket,
Und, was ein grosser Mund, als ein Orakel, spricht,
Zuweilen mehr betreugt, als offt ein Irrwisch-Licht.
O mehr als güldne Zeit! belobtes Acker-Leben!
Dem Himmel sey gedanckt, der mir die Krafft gegeben,
Daß ich, eh ich noch gar an viertzig Jahre geh,
Schon am gewünschten Ziel so vieler Greisen steh."[50]

*

Vergleicht man nun die deutsche mit der italienischen Situation, so sei auf eine Darstellung des Kulturlebens im späten 17. Jahrhundert und einen Autor verwiesen, die vielleicht überraschen mag; und noch erstaunlicher ist zunächst ihr Verfasser – es ist Goethe, und zwar in einem Artikel für das *Morgenblatt für gebildete Stände* von 1815.[51] Es geht darin um Giovanni Francesco Lazzarelli

50 Canitz: *Gedichte* (wie Anm. 17): *Die sechste Satyre. Vorzug des Landlebens,* S. 259–267, Zitate S. 259 ff.

51 Johann Wolfgang von Goethe: *Don Ciccio*, in: ders.: *Sämtliche Werke*, hg. von Ernst Beutler, 18 Bde., Zürich / München: Artemis / dtv 1977, vgl. hier Bd. 14: *Schriften zur Literatur*, S. 769–773.

(1623–1693), Jurist in verschiedenen Ämtern der Kirche und des Herzogs von Mirandola; seine letzten Lebensjahre fallen in die Gründungszeit der Arcadia, und er wurde noch 1691 zu deren Mitglied gewählt. Er ist der Autor einer Sammlung von Sonetten, deren Ziel einzig die Verspottung einer realen Person ist, die er mit dem unverblümtem Sarkasmus der italienischen Tradition eines Francesco Berni oder Aretino als „Coglione" apostrophiert. Opfer Lazzarellis ist ein gewisser Bonaventura Arrighini (1624–1685), der während seiner Amtszeit in Macerata sein Kollege war; er tituliert ihn als „Don Ciccio" und erfindet eine pseudo-heroische Biographie vom Mutterleib bis zu seiner *Apocolocyntosis* – man darf wohl auch von Senecas Verspottung des Kaisers Claudius als Vorbild ausgehen. Das Ganze präsentiert er unter dem Titel einer *Cicceide*,[52] und der Höhepunkt jedes der Gedichte ist es, der Beleidigung Don Ciccios als „C..." immer wieder eine neue und überraschende Wendung zu geben. Goethe hat sich, was die italienische Literatur betrifft, intensivst mit Tasso und Cellini, gelegentlich mit Dante und in seinen späten Jahren mit Manzoni – neben Lord Byron sein Liebling unter den Romantikern – beschäftigt; dass nun dieser Lazzarelli unter Autoren von so ganz anderem Gewicht erscheint, mag zunächst seltsam erscheinen. Aber das Lob, das er für den Autor der *Cicceide* findet, ist ebenso erstaunlich:

> „Lazzarelli hatte das Glück, in die Epoche einer sehr hohen, aber zugleich freien und losen Kultur zu fallen, wo es erlaubt ist, die würdigsten Gegenstände der nächstvergangenen Zeiten parodistisch zu benutzen. [...] Ihn sieht man ausgerüstet mit allem, was Altertum und Geschichte darbietet, was ein kirchliches und politisches Leben mitteilt, was Künste spielend überliefern, und wovon die Wissenschaft entweder schon vollständige Kenntnis gibt oder doch die ersten Blicke gewährt. Gelehrsamkeit und Weltklugheit, Gründlichkeit und gefällige Äußerungen, alles findet sich beisammen [...]; genug, nicht allein italienische Kenner und Naturforscher, sondern auch französische behaupten, daß Lucrez nicht würdiger von der Natur gesprochen, Homer sie nicht schöner beschrieben habe."[53]

Und der Satiriker ist für ihn, wohl auch in Erinnerung an seine Zeit in Rom, die Verkörperung jenes „Nationalvorzugs einer lebendigen Weltanschauung", den er in Italien im Gegensatz zu Deutschland vorzufinden glaubte:

---

[52] Vgl. hierzu folgende hervorragende Neuausgabe: Giovanni Francesco Lazzarelli: *La Cicceide legitima*, Einführung von Umberto Casari, Text und Anmerkungen von Alberto Calciolari, Florenz: Olschki 2007 (= Studi Pichiani 11).

[53] Goethe: *Don Ciccio* (wie Anm. 51), S. 771. – Zu den bedeutenden Rezeptionszeugnissen zählt vor allem Pierre Bayles Artikel über Lazzarelli; vgl. Pierre Bayle: *Dictionnaire historique & critique*, Amsterdam: P. Brunel [4]1730, Bd. 3, S. 70 f.

„Der Italiener, von Kindheit an öffentlich lebend, bemerkt erst spielend, dann heiter, dann ernst alle die unendlichen Abstufungen, in welchen die bürgerliche Gesellschaft sich um ihn her bewegt. Alles was dem Menschen die Natur, was ihm Zustand und Ausbildung gibt, regt sich vor einem klaren Auge ganz offenbar. Bedenke man nun, daß die beiden höchsten Zweige der Verfassung, alle Funktionen des Religionskultus und der Gerichtspflege, sich am hellen Tage, in der freien Luft, vor allen Augen das ganze Jahr über entfalten, so begreift man, was da zu sehen, zu bemerken und zu lernen ist. Der Bettler wie der Marchese, der Mönch wie der Kardinal, der Vetturin wie der Krämer, der Handwerker wie der Künstler, alle treiben ihr Wesen vor den Augen einer immerfort urteilenden Menge. Keine Nation hat vielleicht einen so scharfen Blick zu bemerken, wenn einer etwas Ungeschicktes zu seinem Schaden oder etwas Kluges zu seinem Nutzen unternimmt; wovon der sicherste Beweis ist, daß der größte Teil ihrer Sprüchwörter aus solchen strengen und unbarmherzigen Bemerkungen entstanden."[54]

Auch auf die komplizierte Publikationsgeschichte der *Cicceide* geht Goethe kurz ein: Zunächst kursierten wohl einzelne Texte oder kleine Sammlungen handschriftlich im Kreis von Freunden und Bekannten, zu denen etwa Francesco Redi gehörte. 1687/88 erschien jedoch ein nicht autorisierter Druck, gegen den Lazzarelli energisch, wenn auch auf merkwürdige Weise vorging (und dies schien Goethe nicht bekannt zu sein): Er denunzierte seinen eigenen Text bei der Inquisition, die den Band 1690 prompt auf den Index setzte, und publizierte ihn dann selbst 1692 neu als *Cicceide legitima*.[55] Insgesamt aber entsteht bei Goethe ein Porträt der Zeitsituation am Ende des 17. Jahrhunderts, das intuitiv nochmals die Dimension des kulturellen Programms erfasst, das Gravina und Muratori entworfen hatten und das noch genauer zu erläutern ist: die von beiden geforderte Welthaltigkeit der Poesie und ihr Bezug zum Publikum, die sich nicht in enge thematische Grenzen und leblos gewordene Formen einsperren lassen sollte.

Drei Beispiele seien hier kurz gegeben, erst mit dem zweiten der Eröffnungsgedichte der *Cicceide*, das die bekannte Form der recusatio gegen den hohen epischen Stil aufgreift. Lazzarelli parodiert explizit die Nachahmung der großen Epiker Homer (*Odyssee*) und Vergil; die Eröffnungsverse des *Orlando furioso* und der *Gerusalemme liberata* werden zitiert, und die erste Terzine bezieht sich vermutlich auf das in Nachfolge Tassos verfasste Epos *La croce racquistata* des Francesco Bracciolini (1605). Der hohe Stil der Anspielungen und die gezielt vulgäre Apostrophe seines ‚Helden' bilden einen enormen Kontrast und erzielen einen ungeheuer komischen Effekt:

---

[54] Goethe: *Don Ciccio* (wie Anm. 51), S. 771 f.

[55] Zum Verzeichnis der Drucke vgl. erneut die Ausgabe Lazzarelli: *La Cicceide legitima* von Casari (wie Anm. 52), S. XLIV–L.

„Altri su Frigia Cetra in mar lontano
D'Itaco Pellegrin canti gli errori,
Canti su Lazie corde altri gli ardori
D'Ilio, e 'l Fato, ch'arrise al pio Troiano;

Altri canti, al vibrar d'arco Toscano
Le Donne, i Caualier, l'Arme e gli Amori;
Altri, aspirando a più sublimi allori,
Canti l'Armi pietose, e 'l Capitano;

Altri, volgendo i carmi à immortal segno,
Faccia che in essi armonico risuoni
L'Eroe, che rese il culto al Sacro Legno;

Ch'io per me d'un C... cantar disegno,
Ma d'un C... che in gener di C...
Merta sopra i C... e Scettro, e Regno."[56]

Ein anderes Sonett geht noch einen Schritt weiter; es parodiert gnadenlos die Manie der Zeit, bei trivialen Anlässen höchste Ideen der Philosophie zu zitieren, vor allem, wenn es um den Lobpreis völlig sekundärer Figuren – bevorzugt Widmungsträger der geistlichen oder weltlichen Eliten – geht, an denen es der Zeit um 1700 wahrlich nicht fehlte. Auch Gravina sollte später in einem öffentlichen Schreiben an Scipione Maffei über die Spaltung der Arcadia (1712) von jenem „Platonismo veramente insulso tanto, quanto vano" sprechen, mit dem die von ihm abtrünnigen Mitglieder der Accademia in Rom die abgelebte Tradition fortsetzten.[57] Hier geht es um die Vorstellung von der Form der Kugel, die von Aristoteles' Schrift *De Caelo* bis zu Galileis *Dialoghi sopra i massimi sistemi* (1632) als absolut vollkommene Form der Naturkörper bewertet wird, und die nun Lazzarelli zum Lobpreis der ‚Vollkommenheit' Don Ciccios benutzt:

Artificio della Natura nella formazion di Don Ciccio

„A la Natura un dì venne in pensiere
Di praticar con la maggior finezza
Gli estremi forzi del suo gran potere
Nel fare un uom di tutta Compitezza.

In somma ebbe intenzion di far vedere
Con un'opera tal l'esquisitezza
De la sua mano, e del suo gran sapere
Il valor, l'eccellenza e l'acutezza.

Pria dunque n'ideò l'architettura,
Poi fatto di Don Ciccio l'embrione
Con una somma diligenza e cura,

Gli diede al fin la forma d'un C...
E disse: ‚Ne la sferica figura,
Più che ne l'altre, sta la perfezione'."[58]

Ein besonderes Beispiel bietet ein an den Naturforscher Francesco Redi gerichtetes Sonett über Don Ciccio, in dem Lazzarelli sein poetisches Unternehmen mit dem der Erforschung mikroskopischer Kleintiere vergleicht, die zu Re-

[56] Ebd., *Parte prima, Introduzione*, II., S. 5.

[57] Giovanni Vincenzo Gravina: *Della Divisione d'Arcadia al Marchese Scipione Maffei*, in: ders.: *Della Ragion Poetica Libri Due e Della Tragedia Libro Uno*, [2 Bde.], Venedig: Angiolo Geremia 1731; vgl. Bd. 2, S. 103–112, hier S. 106.

[58] Lazzarelli, *Cicceide legitima* (wie Anm. 52). Parte prima, Sonett VII, S. 10.

dis Gebiet gehörte; hier geht es um die Krätzmilbe, die er durch einen seiner Schüler untersuchen ließ. Redi war berühmt durch seinen Beweis, dass es keine ‚generatio spontanea' gebe und alles Leben aus einem befruchteten Ei entstehe (‚omne vivum ex ovo'). Mit seinem eigenen Gedicht *Bacco in Toscana* (1685) hatte Redi die Tradition einer unterhaltenden Lehrdichtung fortgesetzt, wie sie exemplarisch von Giovanni Rucellai (*Le api*, 1539) und Luigi Alamanni (*La coltivazione*, 1546) in der Nachfolge der *Georgica* Vergils gepflegt worden war; auch Lorenzo Bellini mit seiner posthum gedruckten *Bucchereide* (1729), die auf einem wissenschaftlichen Text Lorenzo Magalottis beruht, gehört in diese Tradition. Und es findet sich hier eine interessante Antithese von poetischem und wissenschaftlichem Stil – fruchtbar und plastisch ist die Prosa der neuen Naturwissenschaft, die sich hier mit der unscheinbaren und trivialen Krätzmilbe beschäftigt; die Poesie, die sich einem so „erhabenen" Lebewesen wie Don Ciccio widmet, ist, wie Lazzarelli mit Selbstironie formuliert, „dürr, rauh und gewöhnlich" geworden:

Al Sign. Medico Francesco Redi Autore del Trattatello del Pellicello

„Noi poniamo ambidue, Redi, ogni cura,
Per dare al nome nostro eterna vita,
E perché in sen d'obblivione oscura
Non mai la nostra fame erri smarrita,

Io scrivo di Don Ciccio, e colorita
Spiego ne' fogli miei la sua figura;
Tu fai del Pellicel mostra erudita,
Spiegandone l'essenza e la struttura;

Ma, oh, quanto il nostro far, Redi, è diverso!
Il mio stil secco e scabro, il tuo facondo;
L' un rustican, l' altro ingegnoso e terso:

Mostriam, tu con la prosa ed io col verso,
Tu l'Animal più piccolo del Mondo,
Io 'l più grande Animal de l'Universo."[59]

Hier steht neben der Vergil-Tradition noch ein anderer Autor im Hintergrund – es ist Lukrez und sein Lehrgedicht *De rerum natura*. Alessandro Marchetti (1633–1714), Philosoph und Mathematiker in Pisa, hatte zwischen 1664 und 1668 an der ersten italienischen Übersetzung des Textes gearbeitet; nach ihrer Fertigstellung bemühte er sich vergeblich um eine Druckerlaubnis, die weder der Großherzog der Toskana Ferdinando II. noch sein Nachfolger Cosimo III. erteilten. Aber sie wurde in Manuskriptform verbreitet und genoss wegen ihrer poetischen Qualität sowohl unter Dichtern wie Gelehrten besondere Wertschätzung; auch Marchetti gehörte zu den Mitgliedern der Arcadia. Allerdings beobachtete die Inquisition in diesem Fall voller Argwohn die Ausbreitung des epikuräisch-atomistischen Gedankengutes, das sie rundheraus als gottlos ansah, und verfolgte seit 1695 die Zirkulation von Marchettis Manuskript sehr

[59] Ebd., *Parte seconda*. Sonett XXII, S. 358; den wissenschaftsgeschichtlichen Hintergrund erläutert der Kommentar von Alberto Calciolari.

genau.[60] Über seine Publikation durch Paolo Rolli (London 1717) wird noch kurz zu sprechen sein. Entscheidend ist jedoch, dass sich die Programmatik der Arcadia nicht nur aus dem Widerspruch zum literarischen Stil des Barock ergab, sondern mit dem Problem der Welterfahrung verknüpft ist, die eine Neuordnung des Verhältnisses von Wörtern und Gegenständen, eine Bereicherung des Wortschatzes und eine neue Einstellung zur Wirklichkeit verlangt.

IV. Die Programmatik der ‚Arcadia' im Kontext: Tempo, Disinganno und Esperienza

Die Welthaltigkeit, die Goethe für das italienische Milieu Lazzarellis als entscheidend empfand, ist nun tatsächlich Teil des Programms sowohl von Gravina wie Muratori. In seinen *Riflessioni sopra il buon gusto* entwirft Muratori ein Programm der Beobachtung der Welt und der Menschen, das alle Wissensgebiete und ihre Bearbeitung umfasst. Es wird hier eine Lust an der Aufzählung der Wissensgebiete spürbar, die vor jede Systematisierung die Erfassung und Beschreibung dieser vielgestaltigen Realität als primäre Aufgabe stellt:

> „Ora il saggio Filosofo acutamente va pesando tutto ciò, ch'egli osserva nel Mondo, e negli altrui Libri, e tutto parimente quello, ch'egli è per narrare, e registrare ne' Libri suoi, e s'ingegna d'intendere ciò, che può nuocere e giovare, ciò che è da lodarsi ed amarsi, o è da biasimarsi, delle Persone, de' Fini, de' Luoghi, e de' Tempi. [...] Se parla delle Azioni umane, de i detti, delle inclinazioni, de gli affetti, e de' pensieri delle persone, egli ovvero con pennellate spedite, o pure con tutti i proporzionati colori, ne fa osservare la Bontà, o la Malizia, le Virtù, o i Vizj, i pregi, o i difetti. Se tratta delle varie Leggi, de' varj Costumi, delle Arti o nobili, o ignobili, e del Governo de' popoli, o delle Famiglie: con pesate sentenze scuopre ancor quivi ciò, che conviene, o non conviene, è comodo, o non comodo, utile, o dannoso ora alla Religione, ora alle Scienze, e all'Arti stesse, ora al privato, ora al Pubblico, ed ora a questo privato, o pubblico, più che a quell'altro. Medesimamente ove egli abbia ragionamento de gli Animali, de' Frutti, de' Monti, de' Fiumi, de' Mari, e d'altri infiniti Corpi, Naturali o Artefatti, che si mirano per l'Universo: egli sa riflettendo trovarci dentro ciò che è Buono, o Cattivo, pernizioso, o giovevole nell'uso, tanto alla vita, e felicità de gli umani Corpi, quanto alla dilettazione onesta de gli Animi, e alla comodità del civile commerzio, e all'avanzamento dell'Arti, e alla conservazione de' Corpi Politici, e ad altri simili oggetti."[61]

---

[60] Zu den Entstehungsumständen und der Geschichte der Rezeption des Manuskripts vgl. Mario Saccenti: *Lucrezio in Toscana. Studio su Alessandro Marchetti*, Florenz: Olschki 1966.

[61] [Muratori]: *Riflessioni sopra il buon gusto* (wie Anm. 36); vgl. hierzu Teil II, Kap. V; S. 76f.

Abb. 1: Giuseppe Maria Mitelli: *Son testa son paese case e gente.*

Was hier in abstrakter Form als Einstellung zur Welt zusammengefasst ist, lässt sich durchaus konkret illustrieren: 1702 veröffentlichte der Radierer und Maler Giuseppe Maria Mitelli, der von 1634 bis 1708 in Bologna lebte und arbeitete, einen Kupferstich, der aus vertikaler Sicht einen Kopf im Profil zeigt; über ihm liest man den Namen des Künstlers und das Datum der Veröffentlichung. Aber links findet sich eine ebenfalls vertikale Inschrift; um sie zu lesen, muss der Betrachter das Blatt in die Horizontale drehen. Die Haare, das Ohr, die Augenbrauen, Nase, Augen, Bart, Lippen und Mund des Portraits verwandeln sich dadurch in Details der Darstellung einer belebten ländlichen Gegend, und nun erhält die Inschrift „Son Testa Son Paese Case e Gente" ihren Sinn (siehe Abbildung 1).[62]

Der Kopf des Künstlers, Sitz des Auges und der Phantasie, also seiner Fähigkeit, die Welt zu erfassen, verwandelt sich in die Welt, die er imaginiert und nachahmt. Nicht, dass es sich um ein kompliziertes Rebus handelt; aber das Spiel mit der Perspektive ist durchaus hintergründig. Es könnte sein, dass sich der Künstler hier einen Scherz auf Kosten seines berühmten Landsmannes Annibale Carracci erlaubt hat: Es gibt von diesem ein Selbstportrait im Profil, das heute in den Uffizien hängt (siehe Abbildung 2), und dreht man Mitellis

[62] Zu Mitellis Arbeiten vgl. Franca Varignana (Hg.): *Le collezioni d'arte della Cassa di Risparmio in Bologna. Le incisioni*, [Bd.] I.: *Giuseppe Maria Mitelli*, Bologna: Alfa 1978; zu diesem Blatt vgl. S. 405, Nr. 490.

Abb. 2: Annibale Carracci: *Selbstporträt.*

Blatt zurück in die Vertikale, ergibt sich eine sprechende Ähnlichkeit seiner *Testa* zum Portrait des berühmten Vorgängers (siehe Abbildung 3).

Um den Sinn des Blattes bzw. des parodistischen Verfahrens zu erläutern, bedarf es allerdings noch einer biographischen bzw. kunsthistorischen Ergänzung: Der Künstler war der Sohn des berühmten Malers Agostino Mitelli (1609–1660), der in enger Zusammenarbeit mit seinem Kollegen Angelo Michele Colonna (1604–1687) eine Reihe hervorragender Fresken mit Illusionsarchitekturen geschaffen hatte; die Kunstgeschichte spricht davon als ‚Quadratura'. Werke der beiden finden sich in Palästen und Kirchen der Emilia, aber auch in Genua, im Palazzo Pitti in Florenz und schließlich auch in Rom im Palazzo Spada (zu Ehren von Papst Urban VIII.). 1658 war Agostino mit Colonna und in Begleitung seines Sohnes nach Madrid gereist, wo er auch im Prado arbeitete, starb aber plötzlich im August 1660.[63] Giuseppe war bereits zuvor nach Bologna zurückgekehrt und hatte seine Karriere als Bearbeiter

[63] Zum Forschungsstand zur Quadratura vgl. Matthias Bleyl / Pascal Dubourg Glatigny (Hg.): *Quadratura. Geschichte – Theorien – Techniken*, München: Deutscher Kunstverlag 2011; zu Agostino Mitelli vgl. darin David García Cueto: *Ricezione, prima assimilazione e diffusione dell'arte della quadratura bolognese nella Spagna del Seicento*, S. 205–222.

Abb. 3: Giuseppe Maria Mitelli: *Son testa son paese case e gente.*

populärer Themen in Serien von Radierungen begonnen; die erste war *Le arti per via* (1660). Es folgten die Serien der *Ventiquattr' hore dell' humana felicità* (1675), die berühmten *Proverbi figurati* (1678),[64] das *Alfabeta in sogno* (1683), die *Mesi* (1691) und eine Vielzahl von Einzeldrucken, mit denen Mitelli auch politische Ereignisse des späten 17. Jahrhunderts begleitete. Zudem widmete er sich auch der Verbreitung der Gemälde berühmter Künstler, von denen er Nachstiche anfertigte, so Carracci, Guido Reni, aber auch von seinem eigenen Vater. Was das besondere Interesse an diesem Druck von 1702 ausmacht, ist eben sein Bezug zu dessen Kunst. Die Technik des ‚trompe-œil' hatte im 17. Jahrhundert einen letzten Höhepunkt erreicht, und Agostino Mitelli und Angelo Colonna befanden sich hier in Gesellschaft von anderen Künstlern wie Andrea Pozzo (1642–1709), der an der Ausstattung der Hauptkirchen der Jesuiten in Rom – Il Gesù und Sant' Ignazio – mitgewirkt

[64] Für die *Proverbi* vgl. auch folgenden Nachdruck: Giuseppe Maria Mitelli: *Proverbi figurati*, Einleitung und Anmerkungen von Alfredo Petrucci, Rom: Banca Nazionale dell'Agricultura 1967 [Nachdruck der Edition von Bologna 1678].

hatte.[65] Aber der hohe Stil dieser Kunst war trotz dieser ihrer letzten großen Vertreter im Niedergang: 1769 hatte Luigi Crespi, Sohn des berühmten Malers Giuseppe Maria Crespi, die Geschichte der Malerei in Bologna (*Felsina pittrice*, 1678) mit einem dritten Band ergänzt, die Carlo Cesare Malvasia (1616–1693) unvollendet hinterlassen hatte. Er hob darin kritisch hervor, was den Stil dieser beiden Maler des 17. Jahrhunderts von dem ihrer Nachfolger unterscheidet: Es sind Illusionsmalereien, welche die realen architektonischen Elemente fortsetzen, aber sie besitzen einen Wirklichkeitsgehalt, der es erlauben würde, das Gemalte in der Realität nachzubauen. Dies ist bei der Architektur der Späteren nicht mehr möglich, deren Formensprache sich in unnötigen Details verliert und in der das Nebensächliche das Wesentliche um bloßer Effekte willen verdrängt. Das mag Unkundige beeindrucken, aber eine Harmonie zwischen dem realen Baukörper und der illusionistischen Malerei ist damit nicht mehr herzustellen.[66]

Crespis Kritik an einer entartenden Kunst der Quadratura, in der die Harmonie zwischen dem Realen und dem Produkt der Phantasie nicht mehr gegeben ist, Giuseppe Mitellis Blatt *Son Testa Son Paese Case e Gente*, das den Künstler in die von ihm imaginierte Wirklichkeit integriert, und die Programmatik der Arcadia sind hier auf enge Weise verbunden. Gian Vincenzo Gravina hatte in seinem programmatischen *Discorso sull' Endimione del Guidi* (1692)

---

65 Zur Bologneser Schule, der Agostino Mitelli angehörte, vgl. Silvia Carola Dobler: *Carlo Cesare Malvasia und die Begriffsfindung der Quadratur*, in: Bleyl / Dubourg Glatigny (Hg.): *Quadratura* (wie Anm. 63), S. 197–204; zu Pozzo vgl. Alberta Battisti (Hg.): *Andrea Pozzo*, Mailand / Trient: Luni 1996.

66 [Luigi Crespi:] *Felsina pittrice. Vite de' Pittori Bolognesi, Tomo Terzo* […], Rom: Marco Pagliarini 1769, S. 53: „poichè, se quegli [Colonna] era pronto, e facile nell' ideare, disporre e disegnare le sue storie, questi [Agostino Mitelli] era presto, e ferace nell' arricchirle d' ornamenti, abellirle, e nobilitarle; nel mentre, che quegli disponeva e distribuiva le sue figure, questi a mano a mano disegnava, con profonda intelligenza, su i muri istessi, quella sorta d' architettura, che servire potesse d' ingrandimento, e di nobiltà alla storia; quando quegli coloriva le sue figure, questi macchiava il suo ornato, e talmente, secondo le bisogna, il tingea, che quelle più in alto sembravan dipinte, e in fondo molto più lontano di quello che fosse l' architettura, la quale non consisteva già in fioretti, volutelle, zirigogoli, e rabeschetti, come usa oggidì, ma in una vera, e soda architettura, ornata poi di quando in quando de' necessarj abbellimenti per renderla più vaga, e più nobile: e questi ancora così saggiamente da lui s' usavano, e differenziavansi, quali esser doveano negli ornati de' soggetti sacri nelle chiese, e quali negli ornati delle storie profane nei palazzi: e finalmente di tutte le sue alzate, de' suoi ritrovamenti, e delle sue dottissime invenzioni, se ne potrebbono benissimo fare le piante, ed eseguir tutto si potrebbe facilmente di sodo, e di vero: lo che vano riuscirebbe a chi si volesse prendere la briga di mettere in pianta le dipinte architetture di qualche moderno, o tentasse di eseguirle nel rilievo, benchè affascinino gli occhj de' non intelligenti: e poi per lo più, si vede con disgustoso ritrovamento, fatto principale ciò, che debbe essere solamente accessorio, e puro ornato. Insomma più perfetta armonia, più dolce accordo, più vaga uniformità né fin ora s' è veduta, nè si speri di vedere".

eine Idee der Dichtung entworfen, die er im Ausgang von der poetischen Einbildungskraft bestimmt wissen wollte. Sie darf sich über alles erstrecken, was ihr die Welt darbietet, das Reale wie das Wahrscheinliche; in dieser Hinsicht sind ihr keine Fesseln auferlegt. Aber die Poesie hat sich im 17. Jahrhundert zugunsten der Chimären des Heroischen und Übersinnlichen von der realen Welt, die sich den Sinnen darbietet, und von den wirklichen Menschen entfernt und sich damit um einen wertvollen Teil ihrer Möglichkeiten gebracht. Die Poesie ist vollständig („intera“), weil sie alle Gegenstände und alle ihre Höhen und Tiefen umfasst; und sie ist nicht schon dann vollkommen („perfetta“), wenn sie kleinlichen Geschmacksnormen und obsolet gewordenen Traditionen genügt. Ihre Idee sei von den Griechen entworfen und durch die Römer überliefert worden; aber durch die Ungunst der Zeiten

> „[…] è rimasa tronca, e scema della sua parte migliore, ed a pochi è stato dal Cielo conceduto di poterla intera, e perfetta entro la lor fantasia raccorre. Perché la facoltà poetica, che si stende tanto, quanto l'istessa università delle cose, e che libera, e sciolta trascorre per tutto l'immenso spazio del vero, e del verisimile, spandendo l'ali per tutti gradi, condizioni, stati, affetti, e costumi degli uomini; ora poggiando al sublime: ora piegandosi all'umile: ora sul mediocre rattenendosi; dalla delicatezza, e schivezza di molti è stata legata al solo genere, e stato sublime: onde non contenti alcuni della condizione Reale, si fingono nuove virtù eroiche fuor dell'uso umano, alle quali applicano nuove voglie e costumi con perfezioni tali, che naturalmente negli uomini, quali essi sono, in questo Mondo non si veggono allignare, di modo che vien detratto, e scemato dalla facoltà poetica tutto quello, che alla comune osservazione de' sensi nostri si espone.“[67]

Aber Gravinas Idee gilt nicht nur für die Poesie, sondern sie umfasst im Kern das Wesen aller Künste, Musik, Tanz, Theater, Malerei, Skulptur; jede Kunst ist, wie er mit einem von Dante entlehnten Zitat formuliert, „Nipote di Dio“, Abkömmling Gottes in seiner, der schöpferischen Kraft. Eine besondere Rolle kommt dabei, neben der Dichtung, der Musik zu:

> „È la natura in varie guise dall'ingegno, ed industria umana rassomigliata in varj, e diversi artifizj, che tutti sono immagini della natura; ed essendo essa, e tutto l'universo con quanto nel suo grembo raccoglie, un'impronta della divina idea, la di cui somiglianza s'imprime nelle cose, come figura in cera, perciò con verità non meno, che sottigliezza Dante chiamò l'arte Nipote di Dio. Altri dunque somiglia la natura, e le azioni, e i costumi umani, che son parti di essa, col suono; altri col gesto, altri con i colori, altri troncando con stromenti adatti il soverchio; onde si forma la Musica, il Ballo, l'arte de' Mimi, la Pittura, la Scultura, quali arti tutte esprimono, ciascheduna secondo il proprio talento, le azioni e le cose. In questo numero è anche

---

67 [Gravina:] *Della Ragion Poetica* (wie Anm. 57), vgl. Bd. 2: *Discorso*, S. 80–102, hier S. 82f.

la Poesia, la quale rassomiglia, ed esprime ancor essa la natura, le azioni, i costumi, gli affetti, e ciò fa prima con la favola, inventando cose somiglianti al vero, ed a quegli eventi, che nel Mondo girano; poi con le parole, scolpendo per mezzo di esse nella fantasia il vero essere delle cose, e col numero de' versi, volgendo, e trasformando il suono, e l'armonia loro nel genio, e natura delle cose, che si esprime, non altramente che fa il sonatore delle corde della cetera. E perchè tutta questa opera si accompagna con novità, e maraviglia; perciò si fa lecito il Poeta di trasportar la forza della sua invenzione oltre al corso naturale [...].“[68]

Die Nachahmung der Wirklichkeit schließt die Fähigkeit der Phantasie nicht aus, die Grenzen des Realen zu überschreiten; aber ihr Ziel ist der Ausdruck der „vera essenza delle cose“, die in den Worten Gestalt annimmt. In diesem Konzept ist auch die tiefe Spaltung hinsichtlich der Ziele der Arcadia begründet, wie sie die unterschiedliche Wahl der Modellautoren durch die beiden Gründer manifestiert: Waren dies für Gravina Homer und Dante, so stellte Crescimbeni Petrarca und Gabriello Chiabrera an die Spitze der Autoren, an denen sich die Mitglieder der Akademie orientieren sollten. In seinem Schreiben über die Spaltung der Arcadia an Scipione Maffei (1712) führt Gravina als Keim des Zwistes vor allem das Lob an, mit dem er Alessandro Guidi in seinem *Discorso* zwanzig Jahre zuvor bedacht hatte; er hatte ihn als denjenigen bezeichnet,

„[...] che il primo nella Lirica senza interpolare il Petrarca s'è saputo dalla corruttela dello stil moderno liberare; col qual esempio di generoso ardimento la nostra Ragion Poetica più agevolmente più d'un ingegno da me coltivato ha potuto discioglier l'ale.“[69]

Die mit Bedacht gewählte Formulierung, Guidi habe eines Petrarca nicht bedurft, um den Rückweg zur eigentlichen Idee der Poesie zurück zu finden, wird nun ausgeweitet durch einen Angriff auf das Sonett, das nach Crescimbeni das Modell der Dichtung bleiben sollte; für Gravina ist diese Form dagegen das Prokrustesbett, das jede echte Empfindung wie ihren Ausdruck zunichte zu machen drohe, sogar bei Petrarca selbst. In der nach seinen Vorstellungen erneuerten Poesie sei es nur noch eine Randerscheinung:

„Non si prova in essa l'affanno del tessere il Sonettuccio, componimento, il quale nella Poesia è figura del letto di Procruste, che agli uomini ivi distese tagliava le gambe, quando fuori del letto avanzavano; e distendea con le funi le membra, quando al letto non giungevano, e così a quello le uguagliava. Questo avviene a qual-

[68] Ebd., S. 82. – Der Hinweis auf Dante bezieht sich auf *Inferno* XI, V. 105: „Sì che vostr'arte a Dio quasi è nepote“.

[69] Gravina: *Della Divisione d' Arcadia al Marchese Scipione Maffei* (wie Anm. 57), Bd. 2, S. 103–112, hier S. 105.

che povero sentimento, che sia condannato ad entrare in un Sonetto; poiché a potere adequatamente empire il giro di quattordici versi, dee o mutilato, o stiracchiato rimanere: onde nel Petrarca medesimo raro è quel Sonetto, dove non manchino, o non abbondino le parole.“[70]

Die neue Poesie ist eine Verbindung des antiken und modernen Geistes, an der übrigens auch Petrarcas Stilhaltung, nicht die beengte Form ihren Anteil behält, im Gegensatz zu der Richtung Crescimbenis, die sowohl die Lyrik wie die Form des populären Theaters bedroht, für das Gravina energisch eingetreten ist; es sei der „nobile, e leggiadro stile sì latino, come italiano“,

„[...] ove lo spirito de’ Greci, e Latini comparisce vestito della solidità Dantesca, ed eleganza, e candor Petrarchesco, senza Provenzalate, e senza il Platonismo spurio di quell’Arabo secolo: il qual Platonismo veramente insulso tanto quanto vano, con l’imitazione del Petrarca in tutta l’italiana Lirica penetrando, ha la Poesia del Teatro popolare a cui fu destinata, con istrano cangiamento di sorte, e tedio tanto degli ignoranti, quanto dei più dotti trasportata alle Scuole, nelle cui spine, e chimere s’involge.“[71]

Die Gefahr einer Erstarrung der Poesie in tradierten Formen und stereotypen Inhalten hatte Gravina bereits in seinem *Discorso* von 1692 gesehen; dagegen hatte er seine erstaunliche Theorie des ‚particoleggiare‘ – der Differenzierung der Darstellung durch eine Vielzahl von Umständen – formuliert. Einerseits verlangt sie vom Dichter eine größere Virtuosität in der Behandlung seiner Gegenstände; andererseits erweitert sie „il vero fine della poesia“ um die Möglichkeit, das Arsenal topisch festgelegter Stoffe ganz zu verlassen und alle festgeschriebenen moralischen Wertungen zu ignorieren. Diese Ausführungen überschreiten zweifellos die Grenzen des zivilen Klassizismus, der mit der Ausformulierung des ‚costume civile‘ den Kern der dramatischen Theorie Gravinas bildet:

„Onde colui, che più gagliardamente esprime con maggior vivezza, e che più si fa presso alla propria sembianza delle cose, porgendole, e ponendole avanti quali elle sono, riporterà vanto maggiore. E chi più si dilata per li fatti, ed eventi particolari dell’impresa, che tratta, trascorrendo per tutte le condizioni, persone, ed età, che la compongono, ed entrano in essa, farà più chiaramente risplendere la felicità del suo ingegno, ed otterrà il vero fine della Poesia. Perciocchè non solamente i buoni, nè le sole virtù, son quelli che il Poeta deve rappresentare, nè dee formarsi le nature degli uomini a suo modo, per renderle capaci di quelle perfezioni, e vestirle di quelle spoglie, che in noi mortali son più tosto desiderate, che riconosciute; né quella sola parte

---

[70] Ebd., S. 110.
[71] Ebd., S. 106.

dee prendere a narrare, che porta seco dello splendido, e del sublime, ma dee secondo la misura della tela, che tesse, e la capacità di ciascheduno, assegnar la sua parte anche al mediocre, ed al basso, per aprirsi il campo d'esprimere ogni affetto, ogni virtù, ogni vizio, ogni costume; sì perché non si trae men diletto dal veder ben dipinte le capanne, i presepj, e i tugurj, che le battaglie, i palagi, e le torri: nè piace men Tiziano per la rappresentazione de' paesi, che per le mirabili espressioni delle istorie, e nella Poesia è forse più difficile esprimere le cose minute, ed umili, che le ampie, e sublimi, essendo molto arduo il particoleggiare; sì anche perché non minor utilità porge l'aver l'idea di un'opera virtuosa per poterla imitare, che d'una viziosa, per saperla fuggire, e da varj costumi, affetti, e condizioni maggior conoscenza del mondo si raccoglie."[72]

Wie sich diese Überlegungen Gravinas in der Bearbeitung bekannter Stoffe ausgewirkt hat, ließe sich sicher am Beispiel der Gestalt der Agrippina zeigen, die in sehr unterschiedlicher Weise das Sujet von Händels Kantate *Agrippina condotta a morire* (Neapel 1708; HWV 110) und der Oper *Agrippina* für Venedig (1709) bildet. Die von Tacitus und Sueton gezeichnete Figur der Gattenmörderin, die den Ehrgeiz, ihren Sohn Nero auf dem Kaiserthron zu sehen, mit dem Leben bezahlt, hatten schon die Tragödien von Daniel Casper von Lohenstein (*Agrippina*, 1665) und Corneille (*Britannicus*, 1669) auf die Bühne gebracht. Die Vielfalt, mit der Händel diesen Charakter ausstattet, wäre sicher ein Beispiel der „felicità del ingegno", die Gravina an dem Maler Tizian gerühmt hatte. Stattdessen soll jedoch noch ein Blick von Händels bzw. Pamphiljs *Trionfo del Tempo e del Disinganno* im Kontext der entworfenen Debatten der Arcadia geworfen werden: Der Titel enthält natürlich eine Anspielung auf den ‚desengaño', der in der spanischen Literatur des 17. Jahrhunderts eine so bedeutende Rolle spielt – die Entlarvung der Bedeutungslosigkeit des Irdischen. Die Begriffsverschiebung von *Disinganno* zu *Verità* bzw. *Truth* in den Londoner Bearbeitungen (*Il Trionfo del Tempo e della Verità*, 1737; *The Triumph of Time and Truth* 1756/57) ist jedoch nicht belanglos;[73] hier macht sich neben dem christlichen ein anderer Kontext geltend, der selbst sprichwörtlich ist: Die Wahrheit ist die Tochter der Zeit – „Omnium enim consensu veritatem temporis filiam esse", heißt es im ersten Buch von Bacons *Novum Organum* (§ 84).

[72] Gravina: *Discorso* (wie Anm. 67), hier S. 84 f. – Zum Begriff des „zivilen Klassizismus", für dessen Ausbildung Gravina eine bedeutende Rolle spielt, vgl. Wolfgang Proß: *Die Konkurrenz von ästhetischem Wert und zivilem Ethos. Ein Beitrag zur Entstehung des Neoklassizismus*, in: Roger Bauer u. a. (Hg.): *Der theatralische Neoklassizismus – ein europäisches Phänomen?*, Bern u. a.: Lang 1986, S. 64–126, hier S. 73 f. u. 85–88.

[73] Vgl. dazu den Überblick über die Umarbeitungen des *Trionfo*, in: Hans Joachim Marx: *Händels Oratorien, Oden und Serenaten. Ein Kompendium*, Göttingen: Vandenhoeck & Ruprecht 1998, S. 243–255.

Abb. 4: Giuseppe Maria Mitelli: Deckblatt der *Proverbi figurati*.

Abb. 5: Giuseppe Maria Mitelli: Blatt aus den *Proverbi figurati*.

Selbstverständlich ist dies eine Maxime auch der experimentellen Naturwissenschaft in Italien, aber ihre Geltung ist nicht auf dieses Milieu beschränkt. Auch auf dem Titelblatt der bereits genannten *Proverbi figurati* Giuseppe Maria Mitellis von 1678 wird die Bedeutung der Erfahrung hervorgehoben (siehe Abbildung 4); sie wird apostrophiert als Schülerin der Zeit und Lehrerin des Menschen in allen Lebensbereichen:

„Discepola del Tempo, i uarj euenti
De l'humane uicende osseruo, e scriuo,
Ne lascio, con i secoli cadenti,
Cader ciò, che restar merta più uiuo;

Così al Mondo tramando i documenti,
E le regole certe altrui prescriuo.
Noto su' l Paragone ogni sentenza,
Sono, Maestra à l'huom, l'ESPERIENZA.“[74]

Der Text wird umrahmt von der Darstellung zweier allegorischer Figuren, Tempo als alter Mann, mit Stundenglas und Hippe, und Esperienza als reich gekleidete Frau, der ein Stab Autorität verleiht und die in den Händen einen Notizblock hält, auf dem sie ihr Wissen aufzeichnet. Aufschlussreich ist hier jedoch der Vergleich mit einem weiteren Blatt der *Proverbi*; es trägt die Überschrift: „Con il Tempo e con la Paglia / si Maturano le Nespole“ – „Durch die Zeit und durch das Stroh reifen die Mispeln“ (siehe Abbildung 5).[75]

[74] Das Gedicht erscheint auf dem Frontispiz der Proverbi (1678); vgl. dazu den in Anm. 62 erwähnten Katalog von Franca Varignana, S. 265, Nr. 167.

[75] Tafel 8 der *Proverbi*; vgl. ebd., S. 268, Nr. 175.

Mispeln sind bekanntlich nach der Ernte nicht sofort essbar; sie müssen durch Lagerung – am besten eben auf Stroh – nachreifen. Allerdings ist die Überschrift nicht vollständig, musste sie auch nicht sein, denn jeder Italiener kannte die Fortsetzung, die den Reim komplettiert: „Con il Tempo e con la Paglia|si maturano le Nespole, e la Canaglia“: „Durch die Zeit und das Stroh reifen die Mispeln, und auch die Kanaille“. Die Zeit verwandelt nicht nur das scheinbar Ungenießbare in essbare Frucht, sondern auch die Menschen zeigen sich zuletzt, wie sie wirklich sind. Erst dann wird die Unterschrift Mitellis wirklich verständlich:

„Sotto scorza mentita inuan procura
Celar la uerità l'astuzia humana,
Ch'il Tempo alfin i frutti acerbi matura.“

Auch auf diesem Blatt ist die Gestalt des Tempo dargestellt, nur fehlt ihm diesmal das Attribut der Sense, während das Stundenglas geblieben ist. Exemplarisch hatte der Prolog des *Ritorno d'Ulisse in Patria* von Badoaro und Monteverdi (1640) die alles vernichtende Zeit dargestellt, deren Ikonographie durch die Hippe mit der des Todes verwandt ist; Tempo bei Mitelli zeigt jedoch, dass die Zeit zur Domäne des Menschen geworden ist, in der sein Handeln nicht mehr in das Belieben von überirdischen Mächten gestellt ist. Bei Badoaro und Monteverdi werden die Phäaken, die Odysseus gegen Neptuns Willen an seinem Heimatstrand absetzen, wegen ihrer Hybris bestraft; und der Konflikt, in dem sich die göttlichen Instanzen befinden zwischen der ‚pietas', die Jupiter zum höchsten Gott erhebt, und dem Willen zur Bestrafung jeder Widersetzlichkeit, die Neptun verkörpert, befinden, muss zu Gunsten des Letzteren entschieden werden, wenn nicht die Macht der Götter zerfallen soll:

Nettuno (Atto I/5)	Feaci (Atto I/6)
„Fa guerra col destin, pugna col fato, tutt'osa, tutt'ardisce l'umana libertate, indomita si rende, a l'arbitrio de l'uom col ciel contende.“	„In questo basso mondo l'uomo puol quanto vuol. Tutto fa, tutto fa, ché 'l ciel del nostro oprar pensier non ha.“

So stereotyp Pamphilj in seinem Libretto des *Trionfo* vorgeht, die Abkehr der Bellezza vom Irdischen ist dagegen eine Entscheidung, zu der Tempo und Disinganno bzw. Verità hinführen, die sie ihr aber nicht aufzuzwingen vermögen.

V. Italien im England Händels: Rückblicke auf die ‚Arcadia'

Die Ideale der Arcadia, die Gravina und Muratori als ‚naturalezza' und ‚verosimiglianza' formuliert hatten, überdauerten die Spaltung der Arcadia, wirkten aber eher außerhalb des Machtbereichs der Kurie in Italien und besonders im Ausland fort. Manche Autoren, deren Werke Händel etwa in Rom nicht zugänglich sein konnten, hätten ihm zum Teil aber später in England zur Verfügung gestanden. Erlaube man sich einmal das Gedankenspiel, der Komponist wäre auch ein Bibliomane gewesen, mit unstillbarer Neugier auf gedruckte und ungedruckte italienische Literatur: Was wäre geschehen, wenn er sich an eine Person gewandt hätte, mit der Bitte, ihn über einige ihn interessierende Texte oder Manuskripte zu informieren, oder ihn gar in die Vatikanische Bibliothek zu führen? Sicher fehlte es Händel in Rom neben seiner unglaublich reichen Kompositionstätigkeit dafür an Zeit; aber dieses Gedankenspiel ist im Blick auf sein späteres Milieu in England instruktiv und wirft ein Licht auf die tatsächlichen römischen Verhältnisse. Sein idealer Ansprechpartner wäre in Rom natürlich Kardinal Benedetto Pamphilj gewesen, seit 1704 bis zu seinem Tod 1730 Leiter der Vatikanbibliothek und Direktor des Archivio segreto des Vatikans. Gehen wir einige Namen durch, wie Lukrez, Machiavelli, Galilei oder Benvenuto Cellini, und beginnen mit Boccaccio. Angenommen, Händel hätte, inspiriert von Apostolo Zenos Bearbeitung der Schlussnovelle des *Decameron* mit *La Griselda* (1701), von Tomaso Albinoni 1703 und später von Alessandro Scarlatti 1721 vertont, selbst ein Sujet aus Boccaccio gesucht; von Pamphilj hätte er wohl eine Ausgabe erhalten, aber sicher mit dem warnenden Hinweis auf die Bedenklichkeit der Vorlage – seit 1559 stand der *Decameron* auf dem Index, ‚nisi emendatur'. Die letzte unzensierte Ausgabe war 1527 erschienen; nach dem Konzil von Trient wurden innerhalb von 15 Jahren drei sogenannte ‚rassettature' erstellt, Bearbeitungen, in denen Vincenzio Borghini (1573), Lionardo Salviati (1582) und schließlich am radikalsten Luigi Groto genannt Cieco d'Adria (1588), alles theologisch Bedenkliche und moralisch Anstößige entfernt hatten.[76] Der Besitz einer unzensierten Ausgabe konnte für den Eigentümer gravierende, im 16. und 17. Jahrhundert sogar tödliche Folgen haben; der blinde (!) Luigi Groto war selbst Angeklagter in einem Häresieprozess wegen des Besitzes von Schriften des Erasmus, aber auch ein unzensierter Boccaccio befand sich unter den beschlagnahmten Büchern.[77]

---

[76] Zur Geschichte der rassettature vgl. Giuseppe Chiecchi / Luciano Troisio: *Il Decameron sequestrato. Le tre edizioni censurate nel Cinquecento*, Mailand: Unicopli 1984 (= Quaderni dell'Istituto di Filologia e Letteratura Italiana 4).

[77] Zum Ketzerprozess gegen Groto vgl. die Darstellung der Quellen in: Silvana Seidel Menchi: *Erasmus als Ketzer. Reformation und Inquisition im Italien des 16. Jahrhunderts*, Leiden u. a.: Brill 1993 (= Studies in Medieval and Reformation Thought 49), S. 360–371.

Dass seine Boccaccio-Zensur als Übung in praktischer Reue so radikal ausfiel, dass etwa die Hälfte der hundert Novellen in bis zur Unkenntlichkeit verstümmelter Form dargeboten wurden, darf hier nicht verwundern; während er mit einer öffentlichen Kirchenbuße und Lehrverbot glimpflich davongekommen war, wurde ein einfacher Müller aus dem Friaul im Jahr 1599 nicht zuletzt wegen seines *Decameron* zum Scheiterhaufen verurteilt und kurz vor Giordano Bruno verbrannt.[78] Eine unzensierte Ausgabe des ketzerischen und obszönen Buches konnte Händel deshalb erst in London finden; es war eben der eingangs genannte Paolo Rolli, der 1725 einen unveränderten Neudruck dieser sogenannten ‚Ventisettenne' publizierte.[79] Dasselbe gilt für Lukrez' *De rerum natura*; hier könnte man von der Annahme ausgehen, dass Händel in Kreisen der Arcadia von dem Manuskript der Übersetzung Marchettis gehört haben könnte, das – wie erwähnt – dort zirkulierte; eine diesbezügliche Bitte an Pamphilj um Einsicht hätte hier wohl mehr als nur Befremden ausgelöst. Wiederum war es Paolo Rollis Einsatz, dem die Publikation des Werkes schon kurz nach seiner Ankunft in England 1717 zu verdanken ist, und erst dort wäre es Händel zugänglich gewesen;[80] in Italien wurde es 1718 bereits auf den Index gesetzt. Noch 1745 sollte sich befremdlicherweise Muratori in seiner gegen den Skeptizismus Pierre Daniel Huets gerichteten Schrift *Delle forze dell' intendimento umano* darüber äußern: Marchettis Übersetzung „dell' empio Lucrezio" befördere eine Freigeisterei, deren Drucklegung nur dazu gedient habe, „affinché anche l'ignorante Popolo si possa istruire de i fondamenti dell' Empietà".[81] Andere Beispiele: Nehmen wir an, Händel hätte sich im Vorgriff auf die Komposition der *Agrippina* für Venedig um eine Ausgabe von Machiavelli bemüht, um sich in dem wegen seiner Unmoral befremdlichen Sujet zu orientieren – die *Incoronazione di Poppea* von Monteverdi und Busenello war vermutlich nicht mehr präsent –, so hätte er zur Antwort bekommen, auch diese Schriften stünden seit 1559 auf dem Index. Und erst zwei Jahre vor Händels Tod ließ Papst Benedikt XIV. die Schriften vom Index entfernen, welche die Bewegung der Erde lehrten (1757); erst dann konnten Galileis Werke auch im Machtbereich der Kurie gedruckt werden, die in

78 Vgl. dazu die berühmte Studie von Carlo Ginzburg: *Il formaggio e i vermi. Il cosmo di un mugnaio del' 500*, Turin: Einaudi 1999 [Erstdruck 1976].

79 *Il Decameron di Messer Giovanni Boccaccio. Del MDXXVII. Per Tommaso Edlin*, London 1725; die Vorlage, deren Titelblatt bei Rolli übernommen wird, ist: *Il Decamerone di M. Giovanni Boccaccio nuovamento corretto et con diligentia stampato*, Florenz: Philippo di Giunta 1527.

80 *Di Tito Lucrezio Caro Della Natura delle Cose Libri Sei, Tradotti da Alessandro Marchetti, Lettore di Filosofia e Mattematiche nell' Università di Pisa et Accademico della Crusca*, London: Giovanni Pickard 1717.

81 Ludovico Antonio Muratori: *Delle forze dell' intendimento umano o sia Il Pirronismo confutato*, Venedig 1748: *Prefazione*, S. XVII.

der protestantischen wissenschaftlichen Welt – gerade im England Newtons – selbstverständlich zugänglich waren.

Nennen wir einen weiteren Text, auf den Händel noch neugierig geworden sein könnte und der ebenfalls handschriftlich zirkulierte: die Autobiographie Benvenuto Cellinis. 1571 war der Künstler verstorben; aber erst 1728 veröffentlichte der bedeutende Mediziner, Antiquar und Mitglied der Accademia della Crusca Antonio Cocchi (1695–1758) den Text der *Vita di Benvenuto Cellini* in Neapel, unter Angabe des fiktiven Druckortes Köln.[82] Trotz der negativen Urteile, die ihm die nächste Generation der Literaturkritik (vor allem Giuseppe Baretti) angedeihen ließ, ist dies eine bedeutende Leistung: Cocchi gehörte auch, neben seinem Eintreten für Galilei, zu den Anwälten des immer noch verfemten Machiavelli, und zwar in einer Lesart, die im *Principe* die Entlarvung der Geheimnisse des Despotismus sehen wollte. Zweifellos sah Cocchi zur Zeit der bedrückenden Herrschaft der letzten Medici, von Cosimo III. bis zu Gian Gastone de' Medici in den Jahren 1670–1737, Anlass genug, auf einen Künstler zu verweisen, der trotz der Abhängigkeit von dem autokratischen Großherzog Cosimo I., dem Zerstörer der florentinischen Freiheit, seine Autonomie zu behaupten suchte. Die Anonymität der Publikation – eine notwendige Vorsichtsmaßnahme – zeigt diese Aktualität. Wichtiger ist jedoch der Charakter des stilistischen Modells: Auf die Rolle der Accademia del Cimento und ihre Maxime ‚res, non verba' wurde bereits verwiesen; die Forderung nach Sachen, statt leeren Worten ist der polemische Grundton der von Bacon ausgehenden naturwissenschaftlichen Bewegung, der die wissenschaftliche – vor allem medizinische – wie die literarische Aktivität der nach Galilei kommenden Generation der Forscher in der Toscana durchzieht. Der Schüler Galileis und Torricellis Carlo Roberto Dati ist auch Verfasser einer Schrift über den rechten Gebrauch der Muttersprache (*Discorso dell' obbligo di ben parlare la propria lingua*, 1657). Schon Francesco Redi hat dafür gesorgt, dass sein Manuskript der *Vita* zu lexikographischen Zwecken zur Verfügung stand, um die Kenntnisse des volkssprachlichen Idioms zu bereichern. Es ist gerade Cellini, an dem nach 1760 die Mailänder Aufklärer in ihrem Bemühen um kulturelle Erneuerung den Verfall der Sprachkultur in unmittelbarem Zusammenhang mit der Dekadenz des politischen Systems demonstrieren. Der Ausgangspunkt liegt im 16. Jahrhundert, seit der Invasion der Franzosen unter Karl VIII. und den folgenden Auseinandersetzungen zwischen Franz I. und Kaiser Karl V. In einer Schrift über die Ursachen des Verfalls der Künste in Italien (*Delle cagioni del*

[82] Benvenuto Cellini: *Vita di Benvenuto Cellini, Orefice e scultore Fiorentino, da lui medesimo scritta, nella quale molte curiose particolarità si toccano appartenenti alle Arti ed all' Istoria del suo tempo, tratta da un ottimo manoscritto*, Colonia [Neapel] 1728.

presente decadimento delle belle lettere e delle belli arti in Italia, 1773), die dem österreichischen Statthalter in Mailand, Graf Firmian, gewidmet ist, schreibt Giuseppe Parini:

> „Nessuno negherà certamente, che l'oppressione della Libertà Fiorentina, l'eccessiva potenza degli Spagnuoli in Italia, che ne facevano barbaramente tirannegiare le più belle contrade da'i loro governatori; la caduta della grandezza Veneta dopo la Lega di Cambrai; l'ipocrisía introdottasi nella Corte di Roma dopo la Riforma di Lutero; e la crudeltà dell'Inquisizione, spezialmente dopo il Concilio di Trento non abbiano spento in Italia ogni sentimento di gloria nazionale, di nobile emulazione, ed ogni libertà pubblica di pensare; e quindi sommamente avviliti gli animi di quasi tutti gl'Italiani. Ciò doveva dare alle Belle Lettere ed alle Belle Arti in Italia il carattere della servitù, della mediocrità e della barbarie."[83]

An diesem Charakter des Knechtsgeistes, der Mittelmäßigkeit und letztlich der Barbarei hatte die Arcadia in den Augen Parinis offensichtlich nichts geändert. Schon in Giuseppe Barettis polemischer Zeitschrift *La frusta letteraria*, deren 33 Nummern in den Jahren 1763–1765 erschienen, finden sich – kaum zufällig – polemische Hinweise auf Cellinis *Vita*, deren kraftvoll-individueller Stil der Sprache eines verweichlichten und ausdrucksarmen Zeitalters als Muster gegenüber gestellt wird. In der vierten Nummer dieser ‚literarischen Zuchtrute' heißt es 1763 explizit, hier liege das Werk des größten Meisters auf dem Gebiet der Stilmodelle für die italienische Literatur der Gegenwart vor; und Baretti liefert den Beleg in einem Vergleich Cellinis mit dem Stil des bedeutenden Philosophen und Ökonomen Antonio Genovesi:

> „Una delle cose che sovente mi desta maraviglia non meno che stizza nel legger l'opere de' tanti nostri moderni scrittori in prosa, è il vedere come non pochi d'essi sanno talvolta profondamente pensare, ma quasi nessuno sa esprimere i suoi pensieri con uno stile naturale e piano e corrente. [...] Volete una prova, leggitori, che la cosa sarebbe appunto com'io la dico? Confrontate soltanto lo stile del giá nominato Benvenuto Cellini, che era un uomo ignorantissimo, con lo stile dell'abate Genovesi, che è uomo sopra molti millioni d'uomini scienziato. Voi troverete che quello del Cellini è semplice, chiaro, veloce e animatissimo; e quello del Genovesi intralciato, languido, stiracchiato e scuro. E perché questo? Perché il Cellini pensava unicamente a dire le cose che aveva in mente, e il Genovesi non solo pensa a dir le cose che ha in mente, ma pensa anche a dirle piuttosto in questo che in quel modo. [...] Ma se, invece d'andare alternamente accettando e rigettando una espressione, s'avezzassero [gli scrittori] di buonora a scrivere quel che vien viene, e lasciassero in tanta malora di guardare coll'occhio della mente questo o quell'altro autore, lo stile di cui si pre-

83 Giuseppe Parini: *Delle cagioni del presente decadimento delle belle lettere e delle belli arti in Italia, e di certi mezzi onde restaurarle*, in: ders.: *Opere*, hg. von Francesco Reina, 6 Bde., Mailand 1800–1803, vgl. Bd. 5 (1803), S. 150f.

fissero d'imitare prima di accingersi a scrivere, presto vedrebbero che il formarsi uno stile buono non è quella gran montagna da inghiottire che i retori balordi e i grammaticuzzi assicurano, e presto vedrebbero come la natura sa al primo cenno correre in aiuto di chi la chiama, senza farsi chiamare due volte; come corse ad aiutare quel Cellini, che sempre la invocò divotamente, e che, quantunque ignorante e plebeo, pure fu da lei reso il meglio maestro di stile che s'abbia l'Italia."[84]

Die Innovation des Vokabulars, die Dominanz des sachlichen Gehalts über die Einhaltung antiquierter Sprachkonventionen, lebendiger und individueller Ausdruck unter Aufbrechen der orthographischen und grammatischen Konventionen waren die vorrangigen Ziele, die sich die Aufklärung in Oberitalien gesetzt hatte, im Rahmen einer generellen Erneuerung des gesellschaftlichen Lebens. Damit erscheint, in völliger Verkehrung geltender Bewertungen, die verfeinerte Sprache der Crusca und der Arcadia Crescimbenis als Barbarei, und der freie, affektgeladene und vom reichen Lexikon der toskanischen Umgangssprache getragene Sprachgestus der *Vita* Cellinis wird – neben Machiavellis Prosa – zum unvergleichlichen Modell einer Restitution des alten Ideals. Auch dieser Text erschien in England, wenn auch erst nach Händels Tod, in einer Übersetzung durch Thomas Nugent (*The Life of Benvenuto Cellini: a Florentine Artist, Written by Himself*, London 1771); noch Goethe diente sie, neben Cocchis Ausgabe, als Anregung für seine Cellini-Übersetzung in Schillers *Horen* (1796/97), die er 1803 komplettierte. Aber von 1751 bis 1760 und von 1766 bis zu seinem Tod im Jahr 1789 hatte Giuseppe Baretti, der Anwalt Cellinis und Machiavellis, in England gelebt, zeitweise auch mit der italienischen Oper verbunden; er gehörte zu den bedeutenden Vermittlern zwischen italienischer und englischer Kultur, unter anderem mit einer *Italian Library* von 1757. Die Arcadia Gravinas und Muratoris war durch die Tätigkeit Paolo Rollis und Giuseppe Barettis in England offenbar weiter präsent, und sie traf auf eine gleiche Gesinnung.

*

„Wäre es mein Metier, ich würde die Kunst natürlicher machen, statt die Natur zu verkünsteln" – der Ausspruch, den man leicht Muratori oder Gravina zuschreiben könnte, stammt jedoch von Montaigne;[85] er findet sich als Zitat in einer Reihe von Essays, die Henry St. John, Viscount Bolingbroke in

84 Giuseppe Baretti: *La frusta letteraria*, hg. von Luigi Piccioni, 2 Bde., Bd. 1, Bari: Laterza 1932 (= Scrittori d'Italia 138/139), S. 85 f.

85 Das Zitat entstammt den *Essais* III/5 und lautet im Original: „Si j'estois du mestier, je naturaliserois l'art autant comme ils artialisent la nature"; vgl. Montaigne: *Les Essais*, hg. von Pierre Villey, Vorwort von Marcel Conche, Paris: Presses universitaires de France 2004, S. 874.

England geschrieben hat, als Händel schon längst dort lebte. Alexander Pope hatte den Politiker bei der Vorbereitung seines berühmten Lehrgedichts *An Essay on Man* (1732/34) darum gebeten, ihm einige gedankliche Anregungen zu seinem Thema zu vermitteln, und Bolingbroke antwortete mit einer Reflexion über die didaktische Funktion der Poesie in unterschiedlichen Zeiten: Wo Gesellschaften entstünden, habe die Dichtkunst sicher eine zivilisatorische Funktion; aber wo sie sich in einem Zustand der Dekadenz befänden, sei ihre Aufgabe wesentlich schwieriger. Denn wenn sich der Egoismus von Einzelnen oder ganzen Gruppen in einer modernen Gesellschaft einmal etabliert habe, würden die Leidenschaften des Parteiengeistes zur Stabilisierung der bestehenden Vorurteile beitragen und Veränderungen verhindern. Solche Verhaltensweisen seien weit ärger als die Unwissenheit des Naturzustandes, weil sie sich mit dem Mantel der Zivilisation bedeckten. Dadurch erhielten Irrtümer und eingeschliffene Missbräuche mehr Autorität als Wahrheit und Vernunft, und diesen durch den Hinweis auf den ursprünglichen naturnahen Zustand erneut Geltung zu verschaffen, sei Aufgabe der modernen Dichtung:

> „When societies are once established, and governments formed, men flatter themselves that they proceed in cultivating the first rudiments of civility, policy, religion, and learning. But they do not observe that the private interests of many, the prejudices, affections, and passions of all, have a large share in the work, and often the largest. These put a sort of bias on the mind, which makes it decline from the strait course; and the further these supposed improvements are carried, the greater this declination grows, till men lose sight of primitive and real nature, and have no other guide but custom, a second and a false nature. [...] From hence it happens that the most civilised nations are often guilty of injustice and cruelty, which the least civilised would abhor, and that many of the most absurd opinions and doctrines, which have been imposed in the dark ages of ignorance, continue to be the opinions and doctrines of ages enlightened by philosophy and learning. If I was a philosopher, says MONTAIGNE, I would naturalise art instead of artilising Nature. The expression is odd, but the sense is good, and what he recommends would be done, if the reasons that have been given did not stand in the way; if the self-interest of some men, the madness of others, and the universal pride of the human heart, did not determine them to prefer error to truth, and authority to reason."[86]

John Dryden hatte 1682 die Vorrede zu seiner *Religio Laici, or, A Layman's Faith* mit dem Satz beendet: „A man is to be cheated into passion, but to be reasoned into truth". Der Schluss seiner Ode *Alexander's Feast* (1697) gab die-

[86] Lord Bolingbroke: *Letters, or Essays to Alexander Pope, Esq.*, *Essay II*, in: *The Works of the late Right Honorable Henry St. John, Lord Viscount Bolingbroke*, 5 Bde., London 1777. Die *Essays* finden sich in Bd. 3 u. 4, vgl. hierzu Bd. 4, S. 155 f.

sem Gedanken einen etwas anderen Sinn: Ein Mensch mag durch einen falschen Enthusiasmus zu fatalen Leidenschaften verführt werden, oder zur Illusion, seine Größe überschreite die Grenzen der Wirklichkeit; die Kunst – hier die Musik – kann jedoch diese Leidenschaften mit der Wirklichkeit versöhnen. Händel hat diese Ode 1736 komponiert, und auch in Newburgh Hamiltons Bearbeitung blieben die Schlussverse unverändert. Möglich, dass in dieser Textwahl noch seine Begegnung mit der Arcadia 30 Jahre zuvor ein Echo gefunden hat, auch wenn mit dieser Komposition seine weitgehende Abkehr von der italienischen Oper beginnt.

Die Kantate *Hendel, non può mia musa* im Kontext der Stegreifdichtung in Rom um 1700

Klaus Pietschmann (Mainz)

In der bekannten Händel-Biographie von John Mainwaring heißt es, Händel habe in Rom 150 Kantaten komponiert. Die Tatsache, dass rund 100 dieser Gattung zuzurechnenden Kompositionen Händels überliefert sind, verleiht dieser Aussage gewisse Plausibilität, so dass dieser Werkkomplex das Schaffen des Komponisten während seines Italienaufenthalts zweifellos am umfänglichsten repräsentiert. Angesichts der engen Verbindung dieser Werke zu den aristokratischen und akademischen Zirkeln Roms verdienen sie im Zusammenhang mit der Frage nach dem Verhältnis des römischen Adels zur Musik ein besonderes Interesse, das ihnen die Händelforschung v. a. in jüngerer Zeit auch zuteil werden ließ. Ellen T. Harris kam dabei das Verdienst zu, das lange auf wenige Einzelwerke konzentrierte Interesse an Händels Kantatenschaffen ausgeweitet und auf die Vieldeutigkeit der Texte hingewiesen zu haben.[1] Diese Vieldeutigkeit nämlich ließ die Kantate zu einem geeigneten Diskussionsgegenstand der ‚conversazioni' werden, die von den Kardinälen Pietro Ottoboni und Benedetto Pamphilj, dem Marchese Francesco Maria Ruspoli sowie etlichen anderen regelmäßig in ihren Palästen abgehalten wurden und neben den Akademien zu den zentralen Plattformen des kunstspezifischen Adelsdiskurses in Rom um 1700 zählten. Problematisch und vielfach kritisiert allerdings ist Harris' Ansatz, auf spärlicher Indiziengrundlage die nahezu omnipräsenten Liebesthematiken in den Kantatentexten im Sinne einer Manifestation angeblicher homoerotischer Neigungen und Praktiken von Händels Mäzenen zu interpretieren.[2] Insbesondere Juliane Riepe verwies darauf, dass es sich dabei vielfach um Projektionen handelte, die einer hinreichenden Fundierung im zeitgenössischen Diskurs entbehren, und erinnerte in diesem Zusammenhang an Giovanni Mario Crescimbenis Charakterisierung der Kantate als „leggiadrissima cosa, e il più bello, e gentil divertimento che mai possa prendersi in

[1] Ellen T. Harris: *Handel as Orpheus. Voice and Desire in the Chamber Cantatas*, Cambridge, Mass. 2001.

[2] Vgl. beispielsweise Ursula Kirkendale: *Handel with Ruspoli. New Documents from the Archivio Segreto Vaticano, December 1706 to December 1708*, in: *Studi musicali* 32, 2003, S. 301–348 (Anm. 27 und 143).

qualunque onorata e nobile conversazione".[3] Sie eröffnete damit den wesentlichen Deutungsrahmen für die angesprochene Mehrbödigkeit des Repertoires: ein Deutungsrahmen, der den spezifisch adeligen Bildungshorizont der Verfasser und Rezipienten zugrunde zu legen hat.

Angesichts der jesuitisch geprägten theologischen Erziehungsanteile wird man hierbei sicherlich mit einer an die allegorische Bibelauslegung angelehnten Herangehensweise zu rechnen haben, die ganz selbstverständlich dem Literalsinn auch eine übergeordnet-typologische sowie eine individualisiert-tropologische Perspektive an die Seite gestellt haben dürfte. Neben dem Literalsinn am ehesten greifbar erscheint dabei die typologische Sinnebene. So hat Berthold Over jüngst auf der Grundlage italienischer Adelstraktate des 17. Jahrhunderts auf neuartige Zugänge zu adeligen Perspektiven hingewiesen, die für die vielfältigen Spielarten der Liebesthematik in den Kantatentexten schlüssige Lesarten eröffnen: Wenn etwa Matteo Peregrini in seiner Schrift *Della pratica comune a Prencipi e servidori loro libri cinque* von 1634 das Verhältnis eines Höflings zum Fürsten mit einer Liebesbeziehung vergleicht, die nicht auf Vertragsverhandlungen, sondern auf geduldigem Werben und Leidensbereitschaft beruht, oder Emanuele Tesauro 1670 feststellt, dass zwischen Angehörigen unterschiedlicher sozialer Schichten niemals Freundschaft, sondern nur Liebe existieren könne, so wird damit eine Sichtweise etabliert, die die zugespitzten amourösen Konflikte im Kantatenrepertoire für ein entsprechend vorgebildetes adeliges Publikum typologisch kodiert.[4] Dass dabei in tropologischer Zuspitzung konkrete Personen oder gar die beteiligten Komponisten und Mäzene selbst assoziiert werden können, ist sicherlich eine Option, allerdings ist sie methodisch nur dann fassbar, wenn der Text hierfür eindeutige Indizien liefert – etwa die Nennung arkadischer Namen, die einzelnen Adeligen zugeordnet werden können.[5] Sicherlich aber stellt sie keine primäre oder gar zwangsläufige Deutungsebene dar, wie von Harris und anderen Autoren vielfach vorgeschlagen.

---

[3] Juliane Riepe: *Händel vor dem Fernrohr. Die Italienreise*, Beeskow 2013, S. 164–192; zum Zitat vgl. Giovanni Mario Crescimbeni: *Delle feste musicali, e delle cantate, e serenate. Commentarii intorno alla sua istoria della volgar poesia*, Bd. 1, Buch IV, Venedig 1731, S. 300.

[4] Vgl. Berthold Over: *The Cantata and Aristocratic Ethos*, in: ders. (Hg.): *La Fortuna di Roma. Italienische Kantaten und römische Aristokratie um 1700*, Kassel 2016 (= MARS – Musik und Adel im Rom des Sei- und Settecento / Musica e aristocrazia a Roma nel Sei- e Settecento 3), S. 231–252.

[5] Zum häufigen Auftauchen des Namens „Daliso“ in römischen Kantaten und dem mutmaßlichen Bezug zu Bartolomeo Ruspoli, dessen arakadischer Name „Dalgiso Asteronio“ lautete, vgl. Michael Talbot: *The Chamber Cantatas of Antonio Vivaldi*, Rochester 2006, S. 99 f.

Die Vielfältigkeit möglicher und auch divergierender Perspektivierungen verdeutlicht exemplarisch eine Szene in Antonio Vivaldis Oper *L'incoronazione di Dario*.[6] Hier findet sich am Ende des ersten Aktes die Einschaltung einer „Cantata", die der in die junge Prinzessin Statira verliebte Erzieher Niceno komponiert hat und seine Angebetete, die überraschend auftritt, singen lässt, von ihm selbst auf der Viola da Gamba begleitet. Die Kantate, in der Nicenos Liebesschmerz thematisiert wird, wird hier einerseits zum Liebesgeständnis des Erziehers, vorgetragen von der Angebeteten selbst, die (in komischer Brechung) dieses Geständnis nicht als solches versteht (oder verstehen will); zugleich bildet die Szene auf übergeordneter Ebene den Standesunterschied zwischen der Prinzessin und ihrem Erzieher ab, der sich um ihre Gunst bemüht. In operntypischer Weise führt die Szene diese Kantatenaufführung also zu einer Konkretion, wie sie der Gattung Kantate üblicherweise gerade nicht zu eigen ist.

Als problematisch erweist sich vor diesem Hintergrund jedoch die Beurteilung einer Kantate, die aus diesem Schema signifikant ausbricht, aber dennoch (oder gerade deshalb) für Harris zum zentralen Referenzpunkt ihrer sehr weitgehenden Interpretationen von Händels Kantatenschaffen werden konnte: *Hendel, non può mia musa* auf den Text von Benedetto Pamphilj nämlich bietet eben jene Konkretion, die der Gattung Kantate zuvor abgesprochen wurde. Händel wird hier in gänzlich atypischer Weise gleich zu Beginn namentlich adressiert und sodann als neuer Orpheus bezeichnet, der dem Textdichter Pamphilj zu neuer Inspiration verhelfe. Mainwarings Biographie geht auf die Komposition vergleichsweise ausführlich ein:

> „Pamphili verfertigte die Oper, Il Trionfo del Tempo, nebst verschiedenen andern Werken, welche Händel, auf des Kardinals Begehren, in die Musik brachte, einige bey Feyerabend, andre aus dem Stegereife, oder stehenden Fußes. Unter andern war eines, das selbst Händel zu Ehren gerieth; er wurde darin dem Orpheus verglichen, und über alle Sterbliche erhoben. Ob Se. Eminenz diese Materie erwehlet habe, unserm Händel schöne Einfälle an die Hand zu geben, oder in Absicht, zu entdecken, wie weit ein Künstler dem Anfall der Eitelkeit widerstehen könne, ist eben nicht nöthig auszumachen. Doch hatte Händel eben keine solche ausschweiffende Bescheidenheit an sich, die ihn hätte hindern sollen, dem Begehren seines erlauchten Freundes ein Genüge zu leisten."[7]

---

[6] Zum folgenden vgl. Klaus Pietschmann: *Wechselbeziehungen zwischen der italienischen Kantaten- und Opernproduktion um 1700: Zur „cantata" in Antonio Vivaldis L'incoronazione di Dario (1717)*, in: Wolfgang Hirschmann / Dirk Rose (Hg.): *Die Kantate als Katalysator, Tagungsbericht Halle a. d. Saale 2014*, Druck in Vorbereitung.

[7] John Mainwaring: *G. F. Händel. Nach Johann Matthesons deutscher Ausgabe von 1761 mit anderen Dokumenten herausgegeben von Bernhard Paumgartner*, Zürich [2]1987, S. 68.

Mainwarings Darstellung und die von Jennens kolportierte spätere Bemerkung Händels, der Kardinal mit seiner Schmeichelei sei ein „old fool" gewesen,[8] führten in der Händelforschung zu einer starken Akzentuierung des persönlichen Verhältnisses zwischen Komponist und Textdichter, das sich in dem Gemeinschaftswerk niederschlage – gipfelnd in Harris' Deutung der Kantate als Beleg für das homosexuelle Begehren des alternden Kardinals für den jungen Händel. Erstaunlich geringe Beachtung wurde indes dem Hinweis auf die Praxis der Stegreifkomposition geschenkt. Lediglich Harris warf in diese Richtung zielende Fragen auf,[9] ging diesen allerdings nicht weiter nach.

Daher soll nachfolgend Mainwarings Verortung der Kantate innerhalb der überaus verbreiteten und beliebten, in der Forschung jedoch generell wenig beachteten Improvisationspraxis nachgegangen und die Frage verfolgt werden, ob sich der ungewöhnliche Charakter vor diesem Hintergrund plausibel erklären lässt, auch wenn es angesichts fehlender Vorarbeiten zu den musikalischen Implikationen der Stegreifdichtung um 1700 und in Ermangelung neuer archivalischer Belege zwangsläufig bei einem Deutungsversuch bleiben muss. Der vorliegende Beitrag versteht sich damit zugleich als Anregung, einer von Zeitgenossen als wesentlich erachteten, auch die musikalische Praxis maßgeblich beeinflussenden Komponente der adeligen Kunstpflege des frühen 18. Jahrhunderts größeres Augenmerk zu widmen. Den Ausgangspunkt bilden allgemeine Überlegungen zu Händels Verhältnis zur römischen Adelskultur, die an die Darstellung Mainwarings anknüpfen und die Voraussetzungen für ein Verständnis der Zusammenarbeit zwischen Pamphilj und Händel eröffnen sollen.

I. Händel und die römische Adelskultur

„Seine [Händels] Gegenwart daselbst [in Rom] wurde augenblicklich bekannt, und verursachte allerhand höfliche Nachfragen und Botschaften von Personen des ersten Ranges." Mit diesen Worten leitet John Mainwaring in der Übersetzung Matthesons seinen bekannten Bericht über Händels Rom-Aufenthalt ein und fokussiert hierbei en passant die Frage nach den Netzwerken in Händels Rom, die den jungen Komponisten angeblich sofort nach seiner Ankunft absorbierten. An erster Stelle benennt Mainwaring den Kardinal Ottoboni als Gönner Händels, der ihn mit Corelli sowie Alessandro und Domenico

---

[8] Editionsleitung der Hallischen Händel-Ausgabe (Hg.): *Dokumente zu Leben und Schaffen*, Leipzig 1986 (= Händel-Handbuch 4), S. 37.

[9] „Can we accept the text at its word that Pamphili was improvising? Was Handel's setting improvised on the spot?", Harris: *Handel as Orpheus* (wie Anm. 1), S. 31.

Scarlatti in Verbindung gebracht habe, geht dann deutlich knapper auf die Beziehung zu Kardinal Pamphilj, dessen Texte Händel vertont habe, und Kardinal Colonna ein, bevor er zuletzt etwas vage die Konversionsversuche erwähnt, denen der junge Protestant in diesen Kreisen ausgesetzt gewesen sei. Abschließend unterstreicht er Händels Produktivität während seines Rom-Aufenthalts. Mainwarings Bemerkungen zum Romaufenthalt sind im Verhältnis zum Gesamtumfang seiner Biographie relativ ausführlich und messen dieser Karrierephase damit implizit eine große Bedeutung bei. Sie haben auch die Händelforschung maßgeblich bestimmt.[10]

Betrachtet man zunächst die von Mainwaring benannten Mäzene Ottoboni, Pamphilj und Colonna sowie Händels für sie komponierte Werke, so fällt auf, wie selektiv er dabei vorgeht. Unerwähnt bleibt einerseits der weltliche Dienstherr Ruspoli, andererseits Händels umfangreiches geistliches Œuvre für Rom. Angesichts seiner generell hohen Informiertheit darf angenommen werden, dass diese Auslassungen nicht aus Unwissenheit erfolgten, sondern dass der Theologe das Romkapitel vielmehr auf die abschließende Schilderung der Konversionsbemühungen hin ausrichtete: Der Protestant Händel hält den religiösen Avancen der einflussreichen Kardinäle stand und bleibt sich auch künstlerisch treu, indem er – vermeintlich – nur weltliche Musik komponiert. Ricarda Matheus hat darauf hingewiesen, dass Händel als Protestant in Rom keineswegs Repressionen oder Anfeindungen ausgesetzt gewesen sein muss und die Konversionsfrage kaum eine den Romaufenthalt bestimmende Rolle spielte oder gar einer dauerhaften Etablierung Händels in Rom im Wege stand.[11] Mainwarings reduzierte Darstellung ist also von dem Kalkül geleitet, Rom als Folie für Händels aufrechten Protestantismus zu nutzen. Dass Colonna in seiner Darstellung nicht näher konturiert wird und Ruspoli überhaupt keine Erwähnung findet, mag also daran gelegen haben, dass Ruspoli kein Kardi-

---

[10] Ein um zahlreiche Dokumente, insbesondere Reiseberichte erweitertes Resümee des enorm angewachsenen Forschungsstandes bot Juliane Riepes 2013 erschienene Monographie *Händel vor dem Fernrohr. Die Italienreise* (wie Anm. 3). Aus dem Mainzer / Zürcher Forschungsprojekt der Fritz Thyssen Stiftung „Die Kantate als aristokratisches Ausdrucksmedium im Rom der Händelzeit (ca. 1695–1715)" ging zuletzt der von Berthold Over herausgegebene Band *La Fortuna di Roma. Italienische Kantaten und römische Aristokratie um 1700* (wie Anm. 4) hervor; er ist Bestandteil der von Laurenz Lütteken und Klaus Pietschmann herausgegebenen Reihe *MARS* (Musik und Adel im Rom des Sei- und Settecento / Musica e aristocrazia a Roma nel Sei- e Settecento), in der noch weitere einschlägige Publikationen zum Gegenstand vorgesehen sind.

[11] Ricarda Matheus: *Händel vor der Inquisition? – Zum Umgang mit Protestanten im päpstlichen Rom um 1700*, in: Sabine Ehrmann-Herfort / Matthias Schnettger (Hg.): *Georg Friedrich Händel in Rom. Beiträge der Internationalen Tagung am Deutschen Historischen Institut in Rom 17.–20. Oktober 2007*, Kassel 2010 (= Analecta Musicologia 44), S. 75–94.

nal war und es v.a. diese beiden Auftraggeber waren, für die er geistliche Kompositionen schuf.

Das bedeutet freilich nicht, dass Mainwarings Schilderung der römischen Ereignisse insgesamt mit Vorbehalt zu begegnen ist. Vielmehr zeigen gerade neuere Forschungen, dass seine Bemerkungen die adelige Musikkultur in Rom treffend beschreiben bzw. sich in vieler Hinsicht mit jüngeren Erkenntnissen in Übereinstimmung bringen lassen. Dies betrifft zunächst die Rolle Ottobonis. Mainwaring bezeichnet ihn als „Herrn von auserlesenem Geschmack und fürstlicher Pracht. Außer einer schönen Sammlung von Gemälden und Bildsäulen besaß er auch eine weitläuffige musikalische Bibliothek und hatte eine vortreffliche Bande Tonkünstler in steter Besoldung.“[12] Ottoboni war der letzte Vertreter des im 16. Jahrhundert etablierten Typus des Kardinalnepoten, der im kurzen Pontifikat seines Onkels Alexander VIII. 1691 zum Vizekanzler der römischen Kirche ernannt worden war und folglich auf Lebenszeit im Palazzo della Cancelleria residieren konnte. Aufgrund seines guten Verhältnisses zu den Nachfolgern kumulierte er einträgliche Ämter, die ihm die Aufrechterhaltung einer kostspieligen Hofhaltung erlaubten, besagte Kunstsammlung und Musikpatronage inbegriffen. Aus einer reichen, erst im 17. Jahrhundert geadelten venezianischen Familie stammend und mit 16 Jahren in den Haushalt seines Onkels in Rom gelangt, erhielt er eine breite, Kunst, Literatur und Musik ebenso wie Jurisprudenz und Theologie umfassende Erziehung und wurde damit gezielt auf seine zukünftige Rolle vorbereitet. Britta Kägler hat zuletzt darauf hingewiesen, dass die von dem nachmaligen Papst betriebene Strategie einer zügigen Integration der Familie in die römische Gesellschaft alle Familienmitglieder einbezog und sich der bereits etablierten Mittel bediente, unter denen der sichtbare Konsum und die Förderung von Kunst, Literatur und Musik eine hervorragende Stellung einnahmen.[13] Die etablierten Formen etwa der musikbegleiteten Abendgesellschaften sowie repräsentativen Serenaten- und Oratorienaufführungen behielt Ottoboni auch im Pontifikat des austeren Clemens XI. bei, also während Händels Romaufenthalt. Nur am Rande sei erwähnt, dass sich jüngere aufstrebende Kardinäle zu dieser Zeit bereits anderer Mittel der Positionierung bedienten und Rom, wie Matthias Schnettger es formulierte, „zumindest ansatzweise eine Metropole in der Krise“ geworden war.[14] Auch die prächtige Hofhaltung des Marchese Ruspoli, der sich zur Flan-

12 Mainwaring: *G.F. Händel* (wie Anm. 7), S. 64.

13 Britta Kägler: *‚Ausländische' Adelsfamilien in Rom um 1700: der Fall Ottoboni im Vergleich*, in: Over (Hg.): *Fortuna di Roma* (wie Anm. 4), S. 407–430, hier S. 414 et passim.

14 Matthias Schnettger: *Von Halle über Hamburg und Rom nach London*, in: Wolfgang Birtel (Hg.): *Händels Weg von Rom nach London*, Mainz 2012 (= Schriften zur Musikwissenschaft 21), S. 5–30, hier S. 24.

kierung seiner erfolgreichen Bemühungen um den Titel des Principe von Cerveteri derselben tradierten Mittel bediente wie sein enger Freund Ottoboni, erscheint eher als später Ausläufer einer im Niedergang begriffenen römischen Adelskultur.

Mainwaring betont, dass Händel zur musikalischen Festkultur Ottobonis (und, so ließe sich ergänzen, Ruspolis) wesentlich beisteuerte und sich „allemal in seinen Stücken eine solche Hoheit und Überwage, daß der besten Meister Werke dagegen nur klein aussahen“, gefunden habe.[15] Es passt zu dieser Spätphase einer adelsbestimmten, elitären Musikkultur, dass ein junges, von außen kommendes Talent, das die römische Musiklandschaft gleichsam einer ‚Frischzellenkur‘ unterzog, derart rasche Anerkennung finden konnte. Die sich daran anschließende, oft zitierte Anekdote, derzufolge selbst Corelli vor der Ouvertüre zu *Il Trionfo del Tempo* habe kapitulieren müssen, da sie „nel Stylo Francese“ komponiert sei, dient dabei nicht nur als Beleg für diese Neuartigkeit, sondern zugleich für Händels Anpassungsvermögen, da er sich auf Corellis Geheiß bereitgefunden habe, „an deren Statt, eine Symphonie, die mehr nach dem italienischen Stil schmeckte“, zu komponieren.[16] Novität und Anpassungsfähigkeit werden damit als entscheidende Voraussetzungen für die gelungene Integration in das Netzwerk um Ottoboni mit Corelli als musikalischem Gravitationszentrum gekennzeichnet. Insbesondere die Anpassungsfähigkeit wurde von der Händelforschung umfänglich nachgewiesen, indem etwa die Konvergenz von Besetzungen und kompositorischen Wendungen mit dem verfügbaren Sänger- und Instrumentalistenpersonal festgestellt wurde.[17] Methodisch heikler und nur punktuell erprobt ist demgegenüber die Beschreibung des innovativen Potentials von Händels Musik im Kontext der römischen Standards der ersten Jahre des 18. Jahrhunderts – exemplarisch zeigen dies etwa die Beurteilungen der Orgelsonate im Oratorium *Il trionfo del tempo e del disinganno*: Während Burrows die Komposition als singuläre Adaption von Vivaldis Ritornellform in Händels Schaffen würdigte, wurde von anderen Autoren genau diese Modernität demonstrierende, in Rom neuartige Vivaldi-Nähe als dramaturgisch motivierte Annäherung an einen von Händel im Grunde abgelehnten Stil interpretiert.[18] Hier deutet sich ein generelles Problem an, dass eine allzu stark auf Händels Werke fokussierte Perspektive kompositorische Ent-

---

15 Mainwaring: *G. F. Händel* (wie Anm. 7), S. 64.

16 Ebd., S. 65.

17 Vgl. z. B. Ursula Kirkendale: *Händel bei Ruspoli. Neue Dokumente aus dem Archivio Segreto Vaticano, Dezember 1706 bis Dezember 1708*, in: *Händel-Jahrbuch* 50, 2004, S. 309–374.

18 Donald Burrows: *Handel*, Oxford ²2012, S. 68 f.; Ellen T. Harris: *Sacred and Profane Love. Handel and the Roman Cardinals*, in: Ehrmann-Herfort / Schnettger (Hg.): *Händel in Rom* (wie Anm. 11), S. 216–231, hier S. 221.

scheidungen primär als das Ergebnis individualisierter, ja autonomer künstlerischer Prozesse zu werten neigt. Eine präzisere stilistische Verortung von Händels römischem Schaffen in seinem unmittelbaren Umfeld wurde wiederholt gefordert, und sie bildet insbesondere mit Blick auf etablierte ‚Kleinmeister' wie Carlo Francesco Cesarini, Francesco Antonio Messi oder Vittorio Chiccheri, aber auch zumeist isoliert untersuchte Protagonisten wie Caldara oder Scarlatti, nach wie vor ein Desiderat. Gerade für Händels Verortung in diesem Komponistennetzwerk, seine Positionierung gegenüber herrschenden Standards, aber auch die offenbar geringe Nachhaltigkeit seiner Kompositionen in Rom nach seiner Abreise versprächen solche Ansätze wichtige Aufschlüsse.

Schwieriger erscheint eine Annäherung an die Frage, wie das spezifische Attraktionsmoment von Händels Kompositionsstil auf die römische Aristokratie konkreter zu fassen ist. Im Unterschied etwa zu den Florentiner Adeligen im Umfeld des Grafen Giovanni de' Bardi im 16. Jahrhundert, die über ausgeprägte musiktheoretische Expertise verfügten und das fundierte Gespräch über musikalische Sachverhalte als adelsgemäßen Diskurs kultivierten, wie es Vincenzo Galilei in seinem *Dialogo della musica* exemplarisch vorführt,[19] sind entsprechende Indizien zu den Urteilskriterien beispielsweise Ottobonis ausgesprochen rar. Dass dem Kardinal musikalischer Kenntnisreichtum zugesprochen wurde und er einige seiner Libretti möglicherweise selbst vertonte, bietet keine hinreichenden Anhaltspunkte, zumal gesicherte Vergleichsbeispiele komponierender Adeliger in Italien um 1700 selten sind.

Der zweite von Mainwaring ausführlicher behandelte Mäzen Händels ist der Kardinal Benedetto Pamphilj. In seinem Falle wird ausschließlich auf dessen „Fertigkeit zur Dichtkunst" abgehoben. Er „verfertigte die Oper, Il Trionfo del Tempo, nebst verschiedenen andern Werken, welche Händel, auf des Kardinals Begehren, in die Musik brachte."[20] Pamphilj gehörte einer anderen Generation an als Ottoboni und Ruspoli.[21] Auch wenn er sich im Zuge seines Aufstiegs und seiner Hofhaltung prinzipiell ähnlicher Mittel bediente wie Ottoboni und Ruspoli, trifft Mainwaring mit seiner Fokussierung der literarischen Betätigung ein spezifisches Merkmal von Pamphiljs künstlerischem

---

19 Klaus Pietschmann: *Musiktheorie als adelsgemäßer Gesprächsstoff. Vincenzo Galileis Dialogo della musica und die Florentiner Aristokratie des ausgehenden 16. Jahrhunderts*, in: Claudius Sittig / Christian Wieland (Hg.): *Die ‚Kunst des Adels' in der Frühen Neuzeit, Tagungsbericht Wolfenbüttel 2012*, Druck in Vorbereitung.

20 Mainwaring: *G. F. Händel* (wie Anm. 7), S. 68.

21 Zur Biographie und literarischen Tätigkeit vgl. Lina Montalto: *Un Mecenate in Roma barocca. Il cardinale Benedetto Pamphili (1653–1730)*, Florenz 1955 sowie neuerdings Lea Hinden: *Die Kantatentexte von Benedetto Pamphili (1653–1730). Mit vollständiger Edition*, Kassel 2015 (= MARS – Musik und Adel im Rom des Sei- und Settecento / Musica e aristocrazia a Roma nel Sei- e Settecento 2).

Engagement. Zwar exponierte sich auch Ottoboni verschiedentlich als Dichter, allerdings nutzte Pamphilj sein schriftstellerisches Talent in deutlich höherem Maße zur öffentlichen Selbstdarstellung und trat etwa als Librettist zahlreicher Oratorien hervor; darüber hinaus hinterließ er ein umfassendes, kaum aufgearbeitetes literarisches Œuvre, das alle gängigen dichterischen Gattungen umfasste. Er orientierte sich damit an Vorbildern der Mitte des 17. Jahrhunderts, etwa dem Kardinal und späteren Papst Giulio Rospigliosi, die literarische Betätigung als eine zentrale Möglichkeit der Zurschaustellung von intellektuellem Format und der Artikulation politischer Ideen nutzten. Im frühen 18. Jahrhundert allerdings repräsentierte auch er als einer der letzten diesen Typus des nicht nur mäzenatisch wirkenden und umfassend gebildeten, sondern auch künstlerisch aktiven Kardinals.

Neben dem Oratorium *Il trionfo del tempo e del disinganno* vertonte Händel auch vier der insgesamt über 100 überlieferten, dem Kardinal zuschreibbaren Kantatentexte, die in zwei handgeschriebenen, in der vatikanischen Bibliothek verwahrten Bänden zusammengefasst sind.[22] Diese Sammlung, die unabhängig von den (keineswegs für alle Kantaten belegten) Vertonungen angelegt wurde, dokumentiert neben dem Umfang insbesondere auch die Sammlungswürdigkeit dieser Dichtungen und damit ihren literarischen Status. Zeugnisse wie diese führten allerdings in der neueren Forschung zu der (zumeist unausgesprochenen) Annahme, die literarischen Ambitionen Pamphiljs und anderer hätten sich primär auf eine im engeren Sinne schriftstellerische Tätigkeit und deren öffentliche Präsentation in Form von Drucken, Vertonungen oder Rezitationen konzentriert. Im Missverhältnis dazu allerdings steht Mainwarings eingangs zitierte Betonung der großen Rolle, die die Stegreifdichtung gespielt habe.

II. Die Stegreifdichtung im Italien des frühen 18. Jahrhunderts

Den Stellenwert, den Mainwaring der Improvisation innerhalb der literarischen Betätigung Pamphiljs zuschreibt, fand in der wissenschaftlichen Auseinandersetzung weder mit der literarischen Betätigung des Kardinals noch mit den Interessen des kunstbeflissenen römischen Adels um 1700 nähere Berücksichtigung, obwohl die besondere Konjunktur, derer sich die improvisierte Dichtkunst in Italien zu dieser Zeit erfreute, außer Frage steht. In seiner *Storia della Poesia Estemporanea nella letteratura italiana dalle origini ai nostri giorni*, die Adele Vitagliano im Jahre 1905 als bislang einzige Gesamtdarstellung

[22] Ebd., S. 57 ff. et passim.

dieses zentralen, zu seiner Zeit bereits seit über 50 Jahren erloschenen Zweiges der italienischen Literaturgeschichte verfasste, werden als zentrale Protagonisten einer durchgehenden, im Duecento ansetzenden Traditionslinie u. a. Jacopone da Todi (ca. 1230–1306), Cristoforo Fiorentino detto l'Altissimo (1480–1514) und Serafino dell'Aquila (1466–1500) präsentiert, gipfelnd in Bernardino Perfetti (1681–1746), dessen Berühmtheit ihm im Jahre 1725 die Krönung zum ‚poeta laureatus' auf dem Kapitol durch Benedikt XIII. einbrachte. Den zentralen Referenzpunkt bildete für Perfetti ebenso wie für alle anderen Improvisatoren die antike griechische und römische Praxis der Stegreifdichtung mit dem mythischen Dichter Orpheus an der Spitze, „che incarna l'ideale d'un cantore primitivo, bello, magico, incantatore; che simboleggia la lirica e la musica fuse ancora insieme."[23] In dieser Charakterisierung zeigt sich Vitaglianos Verwurzelung in einem romantischen Dichtungsideal, denn während die Betonung des „magischen" Charakters der Improvisation mit dem Potential der „Verzauberung", die auf die platonische Idee göttlicher Inspiration rekurriert, und die Symbiose von Dichtkunst und Musik auch in neuerer Auffassung[24] als wesentliche Charakteristika frühneuzeitlicher Improvisationskunst aufgefasst werden können, ist an die Stelle „primitiver" Spontaneität des Gefühlsausdrucks, ein Charakteristikum romantischer Poetik, die rhetorische Kategorie der „memoria" zu setzen, die die anspruchsvolle Verarbeitung eines breiten Arsenals von Modellen als wesentliche Voraussetzung der Stegreifdichtung erfordert.[25]

Der aus Siena stammende Perfetti, der etwa seit 1710 öffentlich auftrat, steht exemplarisch für die enorme Beliebtheit, derer sich das Improvisieren im frühen 18. Jahrhundert erfreute.[26] Dass er dabei nicht nur gefragter Gast bei festlichen Anlässen des italienischen Hochadels war und etwa 1722 zu den Hochzeitsfeierlichkeiten des zukünftigen Kaisers Karl VII. nach München eingeladen wurde, sondern zugleich in Theatern und Akademien öffentlich auftrat, rückt sein künstlerisches Profil deutlich in die Nähe zu den Gesangsvirtuosen der Zeit, deren Renommee neben den rein stimmlichen Qualitäten auch auf der Fertigkeit in der extemporierten Verzierungskunst beruhte. Dass Perfettis Improvisationen stets musikalisch gerahmt und gesungen vorgetragen

---

[23] Adele Vitagliano: *Storia della Poesia Estemporanea nella letteratura italiana dalle origini ai nostri giorni*, Rom 1905, S. 3.

[24] Vgl. insbesondere die grundlegende Studie: Bruno Gentili: *Cultura dell'improvviso. Poesia orale colta nel Settecento italiano e poesia greca dell'età arcaica e classica*, in: *Quaderni Urbinati di Cultura Classica* 6, 1980, S. 17–59.

[25] Ebd., S. 33 ff.

[26] Zu Perfetti vgl. insbesondere Françoise Waquet: *Rhétorique et poétique chrétiennes. Bernardino Perfetti et la poésie improvisée dans l'Italie du XVIIIe siècle*, Florenz 1992.

wurden, wurde unter Verweis auf die mutmaßliche Formelhaftigkeit der rezitativischen Vortragsweise stets dem Bereich des Akzessorischen zugeordnet, allerdings stellt sich durchaus die Frage nach den möglichen Bezügen dieser bislang völlig unerforschten Praxis zum zeitgenössischen Kunstgesang.

Für den gegebenen Zusammenhang relevanter als die Rolle Perfettis, der als nur gelegentlicher Gast in Rom primär die außerordentliche Beliebtheit der Praxis im frühen 18. Jahrhundert insgesamt verdeutlicht, sind die Ausführungen Giovanni Mario Crescimbenis in seinen *Commentari* zur Improvisation im Umfeld des Kardinals Ottoboni:

> „A' nostri tempi l'improvvisare molto se è avanzato di stima, e di reputazione, perciocchè, tralasciando che oggi si cammina con maggiore stretteza, per l'obliggo della rima, detto di sopra, ci ha di nobilissimi Personaggi e de' Letterati nullameno eccellenti, che sovente godono di esercitarlo, non solo in versi ed in ogni sorta di metro, e di stile, ma anche in prosa in ogni materia si erudita, come dottrinale: anzi il glorioso Principe Cardinale Pietro Ottoboni, vicecancelliere di Santa Chiesa, il cui ingegno e la cui prontezza è mirabile in ogni cosa, e particolarmente nelle materie letterarie, istituì gli anni passati una conversazione privata di lettere, la quale ogni lunedì si adunava nel suo Palagio, e talora in altri luoghi di sua giurisdizione, ed in essa si operava improvvisamente con eruditi discorsi, e con poesie d'ogni genere tessendosi, anche talora col suono, e talora senza, poemetti d'ottave, capituli, catene di sonetti, di canzoni, di canzonette, e arrivandosi perfino a comporvi corone perfette, ed a stendersi le disfide de gli improvvisatori per quattro, o sei ore continue [...]. E benchè, tal letteraria conversazione, costretta dal desiderio di Roma a mettersi in pubblico, abbia ora preso forma di splendida e maestosa accademia, la quale si raguna la sera di ogni lunedì, con ornamenti di musica, e di suoni, regolati da Arcangelo Corelli, famoso professore di violino, che con altri operanti, si tuova a servizio di così chiaro Principe, non dimeno ove privatamente mai si raguni, ritiene anch'oggi il suo primo meraviglioso istituto."[27]

Diese vor allem aufgrund ihrer Benennung der prominenten, von Corelli verantworteten musikalischen Anteile bekannt gewordene Darstellung lässt keinen Zweifel daran, dass die Improvisationspraxis den Ausgangspunkt und zentralen Gegenstand der zunächst privaten ‚conversazioni' und sodann der halböffentlichen ‚accademie' bildete. Crescimbeni bringt die unterschiedlichen Formen der Improvisation, die „talora col suono, e talora senza" ausgeführt worden seien, in keinen direkten Zusammenhang mit den „ornamenti di musica", so dass Rückschlüsse auf die konkrete Verbindung beider Ebenen nicht möglich sind und wohl deshalb eine Verschränkung der Improvisation mit den kunstmusikalischen Anteilen dieser Veranstaltungen nie in Betracht ge-

---

[27] Crescimbeni: *Commentarii* (wie Anm. 3), Bd. 1, Buch III, Venedig 1731, S. 220f.

zogen wurde. Aus anderen Zusammenhängen ist bekannt, dass die extemporierten Dichtungen meist auf standardisierte ariose Melodien bzw. rezitativische Formeln gesungen wurden, die also nicht Gegenstand der Improvisation waren.[28] Allerdings weist Charles de Brosse in seiner Beschreibung einer Darbietung Bernardino Perfettis, der er im Jahre 1739 in Siena beigewohnt hatte, der Instrumentalbegleitung eine durchaus zentrale Rolle zu, die einerseits zur Überbrückung der inneren Sammlung des Improvisators vor Beginn und der Strophenübergänge dient, andererseits aber auch an der Darbietung selbst integralen Anteil hat:

> „Il rêva, tête baissée, pendant un bon demi-quart d'heure, au son d'un clavecin qui préludait à demi-jeu. Puis il se leva, commençant à déclamer doucement strophe à strophe en rimes octaves, toujours accompagné du clavecin qui frappait des accords pendant la déclamation, et se remettait à préluder pour ne pas laisser vides les intervalles au bout de chaque strophe. Elles se succédaient d'abord assez lentement. Peu à peu la verve du poète s'anima, et à mesure qu'elle s'échauffait, le son du clavecin se renforçait aussi. Sur la fin, cet homme extraordinaire déclamait comme un poète plein d'enthousiasme. L'accompagnateur et lui allaient de concert avec une surprenante rapidité."[29]

Von hier aus auf die Praxis in den conservazioni und accademie Ottobonis zu schließen, wäre in Unkenntnis präziserer Zeugnisse spekulativ. Allerdings erscheint es durchaus naheliegend, Crescimbenis Darstellung so zu verstehen, dass die musikalischen Anteile Corellis und anderer Musiker in einem inneren Zusammenhang mit den unterschiedlichen Formen der Improvisation gesehen wurden und diese einleiten bzw. inspirieren sollten.

Gleichwohl steht in der Darstellung von Brosse die dichterische Improvisation klar im Vordergrund, während der musikalischen Begleitung lediglich eine nachgeordnete, unterstützende Funktion zukommt und dem Cembalisten kein Eigenanteil am Gelingen der Performance beigemessen wird, sein Name folglich auch ungenannt bleibt. Eine differenzierte Reflexion der musikalischen Anteile bei einer ‚accademia' sowie des komplexen Zusammenhangs zwischen improvisierter und nicht-improvisierter Dichtung einerseits und komponierter Vertonung sowie improvisierter Begleitung andererseits findet sich jedoch in der oft zitierten Beschreibung Crescimbenis einer Zusammenkunft der Arkadier im Hause des Abate Rivera um das Jahr 1706, bei der neben dem Dichter Giambattista Zappi auch die Komponisten Alessandro Scarlatti, Bernardo Pasquini und Corelli intervenierten. Eine neuerliche Betrachtung von Crescim-

---

[28] Gentili: *Cultura dell'improvviso* (wie Anm. 24), S. 43.

[29] Ebd., S. 29 f.

benis Darstellung unter Berücksichtigung des Improvisationsaspekts[30] vermag wichtige Anhaltspunkte für eine Beurteilung des möglichen Entstehungszusammenhangs der Kantate *Hendel, non può mia musa* von Pamphilj und Händel zu liefern.

Den Anfang von Crescimbenis Beschreibung des Abends bei Rivera macht „Arcomelo [...] con una di quelle bellissime Sinfonie fatte nella nobil Capanna dell'Acclamato Crateo, e poi pubblicate al mondo con tanta sua gloria"[31], also ein Orchesterwerk Corellis, das dieser im Hause Ottobonis „gemacht" und dann zum Druck gebracht habe, wobei jedoch die Darbietung selbst, „che egli fece col suo strumento", die größte Bewunderung auslöst („eccedè la maraviglia stessa") – die durch Drucklegung beglaubigte Exzellenz der Faktur erfährt ihre Vollendung also durch die Wiedergabe unter der Beteiligung des Autors. Sodann holt Scarlatti (Terpandro) einige „Canzoni" hervor, die der anwesende Dichter Giambattista Zappi (Tirsi) verfasst habe, und will sie vortragen. Zappi protestiert jedoch unter Verweis auf den Status dieser Dichtungen, die er „senza alcuno studio all'improvviso [...] al tavolino medesimo del Compositor della Musica" produziert habe; im Unterschied zu ihrer kunstvollen Vertonung stellten diese Texte also lediglich das Ergebnis der Improvisation dar und seien insofern von niedrigerem Rang als die von ihnen angeregte, planvoll komponierte Musik. Dem begegnet Scarlatti mit einer Verteidigung, die das Argument umkehrt: Zappis dichterische Güte zeige sich gerade daran, dass andere selbst „con comodo studio" das Niveau seiner Improvisationen nicht zu erreichen vermögen. Daraufhin trägt Zappi selbst, von Pasquini am Cembalo begleitet, seine (ebenso wie die folgenden Beiträge von Crescimbeni im Wortlaut mitgeteilte) „Cantata di Tirsi" vor und versetzt die Zuhörer in „Ekstase", erzielt damit also die Wirkung, die üblicherweise gelungenen, von göttlicher Inspiration geleiteten Improvisationen zugeschrieben wird. Es folgen eine „nuova Sinfonia", die die Zuhörer aus dem ekstatischen Zustand zurückholt („richiamati"), und der Vortrag einer zweistimmigen, nun von Scarlatti begleiteten

30 In bisherigen Auseinandersetzungen stand in aller Regel die Rolle der Musik im Rahmen der Zusammenkünfte der Accademia dell'Arcadia im Vordergrund, wobei die Ansicht überwiegt, dass die isoliert stehende Darstellung keine generalisierenden Rückschlüsse erlaubt (vgl. insbesondere Fabrizio della Seta: *La musica in Arcadia al tempo di Corelli*, in: Sergio Durante / Pierluigi Petrobelli (Hg.): *Nuovissimi studi corelliani. Kongress-Bericht Fusignano 1980*, Florenz 1982, S. 123–148). Neuerdings wurde dabei auch der Improvisationsaspekt stärker gewürdigt, allerdings stand dabei die im gegebenen Zusammenhang nachrangige Frage nach dem Verhältnis von Text und Musik im Vordergrund (Stefanie Tcharos: *Opera's Orbit: Musical Drama and the Influence of Opera in Arcadian Rome*, Cambridge 2011, S. 181–184). Vgl. ferner auch Norbert Dubowy: *‚Al tavolino medesimo del Compositor della Musica'. Notes on Text and Context in Alessandro Scarlatti's cantate da camera*, in: Michael Talbot (Hg.): *Aspects of the Secular Cantata in Late Baroque Italy*, Farnham 2009, S. 111–134.

31 Giovanni Mario Crescimbeni: *L'Arcadia*, Buch VII, Rom 1711, S. 288.

Kantate durch „due novelle voci" – die Interpreten spielen in diesem Fall also keine ihre namentliche Identifizierung rechtfertigende Rolle, und dass sich der Effekt der ersten Kantate wiederholt, wird ausschließlich der Dichtung zugeschrieben. Vor allem aber fungiert diese zweite Darbietung als Inspirationsquelle für Zappi: Während der sich anschließenden Darbietung eines weiteren „conserto di sonori strumenti" beobachtet Scarlatti vom Cembalo aus den in Gedanken versunkenen Zappi und äußert nach Beendigung seine Vermutung, dass dieser über den Text der letzten Arie nachgesonnen habe. Auf seine Aufforderung hin improvisiert Zappi tatsächlich einen von der vorangegangenen Kantate inspirierten Arientext, den Scarlatti „con prontezza veramente stupenda, si mise a trascrivere [...] sulla musica".[32] Der Komponist setzt den Text also spontan in Musik, ein Vorgang, der als eine der Improvisation vergleichbare Leistung verstanden wird, auch wenn er den Akt der Vertonung, nicht die Darbietung betrifft. Diese erfolgt im unmittelbaren Anschluss durch einen (wiederum nicht identifizierten) Sänger. Der Beifall, den diese „Aria musicale dello stesso Tirsi" findet, führt zur Aufforderung an den Interpreten, die Darbietung zu wiederholen, und an die „Compositori", weitere „novelli componimenti" zu produzieren. Auf Zappis Zögern reagieren die Zuhörer und speziell seine Gemahlin mit nachdrücklichem, an seine Ehre appellierendem Insistieren, auf das dieser mit einer neuerlich improvisierten scherzhaften „Altra Aria del medesimo" reagiert; da von einer Vertonung keine Rede ist, muss hier von einer Rezitation oder einer formelhaften Musikalisierung ausgegangen werden. Nach diesem Einschub, der der Wiederherstellung von Zappis Ehre und der moralischen Besserung seiner vorwitzigen Gemahlin gedient hat, schließt die conversazione mit einem „Wettstreit" („gareggiamento") zwischen Zappi und Scarlatti, der darin besteht, „che appena ebbe l'uno terminato di replicare l'ultimo verso della novella Aria, che l'altro chiuse l'ultima riga della sua Musica". Die zuvor erfolgreich erprobte spontane Vertonung improvisiert vorgetragener Dichtung erfährt hier durch die Betonung der Simultaneität noch eine weitere Steigerung, und das Komponieren wird mit der Improvisation de facto gleichgesetzt, wohingegen die künstlerischen Produkte selbst sowie ihre Darbietung keine Erwähnung mehr finden und offenkundig als nachgeordnet eingestuft werden – im Vordergrund steht die von Zappi und Scarlatti etablierte Praxis an sich.

Dieser Fluchtpunkt von Crescimbenis zweifellos idealisierter Darstellung lässt sich als Versuch verstehen, der so beliebten rein dichterischen Improvisation ein musikalisch-literarisches Pendant an die Seite zu stellen. Der „Wettstreit" zwischen Zappi und Scarlatti zielt dabei offenkundig nicht auf die Er-

---

32 Ebd., S. 292.

mittlung der Überlegenheit einer der beiden Personen oder gar einer der beiden Künste im Sinne eines ‚Paragone', sondern markiert vielmehr das Ideal einer Synthese von gleichermaßen improvisierter Dichtung und Musik, die ihr Zustandekommen der spezifischen Dynamik einer der arkadischen Zusammenkünfte verdankt. Im Vorfeld werden verschiedene andere Optionen vorgeführt: Die pure Instrumentalmusik Corellis als Rahmung und Inspirationsquelle des Improvisators im Sinne von Crescimbenis zuvor skizzierter Beschreibung der conversazioni bei Ottoboni, zugleich aber auch als Exposition der kompositorischen und interpretatorischen Exzellenz Corellis; die improvisierte Dichtung als Grundlage einer im Nachgang vom Komponisten „al tavolino" entwickelten Vertonung; deren neuerliche Wiedergabe in anderem Zusammenhang; ihre Funktion als Inspirationsquelle, die unter dem Eindruck von Instrumentalmusik eine neuerliche Improvisation nach sich zieht und sodann eine spontane Vertonung durch den Komponisten erfährt. Signifikant ist dabei neben der Prozesshaftigkeit dieser im Wettstreit kulminierenden Abfolge insbesondere auch die Reduktion des musikalischen Parts auf den Komponisten: Während die Sänger namentlich ungenannt bleiben und ihre Interpretation (anders als im Falle Corellis) mit keinem Wort gewürdigt wird, rückt der Kompositionsakt selbst an diese Stelle und wird damit zum Kern der Performance. Die Differenz zur literarischen Improvisation des Dichters, bei der Schöpfung und Darbietung zusammenfallen, wird auf diese Weise eingeebnet und Scarlatti als Komponist den dichtenden Arkadiern auf Augenhöhe an die Seite gestellt.[33]

Aus der weiteren Anlage von Crescimbenis ‚Arcadia' wird ersichtlich, dass mit dieser als „Wettstreit" bezeichneten Simultanimprovisation keine neue akademische Disziplin installiert werden soll. Er wird vielmehr als Option dargestellt, die aus der günstigen Konstellation des Abends und seines Verlaufs heraus erwachsen ist. Trotzdem griffe es zu kurz, die Begebenheit als singuläres Zufallsprodukt zu bezeichnen, denn dafür sind die Einzelaspekte der konstruierten Situationen zu charakteristisch für etablierte Formen improvisatorischer Performanz. So kann der beschriebene als idealtypischer Musterfall gewertet werden, der sich so oder ähnlich regelmäßig abspielen konnte, wenn Dichter und Komponisten vom Niveau Zappis und Scarlattis aufeinander trafen.

[33] Trotzdem beschränkt sich Crescimbeni auf die Wiedergabe der vollständigen Texte und verzichtet auf einen Abdruck auch der Noten.

III. Die Kantate *Hendel, non può mia musa* als Resultat einer Simultanimprovisation?

Im Einklang mit dieser Sicht steht Mainwarings Darstellung des Entstehungskontexts der Kantate *Hendel, non può mia musa*: Händel habe auf Pamphiljs Geheiß mehrere von dessen Dichtungen vertont, „some in the compass of a single evening, and others extempore“[34]. Im Vordergrund steht dabei das improvisatorische Moment von Händels Kompositionen, also jene von Können und Spontaneität geprägte Artistik der Kompositionskunst mit einem gewissen Hang zum Circensischen, die auch im Rahmen der Simultanimprovisation von Zappi und Scarlatti das entscheidende Novum gewesen war.[35]

Auch der Kantatentext selbst lässt sich vor diesem Hintergrund weitaus plausibler deuten als in der homoerotischen Lesart:

„Rez.
Hendel, non può mia musa
Cantare in un istante
Versi, che degni sian della tua lira.
Ma sento, che in me spira
Sì soave armonia, che a tuoi concenti
Son costretto cantare in questi accenti.

Arie
Puote Orfeo co'l dolce suono
Arrestar d'augelli il volo
E fermar di belva il piè.
Si muovero a un sì bel suono / tuono
Tronchi e sassi ancor dal suolo,
Ma già mai cantar li fè.

---

34 John Mainwaring: *Memoirs of the Life of the Late George Frederic Handel*, London 1760, S. 62f.

35 Mainwaring akzentuiert diese musikalische Seite der Improvisation noch durch ein Zitat aus den 1719 erschienenen *Réflexions critiques sur la poésie et sur la peinture* des Abbé Jean-Baptiste Dubos: „The Abbe Du Bos, speaking of that general turn for Music for which the Italians from the highest to the lowest have ever been remarkable, continues thus, – Ils sçavent encore chanter leurs amours dans des vers qu'ils composent sur le champ, & qu'ils accompagnent du son de leurs instruments. Ils les touchent, si non avec délicatesse, du moins avec assez de justesse: c'est ce qui s'apelle *improviser*.“ (Mainwaring: *George Frederic Handel* [wie Anm. 34], S. 63). Das Zitat dieses Abschnitts, der sich primär auf die Hirtendichtung bezieht und später auch wörtlich in den Artikel „Églogue“ in Diderots *Encyclopédie* übernommen wurde, setzt damit einen Akzent, der auf ein gewisses Unverständnis für die Praxis der simultanen Improvisation im Umfeld der Arcadia hindeutet. Vgl. hierzu auch die Anmerkung Matthesons sowie den Kommentar Paumgartners: Mainwaring: *G.F. Händel* (wie Anm. 7), S. 68 u. 202.

Rez.
Dunque maggior d'Orfeo
Tu sforzi al canto la mia musa all'ora,
Che il plettro appeso avea
A un tronco annoso e immobile giacea.

Arie
Ogn'un canti e all'armonia
Di novello Orfeo si dia
Alla destra il moto, al canto
Voce tal, che mai s'udì.
E in si grata melodia
Tutta gioia l'alma sia,
Ingannando il tempo intanto
Passi lieto e l'ore e il dì."

Die prominente Erwähnung der Muse gleich zu Beginn ist per se ein Charakteristikum der Stegreifdichtung. Im weiteren Verlauf wird das Verhältnis zwischen improvisierter Dichtung und Musik in einer Weise thematisiert, die zu Crescimbenis Ausführungen gewisse Parallelen aufweist: Ähnlich wie Zappi stellt Pamphilj zunächst die Unwürdigkeit seiner „in un istante" gedichteten Verse gegenüber Händels Musik heraus. Entscheidend ist jedoch die von ihnen ausgehende Inspiration, die eine improvisierte Dichtung geradezu erzwingt und Orpheus als ‚Stammvater' der Improvisation als Thema geradezu zwangsläufig vorgibt. Mainwarings Feststellung zum Kantatentext, Händel „was compared to Orpheus, and exalted above the rank of mortals"[36], trifft allerdings nicht ganz den Kern von Pamphiljs Text: Im Vordergrund steht hier die Inspiration des lyrischen Ichs durch die Klänge des „novello Orfeo" zu einem ungehörten Gesang, an dem also beide gleichermaßen Anteil haben; die von Crescimbeni akzentuierte Verschiebung von einer dichterisch inspirierten Musik hin zur simultanen Konzeption wird hier also noch weiter auf die Spitze getrieben, indem die Musik der improvisierten Dichtung noch vorausgeht und sie bedingt.

Es wurde wiederholt darauf verwiesen, dass das unbeweglich hängende Plektrum als Sinnbild für Pamphiljs erlahmte dichterische Kraft kaum zu der anhaltenden literarischen Aktivität des Kardinals passe. Viel plausibler erscheinen die Verse in der Tat, wenn man sie als das Ergebnis einer spontanen Dichtung („in un istante, all'ora") versteht, die im Rahmen einer accademia oder conversazione unter dem Eindruck einer musikalischen Darbietung Händels extemporiert wurde: Pamphiljs Plektrum wäre demnach lediglich am fraglichen

[36] Mainwaring: *George Frederic Handel* (wie Anm. 34), S. 63.

Abend noch nicht zum Einsatz gekommen, und erst unter dem Eindruck der musikalischen Darbietung sah sich der Kardinal veranlasst, seiner Anerkennung in dichterisch überhöhter Form Ausdruck zu verleihen – oder aber, wie Mainwaring andeutet, den jungen Komponisten in hyperbolischer Herausforderung auf die moralische und kompositorische Probe zu stellen.

Dass Händel seine Vertonung ebenso spontan realisierte, wäre in Anlehnung an den von Crescimbeni beschriebenen Abend naheliegend. Dass es sich bei der Kantate um ein spontanes Produkt handelt, erschiene auch angesichts der Floskelhaftigkeit der Arien plausibel, „die sich durch die ständige Wiederholung kurzer melodischer Motive und die Abwechslung jambischer und trochäischer Figurationen auszeichnen".[37] Die Verbreitung, die die Kantate nachfolgend in Rom fand und ihr Nachwirken bis in Mainwarings Biographie hinein deuten darauf hin, dass das Ergebnis dieser von Händel angenommenen Herausforderung als Erfolg angesehen wurde und offenbar sogar gewisse Furore machte. Da nicht bekannt ist, wie intensive Nachahmung die von Crescimbeni geschilderte Abendunterhaltung fand, kann auch nicht ausgeschlossen werden, dass die Annahme einer solchen Herausforderung per se so singulär war, dass man das Produkt als Kuriosum zirkulieren ließ. Für die Charakterisierung von *Hendel, non può mia musa* als Stegreifkantate spricht auch die Textüberlieferung. Wie Lea Hinden feststellte, ist im Unterschied zu den anderen drei erhaltenen Kantaten Händels auf Texte von Pamphilj einzig diese nicht in den beiden Sammelhandschriften Vat. lat. 10205 und 10206 enthalten, die nahezu sämtliche Kantatentexte des Kardinals enthalten.[38]

Damit stellt die Kantate einen Sonderfall dar, der mit den übrigen Kantaten Händels und weiten Teilen der überlieferten römischen Kantatenproduktion der Jahre um 1700 nicht vergleichbar ist. Die Konkretion, die in der Kantate üblicherweise fehlt bzw. mit extremer Vorsicht behandelt wird oder sich in der Performanz fallweise ereignen kann, steht hier im Zentrum, da es sich um einen Akt spontaner Dichtung und spontaner Komposition handelt. Sie stellt damit eines der äußerst raren Zeugnisse einer Facette adeligen Umgangs mit Dichtung und Musik dar, die im Rom zur Zeit Händels eine erhebliche, zumeist unterschätzte Rolle spielte.

[37] Angela Romagnoli: *Kantaten (HWV 77–177)*, in: Hans Joachim Marx (Hg.): *Händels Kirchenmusik und vokale Kammermusik*, Laaber 2012 (= Das Händel-Handbuch 4), S. 411 f.

[38] Hinden: *Die Kantatentexte von Benedetto Pamphili* (wie Anm. 21), S. 411 f.

Händel und seine Beziehungen zu Kardinal Benedetto Pamphilj

Alexandra Nigito (Basel)*

Georg Friedrich Händel und Kardinal Benedetto Pamphilj: Die Analyse der Beziehungen zwischen Händel und seinem Gönner und Förderer steht im Zentrum dieses Aufsatzes. Dabei beziehe ich mich auf die bekannte Faktenlage, zeige außerdem aber auf, dass die Patronage Pamphiljs auch nach der Abreise Händels aus Rom fortbestand, ja dass sie bis zum Tode des Kardinals dauerte. Unedierte Quellen aus dem römischen Archiv Doria Pamphilj dokumentieren dies und zeigen uns einen bis zu seinen letzten Lebenstagen auch in musikalischen Belangen aktiven Kardinal.[1]

Als Händel im Januar 1707 erstmals in Rom auftrat, notierte Francesco Valesio folgenden, berühmt gewordenen Satz in sein Tagebuch: „Venerdì 14 [gennaio 1707]. È giunto in questa città un sassone eccellente sonatore di cembalo e compositore di musica, quale hoggi ha fatta pompa della sua virtù in sonare l'organo nella chiesa di S. Giovanni con stupore di tutti."[2] Dies ist zugleich ein erster Hinweis auf die Verbindung zum Kardinal Benedetto Pamphilj. Denn dieser war von 1699 bis 1730 Erzpriester in der Lateranbasilika in Rom. Jedes Jahr, wenn am 24. Juni der Hl. Johannes, also der Schutzpatron der Kirche, gefeiert wurde, gab Pamphilj jeweils allen Mitarbeitenden ein Frühstück aus, die sogenannte ‚Stagnata'. Es wurden an die Zelebranten, Organisten, Bälgetreter, Glöckner, Sakristane usw. Wein, Brot und ‚Provature' (eine Art Mozzarella) verteilt. Hier ein Beispiel für das Jahr 1711:[3]

---

* Für die Übersetzung ins Deutsche sei Sibyl Aeschlimann ganz herzlich bedankt.

[1] Zu diesem Thema siehe Hans Joachim Marx: *Händel in Rom – seine Beziehungen zu Benedetto Card. Pamphilj*, in: *Händel-Jahrbuch* 29, 1983, S. 107–118; Hinweise in Lina Montalto: *Un mecenate in Roma barocca: il cardinale Benedetto Pamphilj (1653–1730)*, Florenz: Sansoni 1955. Der vollständige Bestand an Musikdokumenten des Kardinals Pamphilj werde ich in Kürze im Merseburger Verlag herausgeben unter dem Titel *La musica alla corte del cardinale Benedetto Pamphilj.*

[2] „Freitag, 14. [Januar 1707]. Ein Sachse ist in der Stadt eingetroffen, ein ausgezeichneter Cembalist und Komponist. Er hat heute über alle Maßen mit seinem Können an der Orgel der Basilika von S. Giovanni brilliert, zum größten Erstaunen aller". Vgl. Francesco Valesio: *Diario di Roma (1700–1742)*, hg. von Gaetana Scano / Giuseppe Graglia, 6 Bde., Mailand: Longanesi 1977–1979 (= I cento libri 46–51), Bd. 3, S. 704.

[3] *Giustificazioni del Cardinale Benedetto Pamphilj*, Archivio Doria Pamphilj in Rom (I-Rdp), sc. 3, b. 13, nn. Die Speisen, „pane basso di palazzo" und „pane vero", zusammen mit dem

„Colatione che si suol dare dall'Em*inentissim*o Sig.re Card.l D. Benedetto Panfili Arciprete di S. Gio. Laterano li 24 Giugnio 1711 a Servitori, et altri come app*ress*o cioè

	Vino		Pane	Prov.re
A Mons.re Vicario	f.	4	2	2
A Mons.r Molara Assistente	f.	4	2	2
Diacono Mons.r Casale	f.	4	2	2
Sottodiacono	f.	4	2	2
Vescovo Celebrante per primo, e 2° Vesparo	f.	4	2	2
Chierici de' Sig.ri Canonici di S. Gio.	f.	4	2	2
Chierici, e Sagrestano di S. Gio. in Fonte	f.	6	3	3
Chierici e Benefitiati n.o 8	f.	16	8	8
Chierici di S. Severino	f.	2	1	1
Campanaro	f.	2	1	1
Sagrestano de' Benefitiati	f.	4	2	2
Scopatore	f.	2	1	1
Montionarij	f.	8	4	4
Tiramantici	f.	2	1	1
Organista	f.	2	1	1
Servitori n.o 5 de' SS.ri Mastri de' Cerimonie di N*ostro* Sig.re	f.	6	4	4
Custode della Cappella del SS.mo	f.	2	1	1
Sig.r D. Silvestro Soprastante alle statue	f.	4	2	2
Florieri di Palazzo	f.	4	12	12
	-------		---	----
	f.	84	53	53
Quali fog*liette* 84 fanno Bocali n.o	21		53	53

Al Fornaro di S. Gio. per il Commodo del Granaro per dispenzare la Stagniata *Boccali* 6, *Provature* 8.

In tutto sono B*occali*	27	53	61"

In der Lateranbasilika trat Kardinal Pamphilj jedoch nicht nur als Wohltater in Erscheinung, sondern auch als Mäzen. Er unterstützte den Ausbau und die Dekoration der Kirche finanziell. Unter anderem stiftete er Camillo Ruscônis Statue des Evangelisten Johannes im Hauptschiff der Basilika, eine der vier monumentalen Plastiken, die der Bildhauer zu den von Papst Clemens XI. angeregten Apostelstatuen beigesteuert hat. Außerdem steuerte er für die Fresken 2.000 scudi und für die 1736 vollendete Fassade der Basilika 20.000 scudi bei.[4]

Aufgrund eines Berichts über den Zustrom an Kardinälen, Prälaten und Aristokraten gilt es als wahrscheinlich, dass auch Kardinal Benedetto Pamphilj zugegen war, als sich Händel im Januar 1707 im Lateran an die Orgel setzte. In

Wein und die „provature", kamen aus dem Pamphilj-Palast am Corso. Vgl. Montalto: *Un mecenate* (wie Anm. 1), S. 434.

4 Vgl. Montalto: *Un mecenate* (wie Anm. 1), S. 442 ff.

einem zeitgenössischen Bericht heißt es:[5] „Le lendemain il fut à Saint Jean de Latran, pour jouer des Orgues, où il y eut un concours extraordinaire, sur tout des Cardinaux, Prélats & de la Noblesse". Ob Kardinal Pamphilj Händels Auftritt sogar organisiert hat, ist nicht bekannt, aber zumindest denkbar.[6] Von da an galt der Musiker jedoch sicher als sein Protegé. So erhielt Georg Friedrich Händel kurz darauf den Auftrag, Pamphiljs Kantatentext *Il delirio amoroso* zu vertonen. Am 12. Februar wurde Pamphiljs Kopist Alessandro Ginelli für seine in Rechnung gestellte Kopierarbeit bezahlt:[7]

> „Conto di copie di musica nella Cantata intitolata Il delirio Amoroso per servitio dell'Em*inentissim*o Sig.r Cardinal Pamphilij composta in Musica dal S.r Giorgio Hendel, e sono le seguenti copie cioè
> Per la parte che canta fogli f. 5
> Per il Concert*in*o de' Violini f. 5
> VV. p*ri*mi e 2.i di Concerto Grosso f. 5
> Oboe, e Violetta fogli f. 6
> Basso concerto Grosso f. 2
> Partitura della Sinfonia f. 2
> In tutto fogli 25
> Alessandro Ginelli Cupista
> Il tutto rivisto da me essere li sud*ett*i fogli n.o 25, che a ragg*io*ne di giulio uno il foglio fanno la somma di scudi s. 2:50
> Carlo Francesco Cesarini
> Sig.r D. Gio. Palmegiani si compiacerà pagare all' Sig.r Alesandro Ginelli Copista di Musica scudi due b*aiocch*i 50 m*onet*a quali sono per sua intiera sodisf*azion*e come sopra questo dì 12 febb*rar*o 1707
> Dico s. 2:50 m*onet*a
> Ascanio Bartoccini
> Io infra*scri*tto ho riceuto dal sud*dett*o S.r D. Gio. Palmegiani li scudi 2:50 m*on*eta il dì sud*dett*o
> Alessandro Ginelli"

[5] Ursula Kirkendale: *Orgelspiel im Lateran und andere Erinnerungen an Händel. Ein unbeachteter Bericht in „Voiage historique" von 1737*, in: *Die Musikforschung* 41, 1988, H. 1, S. 1–9, hier S. 3. („Am nächsten Tag war er in der Basilika S. Giovanni im Lateran, um die Orgeln zu spielen. Es gab hier einen außerordentlichen Zustrom hauptsächlich von Kardinälen, Prälaten und Aristokraten").

[6] Ebd., S. 2, verbindet Händels Orgelspiel mit den ‚conversazioni', die Pamphilj in seinem Palast an den Freitagen hielt.

[7] I-Rdp, sc. 3, b. 9, nn. Vgl. Hans Joachim Marx: *Die ‚Giustificazioni della casa Pamphilj' als musikgeschichtliche Quelle*, in: *Studi Musicali* 12, 1983, H. 1, S. 121–187, Nr. 156. Hier und in den folgenden Dokumenten stehen die Abkürzungen „s." und „b." für ‚scudi' und ‚baiocchi' (1 scudo = 10 giuli = 100 baiocchi).

Wie schon Marx erwähnt hat, findet sich nirgends der Hinweis, dass Ginelli eine ganze Partitur kopiert hat.[8] Händel, der das Orchester vom Cembalo aus dirigierte, muss also seine eigene Partitur verwendet haben.

Von der Kantate *Il delirio amoroso* sind drei Partituren erhalten: Die erste befindet sich in Hamburg (D-Hs, M. A. 198; siehe Abbildung 1) und wurde von Giuseppe Antonio Angelini kopiert. Die zweite in der Santini-Sammlung in Münster (D-MÜs, Hs. 1905), ebenfalls von Angelini kopiert, ist die Direktionspartitur, die Händel vermutlich bei der Aufführung bei Pamphilj verwendet hat (die Sinfonie wurde von Ginelli kopiert, möglicherweise handelt es sich um die in der Rechnung erwähnte Kopie). Die dritte befindet sich in London (GB-Lbl, R. M. 19). Die Arie „In queste amene piagge" ist in D-Hs, ND VI 1078/2, separat erhalten.

Die Rechnung des Kopisten Ginelli wurde also am 12. Februar 1707 bezahlt. Die Aufführung könnte demnach in einer ‚Accademia' kurz danach stattgefunden haben. Die erste Accademia des Jahres 1714 ist in den Archivdokumenten mit 14. Februar datiert. Wie bei jeder Accademia – bei Pamphilj heissen sie ab 1705 auch ‚conversazioni' – wurden den Gästen vornehme Erfrischungen und Naschereien gereicht, wovon die Akten auch Zeugnis ablegen:[9]

„Rinfresco fatto per l'accademia di *Sua Eccellenza Padrone* li 14 febraro 1707

Sorbetto di Biscottini e pignioli Bocali	n.° 4
Sorbetto di Portogallo Bocali	n.° 2
Biscottini di Savoia lb. 2	s. :40
Pignoli lb. 13	s. :13 ½
Amandole lb. 13	s. :10 ½
Portogalli n.° 16	s. :32
Limoni n.° 30	s. :24
Limoni Calabresi n.° 3	s. :07 ½
Pistacchi lb. 1 di Casa	---
Sal Nero di Casa lb. 12	---
Neve di Peso lb. 45	s. :67 ½
	---------------
	s. 1:95

Sig.r D. Gio. Palmegiani si compiacerà pagare a Martino Bonolo scudi uno baiocchi 95 quali sono per suo rimborso di altretanti spesi come sopra questo dì 30 Marzo 1707
Dico s. 1:95
Ascanio Bartoccini
Io Martino Bonolo o reciuto comme sopra"

[8] Vgl. Marx: *Händel in Rom* (wie Anm. 1), S. 108.

[9] I-Rdp, sc. 3, b. 9, n. 50. Im Februar sind keine anderen Accademie nachzuweisen, außer eine mit Musik von Cesarini am 18. Februar.

Abb. 1: Georg Friedrich Händel: *Il delirio amoroso*. Kopie von Angelini (Handschrift in D-Hs, M. A. 198; mit freundlicher Genehmigung der Staats- und Universitätsbibliothek von Hamburg „Carl von Ossietzky").

Abb. 2: Carlo Francesco Cesarini: *O dell'Adria Reina*, Text von Pamphilj, Beispiel der Notenschrift Alessandro Ginellis (I-Rc, Ms. 2248; mit freundlicher Genehmigung der Biblioteca Casanatense di Roma).

Wer die Kantate *Il delirio amoroso* anlässlich der Accademia im Februar 1707 gesungen hat, ist nicht belegt. Anhand einer Liste mit Musikern, die bei Pamphilj im Januar und Februar aufgetreten sind, kann jedoch angenommen werden, dass es sich um die Kastraten Pasqualino Tiepoli (Soprankastrat in der päpstlichen Kapelle), Girolamo Bigelli (ebenfalls Mitglied der päpstlichen Kapelle) oder Francesco Finaia gehandelt hat.[10]

*

In den folgenden Monaten erhielt Händel von Kardinal Pamphilj weitere Kompositionsaufträge. Es entstanden, basierend auf Texten von Pamphilj, das Oratorium *La Bellezza ravveduta nel trionfo del Tempo e del Disinganno* und die Kantaten *Hendel non può mia musa, Tra le fiamme tu scherzi per gioco* (*Il consiglio*) und *Sarei troppo felice*. Letztere (statt: Die Kantate *Sarei troppo felice*) ist in zwei ‚giustificazioni' des Prinzen Ruspoli erwähnt: am 22. September 1707 und am 9. August 1708, bzw. mit 1½ und 2½ folios in der Handschrift von Angelini.[11] Die Kantate *Hendel non può mia musa*, mit 2, bzw. 1 und 1 folios wurde am 9. August 1708, 31. August 1709 und 15. Mai 1711 kopiert.[12] Die erste Kopie wurde von Angelini angefertigt, die anderen beiden von Francesco Antonio Lanciani. Nach den Ausführungen von Ursula Kirkendale wurde die Kantate bei Ruspoli und nicht bei Pamphilj aufgeführt, obwohl der Kantatentext aus dessen Feder stammt. Pamphilj, der den Accademien im Hause Ruspoli oft beiwohnte, dürfte vermutlich auch dort anwesend gewesen sein, als Händels Kantate aufgeführt wurde. Die Handschrift in D-MÜs stammt zudem aus der Bibliothek Ruspolis.

Die Rechnung von Ginelli für das Kopieren des Oratoriums (14. Mai 1707) enthält eine Notiz über das *Delirio amoroso*: Es wird ein „originaletto dell' Delirio amoroso fogli 19" kopiert. Dabei handelt es sich um eine reduzierte Fassung des Originals und eine etwas erweiterte Fassung der „parte di concertino". Der Primgeiger konnte damit die Musiker dirigieren. Meistens enthielt das „originaletto" die Geigenstimmen, die Gesangsstimme und den Bass, ohne Rezitative. Marx behauptet, dass die Handschrift in Hamburg mit dem „originaletto" der Rechnung übereinstimmt, da es 19 „fogli" (das heißt vermutlich 76 Blätter) sind und da Angelini sie kopiert hat. Ich bezweifle dies jedoch, da der Kopist

---

10 Siehe die Liste bei Marx: *Die ‚Giustificazioni della casa Pamphilj'* (wie Anm. 7), Nr. 155.

11 Vgl. Ursula Kirkendale: *The Ruspoli Documents on Handel*, in: *Journal of American Society* 20, 1967, H. 2, S. 255, Dok. 5 u. 24.

12 Ebd., Dok. 24, 35 u. 36. Musikhandschriften in D-MÜs, Hs. 1898 (Autograph), f. 1–4 u. Hs. 1910, f. 189–192. Vgl. Kirkendale: *The Ruspoli Documents on Handel* (wie Anm. 11), S. 248.

nicht zweimal das Wort „originaletto“ verwendet hätte, um so die Art der Partition zu unterstreichen.[13] Hier die Rechnung im Wortlaut:

> „Adì 14 Maggio 1707
> Conto di Copie di Musica copiate da me sottoscritto per servitio dell'Em.^{o} Sig.^{r} Cardinale Panfilij per l'oratorio intitolato La Bellezza Raveduta nel trionfo del Tempo e dell' Disinganno messo in Musica dal Sig.^{r} Giorgio Federico Hendel; che in tutte le Parti fanno la somma di fogli 287 compresovi anche l'originaletto della Cantata intitolata Il Delirio Amoroso che in tutto fanno la sudetta somma cioè
>
> | | |
> |---|---|
> | Per l'originaletto dell' Delirio amoroso | fogli 19 |
> | Per l'originale dell' sudetto Oratorio P.^{a} 2.^{a} Parte | fogli 89 |
> | Per le 4 Parti che cantano | fogli 51 |
> | Per il Concertino P.^{a} 2.^{a} Parte | fogli 21 |
> | Per 3 P*rimi* 3 2.^{i} Violini del Concerto Grosso | fogli 43 |
> | Per 2 Viole | fogli 16 |
> | Per 4 Bassi di Concerto Grosso | fogli 40 |
> | Per 2 Oboe | fogli 08 |
> | | ------ |
> | In tutto fogli | 28:70 |
>
> Io Antonio Giuseppe Angelini Copista sudetto
> Io Georgio Friderico Hendel ho revisto sudette foglie che fanno n. 287.“[14]

Für seine Kompositionsarbeit – vermutlich das Oratorium – erhielt Händel am 6. Juli die Summe von 84 scudi ausbezahlt.[15] Dies entspricht durchaus dem üblichen Honorar für ein Werk dieses Umfangs. Alessandro Scarlatti wurde z. B. für sein Oratorium *S. Maria Maddalena dei Pazzi* (1705) mit 105 scudi entlohnt.[16] Carlo Francesco Cesarini erhielt im selben Jahr für dasselbe Oratorium ebenfalls 105 scudi[17] sowie 100 scudi für das neue Oratorium *Il trionfo del Tempo*, das er im Jahre 1725 vertont hat.[18] Für seine Weihnachtskantate *Fede consolata* wurden Flavio Lanciani 1689 50 scudi bezahlt.[19]

---

[13] Vgl. Marx: *Händel in Rom* (wie Anm. 1), S. 109. Über die Definition von „originaletto“ und „parte di concertino“, vgl. Alexandra Nigito: *„… in numero di centocinquanta“. The Orchestra in the Age of Corelli*, in: Agnese Pavanello (Hg.): *Corelli als Modell. Studien zum 300. Todestag von Arcangelo Corelli (1653–1713)*, Winterthur: Amadeus 2015 (= Basler Jahrbuch für Historische Musikpraxis 37), S. 137–177, siehe besonders S. 150, 157 u. 177.

[14] I-Rdp, sc. 3, b. 9, n. 83. Vgl. Marx: *Die ‚Giustificazioni della casa Pamphilj‘* (wie Anm. 7), Nr. 161.

[15] Vgl. ebd., Nr. 164.

[16] Vgl. ebd., Nr. 111.

[17] Vgl. ebd., Nr. 119.

[18] Vgl. Alexandra Nigito: *Alla corte dei Pamphilj: la musica a Roma tra Sei- e Settecento*, Dissertation, Universität Zürich 2008, S. 100–105.

[19] Vgl. Hans Joachim Marx: *Die Musik am Hofe Pietro Kardinal Ottobonis unter Arcangelo Corelli*, in: Friedrich Lippmann (Hg.): *Studien zur italienisch-deutschen Musikgeschichte V*, Köln: Böhlau 1968 (= Analecta Musicologica 5), S. 104–177, hier S. 123.

Welchem Realwert entsprachen diese Honorarsummen nun im Jahre 1707? Im Archivio Doria Pamphilj sind die damaligen Preise verschiedener Nahrungsmittel dokumentiert: Für einen scudo erhielt man z. B. 100 Zitronen, 80 frische Eier, 60 Brote, vier Austern oder drei Hühner. Der Monatslohn angestellter Musiker wie Arcangelo Corelli, Bernardo Pasquini oder Carlo Francesco Cesarini betrug 10 bis 12 scudi. Ein Sänger wie Marcantonio Pasqualini bekam sogar bei Ottoboni 25 scudi im Monat. Für Proben und Konzerte wurde ein gewöhnlicher Instrumentalist mit etwa 1½ scudi entlohnt; wenn er berühmt war, dann konnten es etwa 3 scudi sein. Um für ihren Lebensunterhalt Zusatzeinkommen zu generieren, erledigten einfache Musiker auch Kopistenarbeit. Viele betätigten sich aber auch in branchenfernen Berufen, sie arbeiteten etwa als Barbier, Maler oder Konditor.[20]

Als Händel in Rom eintraf, waren die goldenen Zeiten des späten 17. Jahrhunderts jedoch vorbei. Die politische und finanzielle Lage der Stadt war derart prekär geworden, dass viele Musiker sich nicht lange in Rom aufhielten. Dies betraf z. B. auch die Komponisten Giovanni Bononcini, Antonio Caldara, Francesco Gasparini, Luigi Mancia, Nicola Francesco Haym und Nicola Cosimi.[21] In einem Bericht um 1707 wurde dies ausdrücklich vermerkt: „La musica è andata a terra, e li poveri musici non s'hanno molto come si fare a vivere con le loro fameglie".[22] Auch Alessandro Scarlatti schrieb 1705 an Ferdinando de' Medici, dass „Roma non ha tetto per accoglier la Musica, che ci vive mendica".[23] Patrizio Barbieri erwähnt unter Bezug auf Quellen im Staatsarchiv in Rom, dass im Jahr 1708 wegen des Spanischen Erbfolgekrieges eine Sondersteuer erhoben worden sei. Alle Tätigkeiten wurden dafür proportional besteuert. Die Congregazione di Santa Cecilia ersuchte damals, nicht mehr als 5 % bezahlen zu müssen, da viele ihrer rund 300 Mitglieder arm seien und von

---

20 Vgl. Patrizio Barbieri: *An assessment of musicians and instrument-makers in Rome during Handel's stay: the 1708 Grand Taxation*, in: *Early Music* 37, 2009, H. 4, S. 597–620, hier S. 604 u. 606.

21 Siehe Reinhard Strohm: *Händel in Italia. Nuovi contributi*, in: *Rivista Italiana di Musicologia* 9, 1974, S. 152–174; Lowell Lindgren: *Nicola Cosimi in London, 1701–1705*, in: *Studi Musicali* 11, 1982, S. 229–248; ders.: *The Accomplishments of the Learned and Ingenious Nicola Francesco Haym (1678–1729)*, in: *Studi Musicali* 16, 1987, S. 247–380. Siehe auch Reinhard Strohm: *Italian Operisti North of the Alps, ca. 1700–ca. 1750*, in: ders. (Hg.): *The Eighteenth-Century Diaspora of Italian Music and Musicians*, Turnhout: Brepols 2001 (= Speculum musicae 8), S. 1–59.

22 „Die Musik ist am Boden, und die armen Musiker mit ihren Familien wissen nicht, wie sie leben sollen". Vgl. Francesco Della Seta: *Le nozze del Tebro coll'Adria. Musicisti e pubblico tra Roma e Venezia*, in: Giovanni Morelli (Hg.): *L'invenzione del gusto. Corelli e Vivaldi*, Mailand: Ricordi 1982, S. 142–149, hier S. 145.

23 „Rom hat kein Dach für die Musik, die dort betteln muss". Vgl. Scarlattis Brief vom 30. Mai 1705, in: Mario Fabbri: *Alessandro Scarlatti e il Principe Ferdinando de' Medici*, Florenz: Olschki 1961 (= „Historiae Musicae Cultores" Biblioteca 16), S. 58.

Almosen lebten. Tatsächlich waren die meisten Musiker jener Zeit auf Nebeneinnahmen (‚incerti') angewiesen, die für den Lebensunterhalt jedoch nicht mehr ausreichten. Da kaum noch Opern aufgeführt oder öffentliche Feste gefeiert wurden, entfielen ihnen nämlich die einst hohen Einnahmen, die ihnen solche Anlässe früher beschert hatten. Die Löhne von Musikern, die in Kirchen eine feste Anstellung fanden, waren sehr niedrig und wurden von der Kirche zudem selbst besteuert.[24] Betrachtet man die Steuern, die im Jahr 1708 von den verschiedenen ‚Arti' bezahlt wurden, stehen die Apotheker (‚speziali') an erster Stelle mit 2.810 scudi, gefolgt von den Gastwirten mit 2.216 scudi und den Händlern mit 1.519,30 scudi, während die Musiker an achter Stelle zu finden sind mit 1.159,40 scudi. Dennoch gab es, wie zu allen Zeiten, auch Musiker, denen es deutlich besser ging. Dies war z. B. der Fall beim Kapellmeister Ottavio Pitoni, der 16 scudi (und zwei als Organist) für die Steuern bezahlte, im Vergleich dazu bezahlten Carlo Francesco Cesarini 8 scudi (und einen als Organist) und Giovanni Carlo Amaltei 0,50 scudi.[25] Von Musikern wie Arcangelo Corelli oder Bernardo Pasquini ist bekannt, dass sie sogar über kostbare Gemäldesammlungen verfügten.[26]

Wie war nun die Situation bei Kardinal Pamphilj nach der Abfahrt Händels von Rom? Auf der Gehaltsliste des Kardinals sind im Jahre 1688 insgesamt elf angestellte Musiker und Instrumentenbauer aufgeführt. Corelli und Fornari sind jedoch ab Mai 1690 nicht mehr vermerkt. Dafür erscheint im Juli des gleichen Jahres ein neuer Eintrag: Es handelt sich um den Hofmusiker Carlo Francesco Cesarini, der von da an vierzig Jahre im Dienst von Pamphilj sein würde. Ab den neunziger Jahren, nach Pamphiljs Zeit als Legat des Heiligen Stuhles in Bologna (1690–1693), enthält das Lohnbuch nur noch die Namen von Cesarini und Astesani. 1703 erscheint auf der Gehaltsliste der Tenor Vittorio Chiccheri und ab 1706 der Lautenspieler Cinzio Rotondi. Während Händels Aufenthalt in Rom waren im Hause Pamphilj noch weitere Musiker beschäftigt. Im September 1709 sieht die Situation wie folgt aus:[27]

„Rollo Straordinario della Famiglia dell'Em*inentissimo* Sr Card.^{l} D. Benedetto Panfilij per il mese di Sett*emb*re 1709

D. Antonio Ugolini Segretario d'Ambasciate	s. 2
Ascanio Bartoccini Scalco, e M*ast*ro di Casa	s. 4:50

24 Vgl. Barbieri: *An assessment* (wie Anm. 17), S. 598.

25 Vgl. ebd., S. 604.

26 Vgl. Francesco Luisi: *Nuovi accertamenti sui quadri e sui violini di Corelli. Storie di collezionismo al tempo di Clemente XI*, in: *Recercare* 21, 2009, H. 1 f., S. 177–227; Patrizio Barbieri: *Ravenscroft and Pasquini. The Art Collections and Instruments of Two Musicians in Late-Baroque Rome*, in: *Music in Art* 36, 2011, S. 257–274.

27 I-Rdp, sc. 49, b. 26, n. 253.

Carlo Nunzio Lulier s. 1:66 2/3 gli si danno nel modo consaputo a S. E. P. s. 1:66 2/3
Carlo Cesarini n*ost*ro Virtuoso famigliare per ricognit*io*ne, et intiera sodisfat*io*ne di d*ett*o mese s. 10:50
Vittorio Chiccheri Musico s. 10
Antonio Montanari Sonator di Violino s. 5
Cintio Rotondi Sonator d'Arcileuto s. 5
Angelo M*ari*a Bononcino Sonator di Violino s. 5
Filippo Penna Sonator di Violino s. 5
Stefano Penna Sonator di Violone s. 5 […]"

Cesarini, Chiccheri und Angelo Maria Bononcini blieben für lange Zeit am Hofe des Kardinals: Bononcini bis April 1717 und die anderen beiden Musiker sogar bis zum Tode Pamphiljs. Ab 1710 reduziert sich die Liste wiederum auf drei Musiker:[28]

„Rollo straordinario della famiglia dell'Eminentissimo, e Reverendissimo Sig.r Card.l D. Benedetto Pamphilij per il Mese di Genn*a*ro 1713 […]
Vittorio Chiccheri Musico s. 10
Antonio Montanari Sonator di Violino s. 5
Angelo Maria Bononcino come *sopr*a s. 5 […]"

Cesarinis Honorar verschwindet oft aus den Gehaltsbüchern und taucht andernorts wieder auf, wie aus folgenden zwei Dokumenten ersichtlich ist:[29]

„Entrata, et Uscita *gior*nale dell'Em*inentissim*o Sig.re Card.l D. Bendetto Panfilij P*ad*rone […]
Conto Corrente […]
S.r Carlo Cesarini per sua provisione e piggione di Casa di tutto l'anno cadente 1702 in q. 76 s. 145:02 […]"

„Spese fatte, e denari pagati per servizio di S. E. P. in tutto il mese di Ottobre 1727 […]
Dati al S.r Angelo Bononcini scudi cinque s. 5 […]
Dato al S.r Carlo Cesarini per ordine di S. E. P. dieci Piastre s. 10:50 […]"

Interessant ist eine Notiz von 1710. Sie dokumentiert, wie sehr Pamphilj der Musik zeitlebens zugetan war:[30]

„Spese fatte per servitio di Guar*daro*ba nel mese d'Agosto [1710]
Dato ad un Virtuoso d'Arcileuto Brandeburghese, che sonò una sera nell'accademia di S. E. P. per regalo s. 1:50

[28] I-Rdp, sc. 49, b. 28, n. 1.
[29] I-Rdp, sc. 49, b. 24 und sc. 4, b. 8, n. 113.
[30] I-Rdp, sc. 3, b. 12, n. 132.

[…] Dato al Sig.[r] Checchino Musico scudi quindici per esser venuto cinque volte a cantare la sera di venerdì all'accademia di S. E.P s. 15
[…] Dato al Sig.[re] Vittorio Chiccheri per sua ricognitione del detto mese s. 12 […]"

Neben den ‚habitués' taucht in der Notiz ein Brandenburgischer Lautenist auf. Pamphiljs unermüdliches musikalisches Interesse war international ausgerichtet. So war er schon auf Händel gestoßen, und so fand er wohl auch den berühmten Lautenisten Silvius Leopold Weiß, der in Rom zwischen 1708 (oder 1710) und 1714 Prinz Alexander Sobiesky diente, dem Sohn der Königin Casimira von Polen.[31] Bevor er Rom verließ, hat Silvius Leopold Weiß den Kardinal mit seinen Lautenklängen nochmals erfreut, wie eine Notiz vom 3. Juli 1714 belegt:[32]

„[…] Adì d*ett*o dato al Virtuoso della Reggina, che sona il Liuto s. 1:65 […]"

Auch Corelli, der dem Kardinal einige Jahre diente, erscheint später in den giustificazioni Pamphiljs:[33]

„1710. Spese fatte per servitio di Guard*aro*ba del mese di 9bre
[…] Dato al Sig.[re] Arcangelo Corelli del Violino per ordine di S. E. P. per le mani del Sig.[re] D. Gio*vanni* Bapt*ist*a Filippani s. 10 […]"

Zwei weitere Rechnungen von Alessandro Ginelli erscheinen ebenfalls bemerkenswert: Sie zeigen nämlich, dass und wie der Kardinal auch viele Jahre nach Händels Abreise aus Rom die Erinnerung an den Komponisten bewahrt hat. Die Rechnung des Kopisten mit den eingefügten Seiten in den Stimmen lässt auf eine Aufführung schließen:[34]

„Adì 15 Luglio 1715
Conto di copie di Musica copiate da me sottoscritto per servitio dell'Em*inentissim*o Sr Cardinal Pamfilio
Per un Aria con sua Sinfonia che dice In queste amene &c. del Sr Hendel d*ett*o il Sassone fogli 2 f. 02"

---

[31] Über den römischen Aufenthalt von Weiß siehe Jerzy Żak: *The Sobieskis in Silesia and in Rome. Weiss's First Royal Patrons*, in: *Journal of the Lute Society of America* 33, 2000, S. 1–12; Francesca Vacca: *Weiss In Rome (1712–1713). First Archival Findings*, in: *Journal of the Lute Society of America* 33, 2000, S. 13–31.

[32] I-Rdp, sc. 3, b. 16, n. 98, f. 579.

[33] I-Rdp, sc. 3, b. 12, n. 185.

[34] I-Rdp, sc. 3, b. 17, n. 113 und sc. 3, b. 19, n. 95. Die Arie „In queste amene piagge" stammt aus dem *Delirio amoroso* und ist sehr wahrscheinlich die Kopie in D-Hs, ND VI 1078/2.

„Adì 22 Giug*no* 1717
Conto di Copie di Musica
[…] E più nella Cantata intitolata il Delirio Amoroso
fatto in d*ett*a Cantata diverse Carte tanto per la parte, Originale, e Concertino, e Violini in tutto f. 02 ½ […]"

Die giustificazioni berichten noch weiter von Cembali und Gitarren, die revidiert, von Musikern, die zu den Akademien eingeladen, von Musikkopien, die hergestellt wurden. Und das bis kurz vor dem Tode Pamphiljs. Die letzte giustificazione zeigt noch sein Interesse an der Oper und an der neuen Art von Musik, die dort aufgeführt wurde. So ließ er Kopien modischer Arien anfertigen. Vielleicht hörte der Kardinal diese neue Form des Gesangs noch in seinem eigenen Hause:[35]

„Lista de Bollettini pagati in tutto il mese di Febraro 1730
Adì 22 febraro pagati scudo uno b. 60 m*one*ta al Sig.r Alessandro de Rossi Copista di Musica per avere copiato per servizio di S. E. P. sette Ariette della Prima Opera del Teatro di Capranica in tutto fogli num*ero* sedici alla raggione di b*aiocchi* 10 per foglio importano s*cu*di uno b. 60 come per Bollettino, e ric*evu*ta qui annessa s. 1:60
Adì 23 d*ett*o pagato s*cu*di due b. 40 m*one*ta al S.r Ferdinando Ricci Copista di Musica per avere copiato per servizio di S. E. P. sette Ariette della Prima Opera del Teatro delle Dame detto D'Alibert come per conto, e ric*evu*ta c*ome* s*opr*a s. 2:40 […]"

[35] I-Rdp, sc. 4, b. 12, n. 94/8. Es handelt sich um Arien aus dem *Mitridate* von Porpora und aus *Alessandro nell'Indie* von Vinci.

Die Händel-Porträts des Gothaer Hofmalers Georg Andreas Wolffgang d. J. (1703–1745)

Hans Joachim Marx (Hamburg)

In Memoriam
Uxoris Carissimae
Magda Marx

Von Händels äußerer Erscheinung sind mehr Bildnisse erhalten als von jedem anderen Komponisten des 18. Jahrhunderts. Oft von ihm selbst in Auftrag gegeben, haben die (meist renommierten) Maler und Bildhauer sein Konterfei in großformatigen Öl-Bildern, in marmornen Denkmälern oder auch nur in feinziselierten Porträt-Miniaturen der Nachwelt überliefert. Die Anzahl der authentischen Bilder ist relativ groß, die der nicht-authentischen geradezu unüberschaubar. Umso erfreulicher ist es, dass jüngst eine um 1737 in London ‚ad vivum', nach dem Leben gemalte Porträt-Miniatur wieder zum Vorschein kam, die Händel mit einer Notenrolle in der Hand als Standessymbol eines erfolgreichen Komponisten zeigt. Die bisher als verschollen geglaubte Miniatur befindet sich in der Musikbibliothek der Leipziger Städtischen Bibliotheken (ehemals Musikbibliothek Peters).[1] Das Porträt ist eine Arbeit von Georg Andreas Wolffgang d. J., eines kaum bekannten Malers aus dem Schwäbischen, der es – wie zu zeigen sein wird – dank der Empfehlung des englischen Königshauses in späteren Jahren zum Hofmaler im thüringischen Gotha gebracht hat. Da über das Leben und über die Werke von Wolffgang d. J. sowohl in der musik- als auch in der kunstgeschichtlichen Forschungsliteratur kaum etwas bekannt geworden ist, möge zunächst anhand einiger spärlicher Quellen auf seinen Lebensweg hingewiesen werden.

Georg Andreas Wolffgang[2] d. J. war der Spross einer bis ins frühe 17. Jahrhundert zurückgehenden, aus Chemnitz stammenden „Wolfgangischen Künstler-Familie", die sich in Augsburg niedergelassen hatte. Einer 1779 erschienenen *Kunst-, Gewerb- und Handwerks-Geschichte der Reichs-Stadt Augsburg*

---

[1] Das Porträt gehörte seit 1896 der Firma Peters in Leipzig. Bis 1990 als Volkseigentum im Besitz der Stadt Leipzig wurde die Firma (und mit ihr die Musikbibliothek) zunächst restituiert und an die Nachkommen des im KZ Auschwitz ermordeten Firmeninhabers Dr. h. c. Henri Hinrichsen (1868–1942) formal zurückgegeben. 1993 wurden die Bestände der Musikbibliothek als Dauerleihgabe der Stadt Leipzig überlassen, 2015 gelangten sie nach langen Verhandlungen mit den rechtmäßigen Besitzern endgültig in den Besitz von Leipzig. – Für briefliche Auskunft sei der Leiterin der Musikbibliothek, Frau Brigitte Geyer, vielmals gedankt.

[2] In verschiedenen Quellen wird der Familienname auch nur mit ‚Wolfgang' angegeben.

zufolge gehörte die Familie „unter diejenigen, die uns Ehre machen".[3] Sein Großvater Georg Andreas Wolffgang d. Ä. (1631–1716), mit dem er öfters verwechselt wird, hatte nach einer Goldschmiedelehre die Kunst des Kupferstechens gelernt, die er an seine Söhne weitergab.[4] Einer der Söhne, Johann Georg Wolffgang (1662–1744), ließ sich nach Studien-Jahren in Holland und England in Augsburg nieder, wo sein Sohn Georg Andreas Wolffgang d. J., der Maler des Händel-Porträts, 1703 zur Welt kam. Im Jahr darauf wurde Johann Georg Wolffgang als „Königlich-preußischer Hofkupferstecher" nach Berlin berufen. Hier ging Georg Andreas d. J. zunächst bei seinem Schwager Johann Harper[5] (1688–1746), dem preußischen „Hofkabinettmaler", in die Lehre. (Von ihm stammen die Deckengemälde in Sanssouci.) Bei ihm erlernte er auch die Kunst des Miniaturmalens, für die Harper berühmt war. 1727 reiste Georg Andreas d. J. zu Studienzwecken nach Florenz, später nach Rom. Dem Gothaer Bestallungsschreiben als Hofmaler zufolge blieb er „viele Jahre in fremden Landen alß England, Italien und Frankreich".[6] Um 1733 malte er, vermutlich am Hof in Braunschweig, Herzog Ludwig Rudolf von Braunschweig-Wolfenbüttel, einen Vetter des verstorbenen englischen Königs Georg I., und die Gemahlin des Herzogs, Christine Luise.[7] Vom Herzog an den englischen Hof empfohlen, hielt sich Georg Andreas Wolffgang d. J. um 1737, vielleicht auch schon früher, einige Zeit in London auf, wo er Händel kennenlernte. Auf Empfehlung von Prinzessin Augusta (1719–1772), der kunstsinnigen Gemahlin des Prince of Wales, an ihren Bruder Herzog Friedrich III. von Sachsen-Gotha-Altenburg (1699–1772) kam der inzwischen in Adelskreisen geschätzte Maler Ende der 1730er Jahre an den Hof im thüringischen Gotha. Hier wurde er am 24. März 1742 zum „Hoff- und Cabinet-Mahler" ernannt.[8] Der Herzog gewährte ihm

---

[3] Die von Paul von Stetten (1731–1808) verfasste Kunst-Chronik *Kunst- Gewerb- und Handwerks-Geschichte der Reichs-Stadt Augsburg* ist in zwei Bänden (1779 u. 1788) bei „Conr. Heinr. Stage" in Augsburg erschienen.

[4] Zur Familiengeschichte vgl. ebd., Bd. 1, S. 389–392.

[5] Vgl. Hans Vollmer (Hg.): *Allgemeines Lexikon der Bildenden Künstler der Antike bis zur Gegenwart*, begründet von Ulrich Thieme u. Felix Becke, Bd. 36, Leipzig: E. A. Seemann-Verlag 1947, S. 221.

[6] Vgl. hierzu auch den kurzen biographischen Abriss über Georg Andreas Wolffgang d. J. in dem 1767 in Augsburg gedruckten Bericht *Reisen und wunderbare Schicksale zweyer in die Algierische Leibeigenschaft gerathenen Brüder Andreas Matthäus und Johann Georg Wolffgang, Kupferstecher in Augsburg, ihrer Seltenheit wegen dem Drucke überlassen, von dem Sohne eines derselben*, S. 41. Eine Photokopie des Druckes verdanke ich meinem Hamburger Kollegen Martin Warnke.

[7] Vgl. unten in der Werkliste Nummern 5 u. 6.

[8] Datum nach dem Bestallungsschreiben von Wolffgang im Thüringischen Staatsarchiv Gotha, Geheimes Archiv UU IV/h Nr. 58. Für Auskünfte danke ich der Gothaer Archivamtsrätin, Rosemarie Barthel, vielmals.

ein Gehalt in Höhe von 200 Talern sowie Naturalien (Korn, Gerste und Holzdeputate). Zu seinen Aufgaben zählten die Anfertigung von Porträts (Brustbilder, Kniestücke und Kopien) sowie Reparaturen älterer Gemälde. Drei Jahre später, vermutlich schon im Januar 1745, ist er „noch unverheurathe(t), zu grosser Betrübnuß seines Vatters“ im Alter von zweiundvierzig Jahren in Gotha gestorben. „Er hinterlies“, wie es in dem erwähnten Reisebericht von 1767 heißt, „auch hier seinen Kunst-Ruhm, da verschiedene Familien-Stück(e) und Portraits, in seiner ansehnlichen Freundschaft, noch zu sehen seyn“.[9] In der Kunst-Chronik von 1779 wird er als „ein sehr guter Porträtmaler“ bezeichnet[10], ohne auf seine Porträt-Kunst näher einzugehen.

Auch die neuere Kunstgeschichte hat sich des Werkes von Georg Andreas Wolffgang d. J. nicht angenommen. Um sein wiederaufgetauchtes Händel-Porträt – einschließlich seiner bekannten Händel-Miniatur in der Sammlung des englischen Königshauses – in den Kontext der überlieferten bzw. nachgewiesenen Bilder des Künstlers einordnen zu können, sei zunächst eine Zusammenstellung seiner bisher bekannt gewordenen Porträts gegeben:

(1) Pfarrer Gottfried Lomer in Augsburg, Porträt-Stich, signiert: „Georg Andreas Wolfgang pinxit / I[ohann] S[imon] Negges sculp[sit].“ (erhalten in: Herzog August Bibliothek, Wolfenbüttel, I 8143).[11]

(2) Friedrich II., König von Preußen, auf einem Pferd sitzend, Porträt von Georg Andreas Wolffgang d. J., Stich von Thomas Burford (Stich von 1756 erhalten in: Cambridge, Fitzwilliam Museum, P.75–1947).[12]

(3) Erzherzogin Maria Theresia von Österreich, Porträt-Miniatur, Tempera auf Elfenbein, signiert: „Giorgio Andrea Wolffgang / Firenze 1727“ (Abbildung im Katalog des Auktions-Hauses Grisebach, Berlin, 29.11.2012, verkauft für über 50.000 US$ an einen Privatsammler).[13]

---

[9] Zit. nach dem Bericht *Reisen und wunderbare Schicksale* (wie Anm. 6), S. 41.

[10] Von Stetten: *Kunst-Gewerb- und Handwerks-Geschichte der Reichs-Stadt Augsburg* (wie Anm. 3), Bd. 1, S. 333.

[11] Die zweizeilige Legende lautet: „M[agister] GOTFRIED [sic] LOMER. / Pfarrer und Senior bey den Barfüssern, in Augsp. Ao. 1717“, unten links: „Georg Andreas Wolfgang [d. J.] pinxit“, unten rechts: „I[ohann] S[imon] Negges sculp[sit].“ Ergänzungen auf der Website der Wolfenbütteler Bibliothek: http://portraits.hab.de/werk/13267 (Zugriff am 11.1.2017). Das Porträt stammt wahrscheinlich von Georg Andreas Wolffgang d. Ä. Dessen Sohn Johann Georg Wolffgang war mit einer Tochter von Gottfried Lomer, Maria Barbara, verheiratet.

[12] Autorschaft von Georg Andreas Wolffgang d. J. ist fraglich.

[13] Die Miniatur wurde bereits am 25./26. November 1913 von Fr. Muller & Co in Amsterdam unter der Losnummer 424 versteigert. Vgl. Vollmer (Hg.): *Allgemeines Lexikon der Bildenden Künstler* (wie Anm. 5), S. 221.

(4) Francesco Maria Niccolò Gaburri fiorentino (Mathematiker), Porträt, signiert auf der Rückwand: „da Giorgio Andrea / Wolfgang nativo di / Augusta ma abitante in / Berlino fatto in Firenzé / nel suo ritorno da Ro/ ma il mese di Xbre 1727" (Paris, Salon du Dessin [Bob Haboldt], 2008).[14]
(5) Ludwig Rudolf [1671–1735], Herzog von Braunschweig-Wolfenbüttel, Porträt-Miniatur, signiert: „1733 G A Wolffgang" (London, The Royal Collection Trust, RCIN 420668).
(6) Christine Luise [1671–1747], Herzogin von Braunschweig-Wolfenbüttel, Porträt-Miniatur, signiert: „Wolffgang / 1733" (London, The Royal Collection Trust, RCIN 420669).
(7) Friedrich II., König von Preußen, nach Antoine Pesne (1683–1757), Stich von Georg Andreas Wolffgang d. J. (London, The Royal Collection Trust, RCIN 607660).[15]
(8) Georg Friedrich Händel, Sepia-Miniatur, signiert auf einem beiliegendem Holzplättchen: „Georg Frideric Hendel [sic]. G. A. Wolffgang Pinx[it]. London 1737" (Leipzig, Städtische Bibliotheken – Musikbibliothek Peters, Gem. 4).
(9) Georg Friedrich Händel, farbige Aquarell-Miniatur, signiert: „GA / W", um 1737 in London gemalt (London, The Royal Collection Trust, RCIN 420815).
(10) Kniestück eines Fürsten mit Falkenorden, Kommandostab und Brustharnisch, signiert; „G. A. Wolffgang pinx[it]. 1743" (verschollen, 1943 im Weimarer Schloss als Privatbesitz des Großherzoglichen Hauses, früher im Stadtschloss Eisenach).[16]

Außerdem sind einige mit „GAW" signierte Stiche nach Vorlagen des Augsburger Malers Johann Heinrich Schönefeld (1609–1684) überliefert, etwa *Opfer an Diana*, *Krieger neben einer Kanone*, *Vogeljäger mit Hunden* und *Hirtenidyll mit Hunden*, deren Zuweisung an den jüngeren Georg Andreas Wolffgang freilich unwahrscheinlich ist.[17] Eher wird es sich um Arbeiten von Georg Andreas Wolffgang d. Ä. handeln.

---

14 Siehe auch: Auktions-Katalog Paris Fontainebleau, Osenat, 21 Oktober 2007, Nr. 2, S. 39.

15 Dem Verkaufskatalog der Sammlung Dunkeld Berlin nach (anlässlich des 300. Geburtstags von Friedrich dem Großen, 1712–2012) soll der mit 1741 datierte Stich nach dem Gemälde von Pesne nicht von Georg Andreas Wolffgang d. J. stammen, sondern von dessen Vater Johann Georg Wolffgang.

16 Zit. nach Vollmer (Hg.): *Allgemeines Lexikon der Bildenden Künstler* (wie Anm. 5), S. 221.

17 Auf die genannten Stiche machte mich Dr. Stefan Körnern vom Auktionshaus Villa Grisebach in Berlin freundlicherweise aufmerksam. Die Stiche besitzt die Staatsgalerie Stuttgart.

Im schmalen Œuvre von Wolffgang d. J., soweit es bisher bekannt geworden ist, nehmen die Porträt-Miniaturen Händels eine besondere Stellung ein: Die Leipziger Miniatur fand durch einen Stich Verbreitung, die Londoner hingegen weist durch eine großformatige, in Öl gemalte Replik darauf hin, dass die Porträt-Kunst des jungen Wolffgang auch im Umkreis des englischen Königshofes Beachtung fand. Im folgenden werde ich die einzelnen Porträts kurz vorstellen und auf ihre Authentizität und ihre Überlieferung eingehen. Am Schluss werde ich ein in Stockholm überliefertes Porträt etwas näher betrachten, das nach herkömmlicher Ansicht Händel darstellen und von Georg Andreas Wolffgang d. J. gemalt worden sein soll. Dass nicht nur Bücher, sondern auch Bilder ihr Schicksal haben, wird auch an dem Stockholmer ‚Händel-Bild' zu zeigen sein.

I. Die Sepia-Miniatur in Leipzig

Das kleinformatige Porträt Händels gehört seit dem Ende des 19. Jahrhunderts zu den Preziosen der Musikbibliothek Peters in Leipzig.[18] Es ist eine mit Schwarzstift (aus einem Graphitblock geschnittenem Bleistift) und Sepia (mit grau-schwarzer Tusche) auf Pergament gemalte Zeichnung mit den Außenmaßen 14,5 × 12,5 cm (siehe Abbildung 1).[19] Die Miniatur ist von einem ovalen, goldfarbig gemalten Rahmen umgeben, der die Vermutung zulässt, dass die Miniatur ursprünglich als Vorlage für ein gerahmtes Bild gedacht war, zu deren Ausführung es aber nicht kam. Nach Emil Vogel, der 1896 das Bild zum ersten Male beschrieben und abgebildet hat, hat sich hinter der Zeichnung ein „Holz-blättchen" befunden, auf dem „in alter Schrift" stand: „Georg Frideric Hendel. G. A. Wolffgang Pinx. London 1737".[20] Nach Auskunft der Leiterin der Musikbibliothek Peters in Leipzig, Frau Brigitte Geyer, steht heute auf der Rückseite der Zeichnung nur: „Sepiazeichnung (Brustbild, oval) nach dem Leben ausgeführt von G. A. Wolfgang, London 1737" mit dem Zusatz: „Das Bild wurde vom Porträtmaler Johann Heinrich Schröder (1757–1821)[21] von Eng-

---

18 Leipzig, Städtische Bibliotheken – Musikbibliothek Peters, Gem. 4.

19 Trotz der intensiven Recherchen von Wiliam C. Smith (*Some Handel Portraits reconsidered*, in: ders. (Hg.): *Concerning Handel. His Life and Works*, London 1948, S. 111–142, hier S. 132 f.) galt die Miniatur bisher als verschollen. Vgl. auch John Kerslake: *Early Georgian Portraits*, Bd. 1: *Text*, London: National Portrait Gallery 1977, S. 130 u. Edwin Werner: *Georg Friedrich Händel in bildlichen Darstellungen*, in: *Händel-Jahrbuch* 54, 2008, S. 379–415, hier S. 384 ff.

20 Siehe Emil Vogel: *Händel-Portraits*, in: *Jahrbuch Peters* 3, 1896, S. 21–32, hier S. 23 f.

21 Johann Heinrich Schröder war 1792–93 in London. Offensichtlich befand er sich im Gefolge der preußischen Prinzessin Frederica Charlotte, die 1791 den englischen Prinzen Frederick Augustus, den 2. Sohn von König Georg III., heiratete.

Abb. 1: Georg Andreas Wolffgang d. J.: *Georg Friedrich Händel.* Porträt-Miniatur, Sepia auf Pergament (1737; Leipzig, Städtische Bibliotheken – Musikbibliothek Peters).

land nach Deutschland gebracht und 1886 von einem der Verwandten Schröders an den Forstdirektor Dreysigacker in Meiningen verkauft. Von Letzterem erwarb es 1896 die Firma Peters". Offensichtlich wurden die Beschreibung des Bildes und der Hinweis auf dessen Herkunft unmittelbar nach dem Kauf durch die Firma Peters abgefasst, während der von Emil Vogel mitgeteilte Text sich wörtlich auf die Autorenangabe bezieht, die dem Stich beigegeben ist.[22]

Für die Sepia-Miniatur scheint Händel dem jungen Maler Modell gesessen zu haben. Als Wolffgang d. J. um 1736 nach London kam (das genaue Datum ist nicht bekannt), wird er Händel im Umkreis des Prince of Wales kennengelernt haben, zu dem auch der aus Berlin stammende Philip Mercier als Hofmaler gehörte. Von Mercier ist uns das eindrucksvolle Porträt Händels überliefert, wie er in seiner Alltagskleidung, sitzend an ein Cembalo gelehnt, komponiert.

[22] Vgl. hierzu die weiter unten gegebene Beschreibung des Stiches aus der Werkstatt von Johann Georg Wolffgang.

Im Gegensatz zu diesem eher intimen Porträt der Komponierwerkstatt Händels hat die Leipziger Sepia-Zeichnung einen ausgesprochen offiziellen Charakter: Der selbstgewisse, auf den Betrachter gerichtete Blick, die gestraffte Körperhaltung und die kostbare Kleidung sprechen dafür, dass Händel wünschte, mit dem ‚portrait en miniature' gleichsam seine Visitenkarte abzugeben. Die in den 1730er Jahren schon aus der Mode gekommene ‚Allonge-Perücke', ein grau gepudertes Haarteil (‚perruque'), dessen Locken vom Mittelscheitel bis zu den Schultern reicht,[23] lässt überdies seine sozial gehobene Stellung erkennen. Mit einer Notenrolle in der linken Hand, wahrscheinlich eine Idee des Malers, wird das Porträt dem selbstbewussten Komponisten aber kaum gefallen haben. Erinnerte es ihn doch zu sehr an die Bildnisse, wie sie von deutschen Kantoren gemalt wurden. Das Zunftartige, auf das noch Elias Gottlob Haußmann 1746 in seinem Porträt Johann Sebastian Bachs mit dem gemalten Notenblatt und dem „canon triplex" anspielt,[24] wird den weltgewandten, sich seiner Kunst bewussten Händel kaum überzeugt haben. Nur so lässt es sich erklären, dass Wolffgang ein zweites Porträt von Händel malte, in das er das Figürliche des ersten Bildes zwar nahezu unverändert übernahm, das Ambiente aber völlig veränderte (siehe unten „III. Die Aquarell-Miniatur in London"). Aus dem konventionellen Bild eines Musikers ist das individuelle Bildnis eines in seiner Einzigartigkeit unverwechselbaren Künstlers geworden.

II. Der Stich nach der Sepia-Miniatur

Von dem Leipziger Händel-Porträt ist ein Kupferstich mit den Maßen 37,7 × 27,7 cm überliefert (siehe Abbildung 2), dessen Ausführung schon Emil Vogel als „ungemein zart gehalten und idealisiert" empfand.[25] Das halbfigürliche Porträt der Vorlage ist weitgehend übernommen, nur die leicht weichlichen Züge sind etwas kraftvoller gestaltet, der ovale Rahmen breiter. Das gerahmte Bildnis steht auf einem quer stehenden Sockel, auf dem der Name des Porträtierten eingemeißelt scheint. Über die Entstehung des Stiches gibt es unter-

---

[23] Zur Perücken-Kultur im 18. Jahrhundert: Kristin Knebel: *„Die Perücken haben heut zu Tage einen nicht geringen Antheil an dem Ceremoniel". Die Herrenperücke als Kleidungsstück mit besonderer Bedeutung im späten 17. und 18. Jahrhundert*, in: Jochen Luckhart / Regine Marth (Hg.): *Lockenpracht und Herrschermacht. Perücken als Statussymbol und modisches Accessoire. Ausstellung im Herzog Anton Ulrich-Museum Braunschweig, 10. Mai bis 30. Juli 2006*, Leipzig: Koehler & Amelang 2006, S. 13–24.

[24] Das Original besitzt das Stadtgeschichtliche Museum Leipzig, eine Kopie von 1748 das Bach-Archiv ebendort.

[25] Vogel: *Händel-Portraits* (wie Anm. 20), S. 24.

Abb. 2: Gustav Andreas Wolffgang: *George Frederick Handel* (Werkstatt von Johann Georg Wolffgang) nach der Vorlage seines Vetters Georg Andreas Wolffgang d. J. (um 1740; London, Foundling Museum, The Gerald Coke Handel Collection).

schiedliche Angaben. Den erhaltenen Kopien zufolge[26] geht der Stich, wie am unteren Rand vermerkt, direkt auf eine Vorlage von Georg Andreas Wolffgang d. J. zurück („G. A. Wolffgang, Pinxit London"). Als Stecher wird Johann Georg Wolffgang, der Vater des Malers, angegeben („J. G. Wolffgang, S[culptor]. R[egis]. Sculp[sit]. Berolini"). Bisher wurde angenommen, Johann Georg Wolffgang habe den Stich nach der Vorlage seines Sohnes, also nach der Leipziger Sepia-Zeichnung, um 1740 in Berlin angefertigt. Dem Briefwechsel Johann

[26] Nachweisen lassen sich Exemplare u. a. in: Leipzig, Städtische Bibliotheken, Musikbibliothek Peters, Bi 95; London, British Museum, K,60.114 (aus dem Nachlass von Charles Burney); London, Foundling Museum, The Gerald Coke Handel Collection, Acc.no. 1625, 5547, 6989 u. 7450; London, The Royal Collection Trust, RCIN 655832; London, Victoria & Albert Museum, S.4240–2009; Princeton, NJ, The Princeton University Library, C0640, u. Wien, Österreichische Nationalbibliothek, Bildarchiv und Grafiksammlung, Porträtsammlung, Inventar-Nr. PORT_00002614_01.

Christoph Gottscheds mit dem protestantischen Theologen Jakob Brucker (1696–1770) ist aber zu entnehmen, dass nicht Johann Georg Wolffgang das Porträt gestochen hat, sondern dessen Neffe Gustav Andreas Wolffgang (1692–1775). In einem Brief vom 17. Februar 1740 schreibt Brucker an Gottsched:[27]

> „Ich habe in Ausgp[urg] zu meinem Vergnügen den jungen Wolfgang angetroffen [gemeint ist Gustav Andreas Wolffgang], welcher unter seines Vaters Bruder J[ohann]. Georg Wolfgangs, Königl[lich]. Berl[iner]. Kupferstechers Nahmen[28], die meister-bildniße verfertigt, welche einige Zeit her aus Wolfgangs Verfertigung [also von Georg Andreas Wolffgang d. J. gemalt] herausgekommen, unter welchen der große Musicus *Hendel* das beste u[nd]. auch fast das schönste ist".[29]

Demnach stammt der Stich des Händel-Porträts aus der Werkstatt von Johann Georg Wolffgang und nicht von ihm selbst, wie es die Firmenmarke vorgibt. Auch dürfte er nicht erst 1740, sondern schon früher, vielleicht sogar schon 1738 entstanden sein. Ein englischer Nachstich von William Holl d. Ä. (um 1771–1838), reduziert auf das Brustbild (ohne Noten in der Hand), erschien 1819 in London.[30]

Auffallend ist weiterhin, dass die Schreibung des Namens Händel auf dem Sockel des Porträts in den überlieferten Exemplaren verschieden ist. Einmal heißt es: „Georg Frideric Hendel"[31], ein anderes Mal: „George Frederick Handel"[32]. Während die erste Schreibung Händels polyglotten Konversationston aufzunehmen scheint, der Stecher vielleicht davon Kenntnis hatte (‚Georg' – deutsch, ‚Frideric' – englisch, ‚Hendel'– italienisch), gibt die zweite die ‚offizielle' englische Schreibung von Händels Namen wieder. Ob die verschiedenen Schreibweisen des Namens zufällig erfolgt sind, oder ob mit ihnen verschiedene Verwendungsweisen des Stiches verbunden waren, lässt sich heute kaum mehr schlüssig nachweisen. Bedenkenswert wäre hinsichtlich des Verwendungszweckes des Stiches lediglich, dass Händel dem *Hamburger Relations-Courier* vom 27. September 1740 zufolge vorhatte, im Herbst des Jahres nach Berlin zu

---

27 Vgl. Detlef Döring u. a. (Hg.): *Johann Christoph Gottsched. Briefwechsel. Historisch-kritische Ausgabe*, Bd. 6: *1739–1740*, Berlin / Boston 2012, S. 362.

28 Der Vater von Gustav Andreas Wolffgang, Andreas Matthäus Wolffgang (1660–1736), war der Bruder von Johann Georg Wolffgang.

29 Von dem „jungen Wolfgang", also Gustav Andreas Wolffgang, hat sich auch Brucker porträtieren lassen. Einen Porträt-Stich mit der Angabe „Gustavus Andreas Wolffgang Sculpsit Aug. Vind. Ao.1740" besitzt die Herzog August Bibliothek Wolfenbüttel unter der Signatur I 1928.

30 Das ebenfalls oval umrahmte Porträt erschien mit der Autorangabe „Holl sculp[sit]" in *The Biographical Magazine containing Portraits of eminent and ingenious persons of every age and nation, with their lives and characters*, Bd. 1, London 1819, o. S.

31 Vgl. das Exemplar in London, Foundling Museum, The Gerald Coke Handel Collection, Acc.no. 5547.

32 Vgl. ebd., Acc.no. 6989.

reisen[33] – wozu es aber offensichtlich nicht kam. Wollte er sich vielleicht mit seinem Porträt am Berliner Hof schon vor seiner Anwesenheit ‚persönlich' bekannt machen? Oder war der Stich ursprünglich 1738 für das Titelblatt des Druckes von Händels *Alexander's Feast* bestimmt gewesen, das letztlich mit dem Porträt von Jacobus Houbraken verziert wurde? Welche Funktion der Kupferstich also im Kommunikationsbetrieb der Zeit hatte, wird vermutlich nicht mehr zu eruieren sein.

III. Die Aquarell-Miniatur in London

Unmittelbar im Anschluss an die Leipziger Miniatur scheint Georg Andreas Wolffgang d. J. ein zweites Porträt von Händel gemalt zu haben. Es ist anzunehmen, dass Händel – wie erwähnt – mit der konventionellen Darstellung des ersten Porträts nicht einverstanden war. Das spätere Porträt gehört seit etwa der Mitte des 19. Jahrhunderts[34] zur Miniaturen-Sammlung des englischen Königshauses.[35] Das ‚portrait en miniature' ist unwesentlich größer als die Sepia-Zeichnung (16,8 × 13,2 cm ohne Rahmen, siehe Abbildung 3), unterscheidet sich aber allein schon durch sein Format: Es ist rechteckig, nicht oval. Auch die Malweise ist verschieden: Statt des Schwarzstiftes hat Wolffgang verschiedene Wasserfarben benutzt und statt des Pergaments Elfenbein. Die wesentlich üppigeren Materialien lassen vermuten, dass es sich hier um eine Bild-Komposition handeln sollte, die mit den Porträts adliger Auftraggeber vergleichbar ist.

Die Aquarell-Miniatur ist am linken unteren Rand signiert („GA / W", d. i. Georg Andreas Wolffgang), eine Jahreszahl fehlt.[36] Der schmale vergoldete Rahmen ist erst später angebracht worden. Jacob Simon, der frühere Kurator der National Portrait Gallery in London, schreibt in seinem Buch *The Art of the Picture Frame*, sämtliche Bilder im Buckingham Palast habe Prinz Albert 1851 neu rahmen lassen.[37] Dazu dürfte auch das Porträt Händels gehören. Den glei-

---

[33] Vgl. Editionsleitung der Hallischen Händel-Ausgabe (Hg.): *Dokumente zu Leben und Schaffen*, Leipzig 1986 (= Händel-Handbuch 4), S. 322.

[34] Zur Provenienz vgl. Jacob Simon (Hg.): *Handel. A Celebration of His Life and Times 1685–1759*, London: National Portrait Gallery 1985, S. 38 f.

[35] London, The Royal Collection Trust © Her Majesty Queen Elizabeth II 2016, RCIN 420815.

[36] Zur Beschreibung vgl. Simon: *Handel* (wie Anm. 34). Hier auch gegenüber S. 36 eine Farbfotografie der Miniatur in etwa originaler Größe, aber ohne Rahmen.

[37] Jacob Simon: *The Art of the Picture Frame. Artists, Patrons and the Framing of Portraits in Britain*, London: National Portrait Gallery 1996, S. 18. Wie mir der Kurator des Royal Collection Trust, Dr. Oliver Walton, schrieb, könnte Prinz Albert die Miniatur Ende 1860 bei seinem Besuch in Coburg und Gotha erworben haben. Ein Nachweis für diese These konnte bisher aber nicht erbracht werden.

Abb. 3: Georg Andreas Wolffgang d. J.: *Georg Friedrich Händel.* Porträt-Miniatur, Wasserfarben auf Elfenbein (um 1737; London, The Royal Collection Trust © Her Majesty Queen Elizabeth II 2016).

chen, schmalen Goldrahmen findet man übrigens auch bei den ebenfalls von Georg Andreas Wolffgang d. J. gemalten Miniatur-Porträts des Herzogs von Braunschweig-Wolfenbüttel und dessen Gemahlin (vgl. oben in der Werkliste die Nummern 5 und 6).[38] Die Rahmen sollen aus der Werkstatt der bekannten Londoner Rahmengestalter W. Hatfield & Sons stammen.

Inhaltlich unterscheidet sich das Londoner Porträt, was die Figur Händels betrifft, kaum von dem Leipziger. Auch hier ist der Blick Händels auf den Betrachter gerichtet, also ‚en face' gemalt, die charakteristischen physiognomischen Züge, die Körperfülle und die Kleidung einschließlich der Allonge-Perücke sind unverändert dargestellt. Allein die bräunliche Farbe des Gewandes gibt dem ganzen Bild einen verbindlicheren Charakter, zumal auch die

[38] Die beiden mit „1733 G A Wolffgang" bzw. „Wolffgang / 1733" signierten, in Braunschweig gemalten Porträt-Miniaturen waren vermutlich ein Geschenk des Hauses Braunschweig-Wolfenbüttel an das mit ihm verwandte englische Königshaus. In dessen Akten werden die Bilder erstmals 1862 erwähnt.

gelbliche Gesichtsfarbe den Porträtierten etwas jünger aussehen lässt. In ein völlig anderes Licht versetzt der Maler aber Händel, indem er ihn als einen Komponisten darstellt, dessen Ruhm es mitzuteilen gilt. Er erreicht es, indem er den Porträtierten vor einen von oben herabhängenden Vorhang stellt, an dessen Seiten links und rechts mit Partituren und Instrumenten gleichsam auf das bereits von dem Porträtierten Geleistete hingewiesen wird. Händel hält, die linke Hand in die Hüfte gestützt, in der rechten eine Partitur im Querformat, in der man eine der in Leder gebundenen Handexemplare seiner Vokalpartituren (‚Direktionspartituren') erkennen kann. Links im Hintergrund steht (vom Betrachter aus gesehen) ein zweifach geteiltes Regal, auf dem mehrere, ebenfalls in braunes Leder gebundene Partituren stehen, deren Prägung auf dem Bandrücken unausgeführt geblieben sind. Händel stützt sich mit der Partitur in der rechten Hand auf ein zweimanualiges Cembalo, von dem man annehmen kann, dass es sich um das in seinem Besitz befindliche Ruckers-Cembalo aus dem Jahre 1612 handelt.[39] Rechts im Hintergrund gibt der wehende Vorhang den Blick auf einige Orgelpfeifen frei, die möglicherweise zu der „little House Organ" gehörten, die Händel in seinem Testament von 1750 erwähnt.[40] Eine ähnliche Bild-Idee hatte schon Philip Mercier in seinem Porträt von Händel verwirklicht, das sich bis 1748 im Besitz des Komponisten befand. Ob das musikalische Genre-Bild Merciers, und von einem solchen wird man sprechen können, Wolffgang kannte und ob es einen Anstoß zu seinem Miniatur-Porträt Händels gegeben hat, lässt sich nicht mehr rekonstruieren. Das undatierte Mercier-Gemälde wird neuerdings mit ‚um 1730' datiert.

IV. Die Öl-Kopie der Aquarell-Miniatur in London

Von dem Miniatur-Porträt Händels im Besitz des englischen Königshauses existiert eine zeitgenössische Kopie, über deren Entstehung und Überlieferung es die verschiedensten Meinungen gibt. Die Kopie, die zu den Glanzstücken der Londoner Gerald Coke Handel Collection gehört[41], unterscheidet sich von der originalen Vorlage durch einige wesentliche Veränderungen. Zum einen durch ihr großflächiges Format (121,5 × 98 cm, siehe Abbildung 4), zum anderen durch ihre

---

[39] Zum Instrument vgl. Siegbert Rampe: *Auf der Suche nach Händels Clavieren*, in: ders. (Hg.): *Händels Instrumentalmusik*, Laaber: Laaber 2009 (= Das Händel-Handbuch 5), S. 51–73, hier S. 51 ff.

[40] Vgl. hierzu Dorothea Schröder: *Händels Orgeln und ‚Händel-Orgeln'*, in: ebd., S. 432–440.

[41] London, Foundling Museum, The Gerald Coke Handel Collection, Acc.no. 5275. Vgl. auch Vanessa Hibbert (Hg.): *The Gerald Coke Handel Collection. Exhibition Catalogue*, Bentley (Hampshire) 1985, S. 33 (farbige Abbildung, ohne Rahmen) u. S. 61 (kurze Beschreibung).

Abb. 4: *Georg Friedrich Händel.* Englische Kopie der Porträt-Miniatur von Georg Andreas Wolffgang d. J. (nach 1737; London, Foundling Museum, The Gerald Coke Handel Collection).

Malweise (Öl auf Leinwand). Außerdem konzentriert sich das weder signierte noch datierte Gemälde (im Gegensatz zur Vorlage) ausschließlich auf die Figur Händels. Die Gesichtszüge scheinen jedoch nicht die Lebendigkeit der Vorlage zu haben, und das Rot, mit dem die Lippen und Wangen gemalt sind, ist zu kräftig aufgetragen. Durch den offenen Rock, der eine kostbare Weste erkennen lässt, scheint die körperliche Fülle Händels etwas gemildert zu sein. Die kontrastreichen Ölfarben lassen die im Hintergrund nur angedeutete Staffage als unwesentlich erscheinen. Das Regal mit den Partituren und die Instrumente (Cembalo und Orgel) sind nur schemenhaft erkennbar. Einzig die in braunes Wildleder gebundene Partitur, die Händel in der rechten Hand hält, ist deutlich als solche auszumachen und zudem noch mit der nur schwer erkennbaren Aufschrift „Alexander's / Feast" versehen (siehe Abbildung 5). Der Hinweis auf die 1736 im Theatre Royal, in Covent Garden zum ersten Mal aufgeführte Ode könnte sogar ein Zeichen dafür sein, dass die erste Fassung des Porträts von Wolffgang, die Leipziger Sepia-Zeichnung, ursprünglich für das Titelblatt der 1738 ge-

Abb. 5: Detail aus der englischen Kopie der Porträt-Miniatur von Georg Andreas Wolffgang d. J. (nach 1737; London, Foundling Museum, The Gerald Coke Handel Collection)

druckten Partitur von *Alexander's Feast* gedacht war. Dass für den Druck nicht das Porträt von Wolffgang, sondern das des Kupferstechers Jacobus Houbraken verwendet wurde, könnte auf eine Entscheidung Händels zurückgehen.

Für die Autorschaft der großformatigen Kopie des Händel-Porträts kann Georg Andreas Wolffgang d. J. kaum in Anspruch genommen werden. Dafür fehlen nicht nur authentische Belege wie Signatur und Ort und Zeit der Entstehung, sondern auch Vergleichsobjekte, die über den Umgang des Künstlers mit Ölfarben Auskunft geben könnten. Englische Forscher haben deshalb das Bild Thomas Hudson bzw. der ‚school of Hudson' zugeschrieben.[42] Solange es aber auch keine überzeugenden Gründe für die Autorschaft Hudsons oder seiner

[42] Newman Flower, der das Porträt 1928 von dem Berliner Auktionshaus Karl Ernst Henrici gekauft hatte, hat es erstmals 1947 in der Neuauflage seines Buches *George Frideric Handel. His personality and his Times* unter Hudsons Namen veröffentlicht. Im Händel-Artikel von Joseph Müller-Blattau in MGG1, Bd. 5, Kassel / Basel 1956, Sp. 1229–1286 ist das Porträt auf Tafel 53 abgebildet und ebenfalls „Sir [sic] Thomas Hudson" zugeschrieben.

Werkstatt gibt, solange müssen wir einen anonymen, vermutlich englischen Zeitgenossen als Maler der Kopie des Händel-Porträts annehmen.

Die Ungewissheit über die Autorschaft spiegelt sich auch in der Überlieferung des Bildes wider. Einen überzeugenden, lückenlosen Nachweis der Provenienz des Gemäldes gibt es nicht. Nach Recherchen von William C. Smith aus den 1940er Jahren wissen wir nur, dass es am Ende des 18. Jahrhunderts ein größeres Porträt Händels gegeben hat, das einem „Wolfgang" zugeschrieben wurde. Das Bild war aber schon Smith nicht zugänglich („cannot now be located").[43] In diesem Zusammenhang verweist er auf eine Anzeige in der Londoner *Morning Post and Daily Advertiser* vom 8. Mai 1789, in der es heißt:

> „To be disposed of, a very fine original half-length portrait of that much esteemed and celebrated musician, George Frederic Handel, Esq. Painted by Wolfgang, is in fine preservation and admirably well adapted to decorate an elegant Concert, Music or Ball-room &c."[44]

Undeutlich bleibt hier vor allem, wie der Auftraggeber der Anzeige (vermutlich ein Londoner Auktionator) auf „Wolfgang" (ohne Angabe des Vornamens) als Verfasser des Bildes gekommen ist. Aller Wahrscheinlichkeit nach kannte er den oben beschriebenen Stich aus der Werkstatt von Johann Georg Wolffgang, der aber keineswegs identisch ist mit der in Öl gemalten Kopie. Smith vermutet, dass der Händel-Chronist Charles Burney das Bild gekauft hat, denn im Verkaufskatalog der Burneyschen Bibliothek von 1814 heißt es:[45] „A fine and original portrait of Handel, painted by Wolfgang" – die Angabe des Malers ist offensichtlich der erwähnten Zeitungsanzeige entnommen. Aber nicht erst im Nachlass-Katalog, schon im Testament Burneys, datiert Januar 1807, ist von dem „Wolfgang"-Porträt die Rede. Dort heißt es:[46]

> „My half length Picture of Handel, painted by Wolfgang at Hanover in the year 1710, where he stopt at the Elector's Court (afterwards Geo[rge] the first, King of England) on his way from Italy to London… is the best picture of him, and must have a strong resemblance in his 24th year when it was painted. Mrs Delany saw him in the first year of his arrival, to whom this portrait was shewn, said no resemblance on canvas could be stronger, and Sir Joshua Reynolds, when he saw it, said he was sure it was like, as it was not a made up face".

---

43 Smith: *Some Handel portraits reconsidered* (wie Anm. 19), S. 132. Vgl. auch Edwin Werner: *Händel-Bildnisse in den Sammlungen der Stiftung Händel-Haus*, Halle a. d. Saale 2013, S. 7: „eine verschollene Skizze (Bleistift und Sepia) befand sich in der Musikbibliothek Peters".

44 Zit. nach Smith: *Some Handel portraits reconsidered* (wie Anm. 19), S. 132.

45 *The Late Dr. Burney's Musical Library. A Catalogue*, London 1814, zit. nach Smith: *Some Handel portraits reconsidered* (wie Anm. 19), S. 133.

46 Zit. nach Percy A. Scholes: *The great Dr. Burney. His life, his travels, his work, his family and friends*, Bd. 2, London / New York: Oxford University Press 1948, S. 369.

Wenngleich die Datierung des Bildes (Hannover, 1710) eher einer Wunschvorstellung Burneys als einer begründbaren Tatsache entspricht, so weist doch die relativ ausführliche Beschreibung des Öl-Gemäldes („half length Picture […] on canvas") und die Zeugenschaft von Mrs. Delany und Joshua Reynolds darauf hin, dass das in der Literatur als ‚Burney-Portrait' bekannte Bild mit dem der Coke-Collection identisch ist. Mary Delany, eine geborene Granville, kannte Händel schon seit ihrer Kindheit (seit 1710), und in späteren Jahren ließ sie sich keine Gelegenheit entgehen, ihn zu sich einzuladen.[47] Sie dürfte Händels Physiognomie in dem Bild am ehesten wiedererkannt haben.

Wie William C. Smith bei seinen Recherchen weiter herausfand, hat der Londoner Bassist James Bartleman[48] das Porträt 1814 auf der Versteigerung des Burney-Nachlasses für £12 1s. 6d. erworben. Später kaufte es der Londoner Kunstsammler und Amateurgeiger William Snoxell (1791–1879), der u. a. auch die Uhr und das Testament Händels besaß.[49] Nachdem das Porträt 1859 (als ein Werk von Hudson!) während des Handel Centenary Festival im Londoner Crystal Palace ausgestellt worden war, ging es 1879 in den Besitz eines nicht näher bekannten Sammlers namens M. W. Clark (oder Clarke) über.[50] Über einen späteren Besitzer (Dr. Harry E. Smith in London-Streatham) scheint es in den deutschen Kunsthandel gelangt zu sein. Am 24. März 1928 versteigerte Karl Ernst Henrici in Berlin das Porträt[51], das der englische Verleger und Händelforscher Newman Flower (1879–1964) für 5.000 Reichsmark erwarb. Um 1967 kam es schließlich aus dem Nachlass von Newman Flower in den Besitz von Gerald Coke (1907–1990), dessen wertvolle Sammlung mit Händeliana sich heute als ‚The Gerald Coke Handel Collection' im Foundling Museum in London befindet. Die in Öl gemalte Kopie der Porträt-Miniatur Wolffgangs dürfte also nach allem, was wir über das Bild wissen, im Auftrag eines englischen Händel-Verehrers entstanden sein. Ob sie der Werkstatt von Thomas Hudson zuzurechnen ist, bleibt fraglich.

---

47 Zu Mary Delany (1700–1788) vgl. Hans Joachim Marx: *Händel und seine Zeitgenossen. Eine biographische Enzyklopädie*, Teilbd. 1, Laaber 2008, S. 354–358.

48 James Bartleman (1769–1821) besaß außer dem Händel-Porträt auch die Händel-Büste, die sich heute im Foundling Museum in London befindet.

49 In einer Rezension des Versteigerungs-Katalogs der Sammlung Snoxell (London, Puttick & Simpson, 9. Juni 1879) ist von einem „oil-painting by Wolfgang representing George Frederic Handel" die Rede, vgl. den anonym erschienenen Artikel *The Snoxell collection and Handelian relics*, in: *The Musical Times* vom 1. August 1879, S. 432.

50 Vgl. Smith: *Some Handel portraits reconsidered* (wie Anm. 19), S. 132.

51 Siehe Karl Ernst Henrici: *Versteigerung von Gemälden, Antiquitäten, Miniaturen, zumeist aus einer alten Berliner Sammlung*, 24. März 1928, Kat.-Nr. 130, Los 129. Das Thomas Hudson zugeschriebene Bild ist auf S. IX abgebildet.

V. Zum Öl-Porträt in Stockholm

Ein formal und überlieferungsgeschichtlich völlig anderes, jedoch ebenfalls Georg Andreas Wolffgang d. J. zugeschriebenes Händel-Porträt besitzt das Musikmuseum (heute: Scenkonstmuseet) in Stockholm.[52] Das kaum bekannte, von der Forschung nur am Rande erwähnte Bild[53], ist in unserem Zusammenhang deshalb von Interesse, weil es – abgesehen von der Zuschreibung an Wolffgang – gelegentlich mit dem Händel-Porträt aus dem Besitz von Charles Burney identifiziert wird. Das Stockholmer Bild ist wesentlich kleiner als die Öl-Kopie der Coke-Collection (etwa 74 × 61 cm) und hat einen goldfarbigen Rahmen im Stil des Rokoko (siehe Abbildung 6). Es ist weder signiert noch datiert. Am unteren Rand ist eine kleine Tafel angebracht, auf der steht: „G. F. Handel / Born 1684 D. 1759 / [Vornamen unleserlich] Wolffgang“. Das in Öl auf Leinwand gemalte Porträt zeigt eine männliche Person bürgerlicher, vielleicht auch adliger Herkunft, deren Kleidung und Perücke (eine Knotenperücke?[54]) für das mittlere 18. Jahrhundert typisch ist. Die abgebildete Person scheint mit ihrem nach links gewandten Kopf am Betrachter vorbei zu sehen. Die rechte Hand steckt in der aus kostbarem Stoff gewirkten Weste unter dem braunen Rock – eine Geste, die erst in dem von Thomas Hudson 1756 gemalten Porträt wiederkehrt. Hier wird sie in Verbindung mit Händels Erblindung als Zeichen der Alterspassivität zu deuten sein. Der einzigen Beschreibung des Bildes nach soll das Stockholmer Porträt 1731 entstanden sein, wofür es aber keine Zeugen gibt.[55] Auf der Rückseite links unten sei ein Zettel aufgeklebt, auf dem steht: „Original Painting of George Frederick Hand[el] [unleserlich] by M. W. Cla[rk]“. Außerdem befinde sich auf der Rückseite eine Kopie des Stiches von J. S. [sic] Wolffgang mit der Aufschrift „George Frederick Handel“. (Bei dem Stich dürfte es sich um ein Exemplar aus der Werkstatt von Johann Georg Wolffgang handeln.) Schon hier ist offensichtlich, dass es sich bei der Zuschreibung an den Maler (Wolffgang) und den Porträtierten (Händel) sowohl auf der kleinen Tafel am Rahmen als auch auf dem Zettel auf der Rückseite des Bildes um nachgetragene Informationen handelt.

Auffällig an dem Stockholmer Porträt ist weiterhin, dass die Physiognomie des Porträtierten eher an einen mit sich und der Welt zufriedenen Bürgerlichen

52 Stockholm, Scenkonstmuseet (olim Musikmuseet), Signatur K1485.

53 Kerslake: *Early Georgian Portraits*, Bd. 1: *Text* (wie Anm. 19), S. 129.

54 Auf allen anderen ‚Wolffgang-Porträts' trägt Händel eine Allonge-Perücke. Freundliche Auskunft von Frau Dr. Kristin Knebel, Weimar.

55 Vgl. im Internet unter Händel-Haus, Halle a. d. Saale: http://hhaendel-alt.av-studio.de/de/biographie/portraets/1726–1731 den entsprechenden Passus über das Stockholmer Bild (Zugriff am 2.7.2016).

Abb. 6: Der nachträglich angebrachten Tafel nach soll das Öl-Bild *Georg Friedrich Händel* darstellen und von Johann Georg Wolffgang d.J. gemalt worden sein (Stockholm, Scenkonstmuseet [olim Musikmuseet]).

erinnert als an einen Künstler vom Range Händels. Der etwas indifferente Gesichtsausdruck passt auch überhaupt nicht zu der Bemerkung von Charles Burney, der Händel gut kannte:

> „Händel's gewöhnliche Miene", schreibt er in seinem Bericht über die ‚Handel Commemoration' 1784, „war etwas finster und sauersehend; wenn er aber einmal lächelte, so war es, wie die Sonne, die aus einer schwarzen Wolke hervorbricht. Aus seinen Zügen strahlten dann auf einmal Verstand, Witz und gute Laune mit einer Stärke hervor, die ich nicht leicht bey sonst Jemand bemerkt habe".[56]

Der hier beschriebene affektive Gesichtsausdruck fehlt in dem Öl-Bild ebenso wie das Selbstbewusst-Repräsentative der Wolffgang-Porträts.

---

56 Charles Burney / Johann Joachim Eschenburg: *Dr. Karl Burney's Nachricht von Georg Friedrich Händel's Lebensumständen und der ihm zu London im Mai und Jun. 1784 angestellten Gedächtnißfeyer*, Berlin / Stettin: Nicolai 1785, S. XLV.

Die zitierte Beschreibung des Bildes durch dessen frühere Besitzerin, die nicht weiter bekannte Schwedin Brita Cervin, gibt auch einen Auszug aus einem Briefwechsel zwischen ihr und dem ehemaligen Direktor des Händel-Hauses in Halle, Konrad Sasse, wieder. Danach soll es sich um das bereits erwähnte ‚Burney-Portrait' handeln, das im März oder im April 1914 bei Christie's in London verkauft wurde[57] und im gleichen Jahr nach Schweden gelangte. Bis 1968 habe es eine Mrs. Dora Gerts besessen, danach ging es in den Besitz von Brita Cervin über, die es ihrerseits zu einem nicht näher bekannten Zeitpunkt dem Musikmuseet in Stockholm schenkte. An der Beschreibung der Provenienz des Bildes fällt auf, dass es für die Verknüpfung der Herkunft des einst Charles Burney gehörenden Händel-Porträts mit dem Verkauf durch Christie's 1914 keinen Hinweis gibt.

Brita Cervin zitiert in der Korrespondenz mit Sasse auch die Passage aus Burneys Testament, in der von „[m]y half length picture of Handel, painted by Wolfgang" die Rede ist. Unter einem „half length picture" verstand man aber im 18. Jahrhundert nicht ein Brustbild, sondern, wie der frühere Kurator der National Portrait Gallery in London, Jacob Simon, eruiert hat, ein englisches Bilderformat: Mit dem Format wurde die Fläche der Leinwand bezeichnet, die für eine bestimmte Porträtgröße (Brust-, Sitz- oder Ganzfigurenbild) geeignet war. Simon unterscheidet mehrere Formate: neben dem „three-quarters"-Format (etwa 75 × 62 cm) das „kit-cat"-Format (etwa 91–70 cm), das „half-length"-Format (etwa 127 × 102 cm) und das „whole-length"-Format (etwa 238 × 147 cm).[58] Das beschriebene Porträt aus der Coke-Collection (Nummer 4 oben in der Werkliste) würde demnach mit seinem Umfang von 121,5 × 98 cm, wie im Testament von Burney angegeben, dem „half-length"-Format entsprechen, während das Stockholmer Bild mit seinem weit geringeren Umfang von 74 × 61 cm dem „three-quarters"-Format entspräche. Schon von hier aus lässt sich begründen, warum das Stockholmer Bild mit dem ‚Burney-Portrait' nicht identisch sein kann. Hinzukommt, dass das von Newman Flower 1928 in Berlin erworbene Bild viel eher dem ‚Burney-Portrait' gleicht als das 1914 von einem schwedischen Kunstsammler in London erstandene. Nach allem, was

---

[57] Tatsächlich wurde das Bild am 20. April 1914 bei Christie's in London versteigert, vgl. den *Catalogue of Old Pictures, the property of a Gentleman*, London 1914 (S. 4, Los 13: „G.A. Wolfgang. Portrait of G.F. Handel, in brown coat and flowered vest. 28¼ in. by 24¼ in.", handschriftliche Anmerkung: „11–11–0" [der erlöste Preis in Guineas], „Amor" [Pseudonym für den Käufer?] u. „J.B. Willows Esq." [Verkäufer]. Den Katalog machte mir freundlicherweise Lois White vom Getty Research Institute in Los Angeles, CA zugänglich, wofür ihm vielmals gedankt sei.

[58] Siehe im Internet den Artikel von Jacob Simon: http://www.npg.org.uk/research/programmes/artists-their-materials-and-suppliers/three-quarters-kit-cats-and-half-lengths-british-portrait-painters-and-their-canvas-sizes-1625-1850 (Zugriff am 5.7.2016).

wir über das Stockholmer Gemälde und seine Provenienz wissen, handelt es sich bei ihm weder um ein Porträt Händels noch um eine Arbeit von Georg Andreas Wolffgang d. J. Dass das Bildnis wohl erst vor einer Versteigerung aus seiner Anonymität befreit wurde und eine personale Identität angenommen hat – dieses ‚Schicksal' teilt es mit dem früher Christoph Platzer zugeschriebenen Händel-Porträt von 1710, und nicht nur mit diesem.[59]

Die beiden hier erstmals näher betrachteten Porträts von Georg Andreas Wolffgang d. J. sind nicht die einzigen Bildnisse, die von Händel um 1737 gemalt worden sind. Etwa um die gleiche Zeit wurden die Porträt-Statue von Louis-François Roubiliac für die Vauxhall Gardens und der Porträtstich von Jacobus Houbraken für die Erstausgabe der Partitur von *Alexander's Feast* der Öffentlichkeit präsentiert. Die Bilder entstanden in einer Zeit, in der Händel, u. a. bedingt durch die Wettbewerbskämpfe mit der Opera of the Nobility, ernstlich erkrankt war. Der *Daily Advertiser* vom 4. August 1737 unterrichtete die Öffentlichkeit sogar, dass Händel von einer „dead palsy [Lähmung] on one side" befallen sei, einem nicht näher bestimmbaren Krankheitsbild, das in einem allgemeinen Erschöpfungszustand seinen Grund gehabt haben wird.[60] Händel suchte in den beiden darauffolgenden Monaten Heilung in den Bädern von Bath, Turnbridge und Aachen. Ende Oktober mit frischen Kräften nach London zurückgekehrt, muss er es als seine wichtigste Aufgabe empfunden haben, seine Stellung im öffentlichen Musikleben Londons aufs Neue zu festigen. Was lag da näher als sich eines öffentlich wirksamen Mediums, nämlich des Porträts, zu bedienen, das seit alters her in der höfischen Politik mit Erfolg angewandt wurde?[61] Obwohl als Miniatur-Porträts zunächst nicht für die große Öffentlichkeit bestimmt, scheinen die Arbeiten von Wolffgang d. J. als Stiche sowohl in England als auf dem Kontinent ihre Wirkung nicht verfehlt zu haben. In den Porträts wird vor allem sichtbar, was Martin Warnke unter dem „Doppelanspruch des höfischen Bildnisses" versteht, nämlich „dem Herrscher eine reale und [eine] ideale Existenz zu geben". Dieser Anspruch verlangt vom Bildnismaler „die Doppelfähigkeit, eine Person wiedererkennbar abzubilden und sie zugleich mit einer überpersönlichen Aura auszustatten".[62] Die Wiedererkennbarkeit Händels im Porträt setzt voraus, dass Wolffgang d. J. den zu

---

[59] Vgl. Marx: *Zur Echtheit des Händel-Porträts von Christoph Platzer (um 1710)*, in: *Göttinger Händel-Beiträge* 17, 2016, S. 97–110.

[60] Zu Händels Krankheiten vgl. neuerdings den entsprechenden Artikel des Medizinhistorikers Daniel Schäfer (Köln) in: Hans Joachim Marx (Hg.) in Verb. mit Manuel Gervink u. Steffen Voss: *Das Händel-Lexikon*, Laaber: Laaber 2011, S. 438–441.

[61] Vgl. hierzu die grundlegende Arbeit von Martin Warnke: *Hofkünstler. Zur Vorgeschichte des modernen Künstlers*, Köln: DuMont ^{2}1985, Kap. 22: *Das höfische Bildnis – Der ‚Conterfetter'*, S. 270–284.

[62] Ebd., S. 273.

Porträtierenden in seinem Haus in der Brook-Street aufgesucht und dort Porträt-Skizzen (Kreidezeichnungen?) von ihm angefertigt hat. Wir gehen davon aus, dass Händel dem Maler zu verstehen gegeben hat, dass er nicht als ein älterer Rekonvaleszent dargestellt werden möchte, sondern als ein auf dem Zenit seines Schaffens stehender Musiker, der auch in der Zukunft das englische Publikum zu begeistern verstehe. Die „überpersönliche Aura" hat der Maler, wie uns scheint, durch die selbstbewusste Haltung des Porträtierten, die vornehme Kleidung und das kunstvoll drapierte Ambiente dargestellt. In diesem Sinne lässt sich vor allem die Aquarell-Miniatur der Royal Collection in London als ein dem Herrscher-Bildnis der Zeit analoges Porträt deuten, das seine Wirkung nicht verfehlt haben dürfte.

Internationale Bibliografie der Händel-Literatur 2015/2016

Zusammengestellt von Hans Joachim Marx (Hamburg)

Die folgende bibliographische Zusammenstellung enthält die wissenschaftlichen Veröffentlichungen zu Leben, Werk und Wirkung Georg Friedrich Händels aus den Jahren 2015/2016. Außerdem sind einige Titel aus den Jahren zuvor nachgetragen, die in der Händel-Literatur bisher nicht beachtet worden sind. Von Standardwerken der Händel-Literatur wurden auch Nachdrucke bzw. online-Editionen mit einbezogen. Von der Erwähnung allgemein gehaltener biographischer Publikationen wurde hingegen ebenso abgesehen wie von Werkeinführungen in Konzertprogrammen, zu Compact Disc-Einspielungen u. ä. Zu den neuesten Aufnahmen von Werken Händels siehe im Internet <GFHandel.org.>, eine Discographie, die in Verbindung mit dem ‚Handel Institute' in London erstellt wird. Digitalisate der Autographen Händels im Besitz der ‚British Library' sind seit kurzem unter <bl.uk.Digitised Manuscripts.Home> einzusehen.

Die vorliegende Bibliographie schließt an diejenige in Band XVII unmittelbar an. Eine vollständige Zusammenfassung der Händel-Literatur aus den Jahren 1959 bis 2009 von Hans Joachim Marx ist als selbständige Publikation 2009 bei Vandenhoeck & Ruprecht in Göttingen erschienen. Die in Sammelpublikationen publizierten Artikel sind mit folgenden Kurztiteln zitiert:

Göttinger Händel-Beiträge 17 (2016)
Göttinger Händel-Beiträge. Begründet von Hans Joachim Marx und im Auftrag der Göttinger Händel-Gesellschaft herausgegeben von Laurenz Lütteken und Wolfgang Sandberger, Bd. XVII, Redaktionelle Mitarbeit Sarah Hodgson, Göttingen: Vandenhoeck & Ruprecht, 2016.
Händel-Jahrbuch 62 (2016)
Händel-Jahrbuch. Hrsg. von der Georg-Friedrich-Händel-Gesellschaft e. V. Internationale Vereinigung, Sitz Halle (Saale) in Verbindung mit der Stiftung Händel-Haus, Sitz Halle (Saale), 62. Jahrgang, Kassel usw.: Bärenreiter, 2016.
‚La Fortuna di Roma'. Italienische Kantaten und römische Aristokratie um 1700 (2016)
‚La Fortuna di Roma'. Italienische Kantaten und römische Aristokratie um 1700 / Cantate Italiane e Aristocrazia Romana intorno il 1700, hrsg. von Berthold Over (= Band III der Reihe MARS. Musik und Adel im Rom des Sei- und Settecento, hrsg. von Laurenz Lütteken und Klaus Pietschmann), Kassel: Merseburger Verlag, 2016.
Word, Image, and Song. Essays on Musical Voices (2013)
Rebecca Cypess / Beth L. Glixon / Nathan Link (Hrsg.), Word, Image, and Song. Essays on Early Modern Italy and Essays on Musical Voices (= Eastman Studies in Music), vol. 2, Rochester, NY: Boydell & Brewer, 2013.

Biographisches, Historisches, Quellenstudien

Bennett, Lawrence, „Rome, Vienna, and the Handel Manuscripts in Meiningen, Germany", in: ‚La Fortuna di Roma'. Italienische Kantaten und römische Aristokratie um 1700 (2016), 203–218.

Burrows, Donald, Handel (1996), Oxford: Oxford University Press, rev. ^{2}2012.

Busch, Werner, „Händel und der Wandel der Konversation", in: Ders., Englishness. Beiträge zur englischen Kunst des 18. Jahrhunderts von Hogarth bis Romney, Berlin / München: Deutscher Kunstverlag, 2013, 9–31.

Chrissochoidis, Ilias (Hrsg.), John Mainwaring. Memoirs of the Life of the late George Frederic Handel (1761), 2015 (copyrighted material).

Gervinus, Georg Gottfried, Händel und Shakespeare. Zur Ästhetik der Tonkunst (1868), Cambridge University Press, 2011 (online publication).

Greenacombe, John, „Where precisely was the ‚Fireworks Machine' in 1749", in: The Handel Institute Newsletter 27 (2016), [2–4].

Gwynn, Dominic, „Georg Friedrich Händels Orgeln in England", in: Mitteilungen. Freundes- und Förderkreis des Händel-Hauses zu Halle e. V. 2015, Heft 2, 54–59.

Harriss, Ellen T., „Gender, Cross-dressing and Aristocratic Identity in Handel's Cantatas: Scholarly Voyages and Misadventures", in: ‚La Fortuna di Roma'. Italienische Kantaten und römische Aristokratie um 1700 (2016), 221–230.

Hirschmann, Wolfgang, „ ‚… damit auch kein eintziger Thon von diesem vortrefflichen Mann verlohren gehen möchte'. Die Editionen der Werke Georg Friedrich Händels", in: R. Emans / U. Krämer (Hrsg.), Musikeditionen im Wandel der Geschichte, Berlin / Boston: Walter de Gruyter, 2015, 197–226.

Hunter, David, The Lives of George Frideric Handel, Woodbridge: The Boydell Pres, 2015 (auch als online edition).

Kägler, Britta / Nieden, Gesa zur, „Ein berühmter Sachse in Rom: Georg Friedrich Händel", in: Dies., Die schönste Musik zu hören. Europäische Musiker im barocken Rom, Darmstadt: Wissenschaftliche Buchgesellschaft, 2012, 100–105.

Koopman, Ton, „Did Bach and Handel ever meet?", in: Göttinger Händel-Beiträge 17 (2016), 111–121.

Marx, Hans Joachim, „Zur Echtheit des Händel-Porträts von Christoph Platzer (um 1710)", in: Göttinger Händel-Beiträge 17 (2016), 97–109.

McGeary, Thomas, „Handel and Homosexuality: Burlington House and Cannons Revisited", in: Journal of the Royal Musical Association XXXVI (2011), 34–71.

McGeary, Thomas, „Handel in Rome: The Homosexual Context Reconsidered", in: Early Music XLIV (2016), 59–75.

Rampe, Siegbert, Artikel „Händel, Georg Friedrich", in: Ders. (Hrsg.), Das Neue Bach-Lexikon. Laaber 2016, 315–317.

Reinders, Ank, „Kastraten bei Händel, Gluck und Mozart" [über ‚Radamisto' und ‚Tamerlano'], in: Dies., Kastraten: Herkunft, Blütezeit und Untergang. Aus dem Niederländischen von H. Klimmerle, Augsburg: Wißner, 2015, 123–149.

Rockstro, William Smith, The Life of George Frederick Handel. With an Introductory Notice by George Grove (1883), Cambridge: Cambridge University Press 2013 (digitally printed version).

Rolland, Romain, Haendel (1912). Traduzione dal francese dal Fernando Biagi, Roma: Castelvecchi, 2015.

Rolland, Romain, Haendel (1912). Translated from French by A. Eaglefield Hull, New York, NY: Routledge, 2016.

Semmer, Julia, George Frideric Handel – ein Hallenser in London, Halle/S.: Hasen-Verlag, 2016.

Shoaff, Adam, „Mainwaring's Handel memoirs and the Shaping of a national myth", in: Music Research Forum (University of Cincinnati) 29 (2014), 29–43.

Smith, Fiona Eila Joyce, Original Performing Material for Concerted Music in England, c.1660–1800, Ph. D. diss. University of Leeds, School of Music, 2014 (mschr.), Chapter „Eighteenth-Century Performing Materials for the Concerted Works of G. F. Handel", 146–210.

Taylor, Sedley, The Indebtedness of Handel to works by other Composers. A Presentation of Evidence (1906), New York, NY: Cambridge University Press 2014 (paperback edition).

VOLBACH, FRITZ, Georg Friedrich Händel (1898), Nachdruck der 2. Auflage 1906: Hamburg: Severus-Verlag, 2013.

WHITE, ROBERT T., „Handel and Bach“, in: DERS., Music and its History (1924), Cambridge: Cambridge University Press 2013 (paperback edition).

Opern und Kantaten

BERGHAHN, CORD-FRIEDRICH, „Zauberinnen, Märtyrerinnen, Verführerinnen: Barocke Heroinen und die Ästhetik des Erhabenen“, in: Göttinger Händel-Beiträge 17 (2016), 7–35.

CARTER, TIM, „Nicola Francesco Haym and George Frideric Handel, ‚Giulio Cesare in Egitto‘ (London, 1724)“, in: DERS., Understanding Italian opera, New York: Oxford University Press, 2015, Chapter 3.

COMPTON, REGINA, The Recitativo Semplice in Handel's Operas for the first Royal Academy of Music, 1720–1728, Ph. D. diss. Eastman School of Music, University of Rochester, 2015 (mschr.).

COMPTON, REGINA, „How to Enrage Alexander, or Towards an Understanding of Handel's ‚Recitativo semplice‘ and Theatrical Gesture“, in: Händel-Jahrbuch 62 (2016), 33–51.

CONGREVE, WILLIAM, Semele, an Opera by William congreve with the alterations adopted by Handel (1925), Cambridge: Cambridge University Press 2013.

EHRMANN-HERFORT, SABINE, „Il viaggio del Rinaldo di Händel“, in: Philomusica on-line (Università di Pavia) 10 (2011), 97–122.

EOUZAN, FANNY, „Réécritures enchâssées du mythe de la magicienne: l'Arioste, Haendel, deux mises en scène contemporaires de l'opéra ‚Alcina‘“, in: Cahiers d'Études Romanes 29 (2014), 131–148.

HINDEN, LEA, „Die Wahl des Komponisten: von Händel bis Bottari“, in: DIES., Die Kantatentexte von Benedetto Pamphili (1653–1730) (mit vollständiger Edition) [= MARS. Musik und Adel im Rom des Sei- und Settecento 2), Kassel: Merseburger 2015, 140–187.

KIMBELL, DAVID, Handel on the stage, Cambridge: Cambridge University Press, 2016.

LINK, NATHAN, „Communities of Time in Handel's Opera“, in: Word, Image, and Song. Essays on Musical Voices (2013), 46–71.

LOCKE, RALPH P., „Exotism in Handel's non-quite-seria-operas“, in: DERS., Music and the Exotic from the Renaissance to Mozart, Cambridge: Cambridge University Press, 2015, 250–266.

MÜCKE, PANJA, „(Un)entwirrbares Intrigengeflecht: Die Konkurrenz der starken Frauen in ‚Agrippina‘“, in: Göttinger Händel-Beiträge 17 (2016), 73–83.

PIETSCHMANN, KLAUS, „‚Pensieri voi mi tormentate‘. Wahnsinn und psychische Extremsituationen in Händels Opern“, in: Göttinger Händel-Beiträge 17 (2016), 85–95.

ROBERTS, JOHN H., „The London Pasticci of 1730–31: singers, Composers, and Impresarios“, in: Händel-Jahrbuch 62 (2016), 173–192.

WISSMANN, FRIEDERIKE, „Wie sich Händels Opernästhetik durch seine Italienreise (doch) veränderte“, in: B. Blaschke / R. Falk / D. Linck / O. Lubrich / Fr. Wißmann / V. Woltersdorff (Hrsg.), Umwege. Ästhetik und Poetik exzentrischer Reisen, Bielefeld 2008, 45–64.

WISSMANN, FRIEDERIKE, Abwechslungsreich. Rollenkonstellationen in den Opern Georg Friedrich Händels, Habilitationsschrift Technische Universität Berlin 2009 (mschr.).

ZDRAVKOVA, IVANA, Cleopatra. A Historical Queen and Theatrical Character of the Opera ‚Giulio Cesare‘ by G. F. Handel, Osnabrück: Akademie Verlag, 2015.

Oratorien, Kirchenmusik und andere Vokalwerke

Assmann, Jan, Das Oratorium ‚Israel in Egypt' von Georg Friedrich Händel (= bibel & musik), Stuttgart: Katholisches Bibelwerk, 2015.

Bardon, Jonathan, Hallelujah: The story of a musical genius and the city that brought his masterpiece to life, Dublin: Gill & Macmillan, 2015.

Bartelmus, Rüdiger, Theologische Klangrede – Musikalische Resonanzen auf biblische Texte, Berlin: LIT Verlag, 2012 [Darin Kapitel III über ‚Jephtha', V über ‚Belshazzar' (mit deutsch-englischer Synopse des Librettos), VI über ‚Israel in Ägypten' und IX über ‚Saul'].

Bertoli, Bruno, Cinque pezzi sacri: testi poetici dell'oratorio sacro in Metastasio, Handel, Haydn, Florenz: Olschki, 2010.

Carr, Angela, „George Frideric Handel's ‚La Resurrezione' (1709)", in: Dies., Solo Angel Roles in Vocal Music: Tracing the Use of Angel Roles from 1600 to the Present, Ph. D. diss. Ball State University, 2015, 39–48 (nschr.).

Chrissochoidis, Ilias (Hrsg.), (John Brown), An Examinations of the Oratorios which have been performed this Season, at Covent-Garden (1763), Copyrighted Material 2012.

Connelly, Douglas, The Messiah: the texts behind Handel's masterpiece. A Life Guide Bible Study, Downers Grove, Il.: Inter Varsity Press, 2014 (auch als pdf-Datei publiziert).

Daufi, Xavier, „Els oratoris de Georg Friedrich Händel", in: Recerca musicològica (Barcelona) 20–21 (2013–2014), 151–167.

Geehern, Gregory Jon, ‚It must be so': Reconsidering the Dramatic Agencies in George Frideric Handel's ‚Jephtha', Mus. D. diss. Indiana University, 2012 (mschr.).

Harris, Ellen T., „Cantata as Narrative: Serials, Colloquies, and Commemoratives", in: Word, Image, and Song. Essays on Musical Voices (2013), 23–45.

Hinden, Lea, Die Kantatentexte von Benedetto Pamphilj (1653–1730) (= MARS. Musik und Adel im Rom des Sei- und Settecento 2) Kassel: Merseburger, 2015.

Hobbs, Katherine, ‚Immortal Harps': Milton and Musical Morality in Handel's ‚Samson', Honors Thesis, University of Missouri, 2016 (mschr.).

Kim, Minji, „The Amalekite Case and the Portrayal of Saul in Handel and Jennen's Oratorio Saul", in: The Journal of Musicological Research 35 (2016), 45–60.

Laniyan, Jonathan G., An exploration of some of Handel's Messiah work. A musical exposé, Peterborough: Fast Print Publishing, 2015.

Lee, Jonathan Rhodes, „From Amelia to Calista and Beyond: Sentimental Heroines, ‚Fallen' Women and Handel's Oratorio Revision for Susanna Cibber", in: Cambridge Opera Journal 27 (2015), 1–34.

Locke, Ralph P., „Israelites, their enemies, and political allegory in Handel's oratorios", in: Ders., Music and the Exotic from the Renaissance to Mozart, Cambridge: Cambridge University Press, 2015, 201–207.

Myers, Robert Manson, Fifty sermons on Handel's ‚Messiah' (1946), Cambridge University Press, 2011 (online publication)

Over, Berthold, „Zwischen Hirtendasein und Heldentum. Frauenfiguren in der italienischen Kantate um 1700", in: Göttinger Händel-Beiträge 17 (2016), 37–56.

Pink, Andrew, „Solomon, Susanna and Moses: locating Handel's lost librettist", in: Eighteenth Century Music 12 (2015), 211–222.

Range, Matthias, „Handelian revisions? William Croft's orchestrally accompanied ‚Te Deum' and ‚Jubilate'", in: The Musical Times 156 (2015), 47–72.

Smith, Ruth, Handel's Oratorios and Eighteenth-Century Thought (1995), Cambridge University Press, 2009 (online publication).

Smith, Ruth, „The Choices of Hercules and Handel", in: Word, Image, and Song. Essays on Musical Voices (2013), 3–22.

VOLK-BIRKE, SABINE, „La prière dans les Livrets de Haendel: Quelques réflexions sur le sublime dans les chandos Anthems", in: S. Hache / Th. Favier (Hrsg.), À la croisée des arts: Sublime et musique religieuse en Europe (XVIIe–XVIIIe siècles, Paris: Classiques Garnier, 2015, 143–164.

Instrumentalwerke

EBRECHT, JÖRG, Händels Klaviermusik. Kontexte – Strukturen – Didaktik (Studien Stiftung Händel-Haus, Bd. 3), Beeskow: ortus musikverlag, 2014.

JACKSON, TIMOTHY L., „The ‚Pseudo-Einsatz' in two Handel Fugues: Heinrich Schenker's Analytical Work with Reinhard Oppel", in: D. Beach / Y. Goldenberg (Hrsg.), Bach to Brahms. Essays on Musical Design and Structure (Eastman Studies in Music), Rochester: University of Rochester Press / Woodbridge: Boydell & Brewer, 2015, 173–203.

KING, RICHARD G., „Handel and the Viola da Gamba", in: S. Orlando (Hrsg.), A Viola da Gamba Miscellania, Limoges: Pulim, 2005, 63–80.

KING, RICHARD G., „Who does what? On the role of the violoncello and double bass in the performance of Handel's recitatives", in: Early Music 44 (2016), 45–58.

PONT, GRAHAM, „XII Sonate à Viola da Gamba sola col Basso: A New Collection of Early Solo Sonatas by Handel", in: Ad Parnassum 13 (2015), 1–14.

RAMPE, SIEGBERT, Händel. Orgelwerke. Zusammengestellt nach dem Urtext der Hallischen Händel-Ausgabe [Einleitung), Kassel usw.: Bärenreiter, 2016.

TARASOV, NIK, „Händel & Blockflöte. Einblicke in Händels umfangreiches Blockflötenwerk", in: Windkanal, 2009/4, 8–14.

ZADOW, GÜNTER UND LEONORE VON (Hrsg.), Georg Friedrich Händel, zugeschrieben. Zwölf Kasseler Sonaten für Viola da Gamba und Basso continuo, Heidelberg: Edition Güntersberg, 2015. „Nachtrag" zur Edition: „Sechs der Kasseler Sonaten sind einem Manuskript von Johann Jakob Kress gefunden worden" [vgl. E. Krüger, Die Musiksammlungen des Erbprinzen Friedrich Ludwig von Württemberg-Stuttgart, Beeskow 2006, 257].

Kompositions- und Aufführungsgeschichte

ASPDEN, SUZANNE, The Rival Sirens. Performance and Identity on Handel's Operatic Stage, Cambridge / New York: Cambridge University Press, 2013 (auch als online publication).

BEEKS, GRAYDON, „‚Sweet Bird': The Story of Nellie Melba's 1907 Recording", Händel-Jahrbuch 62 (2016), 321–331.

BURDEN, MICHAEL, „Handel's ‚Rinaldo' and London's Opera House", in: Händel-Jahrbuch 62 (2016), 137–156.

BURROWS, DONALD, „Sir Malcolm Sargent as a conductor of Handel's music", in: Händel-Jahrbuch 62 (2016), 369–397.

CHARTON, ANKE, „'some He-She-Thing Or Other'. Körper, Klang und Männlichkeit: Zur Besetzungspolitik bei Händel", in: Händel-Jahrbuch 62 (2016), 193–204.

ELSTE, MARTIN, „Über Wagner und Neue Sachlichkeit zur Primadonnen-Ornamentik. National-regionale Interpretationsstile und ihre internationale Wirkung durch den Tonträger am Beispiel der Händel-Opern", in: Händel-Jahrbuch 62 (2016), 305–320.

GARDNER, MATTHEW, „Giocchino Conti and Handel", in: Händel-Jahrbuch 62 (2016), 237–249.

GLIXON, BETH L., „‚Super eminet omnes': New Light on the Life and Career of Vittoria Tarquini" [Sängerin], in: Händel-Jahrbuch 62 (2016), 401–414.

Harris, Ellen T., „Music Distribution in London during Handel's Lifetime: Manuscript Copies versus Prints", in: C. A. Monson / R. M. Marvin (Hrsg.), Music in Print and Beyond. Hildegard von Bingen to The Beatles, Woodbridge, GB: Boydell & Brewer, 2013, 95–117.

Herr, Corinna, „'Rodelinda'-Darstellerinnen im 18. Jahrhundert", in: Händel-Jahrbuch 62 (2016), 99–121. Höink, Dominik, „Louis Spohrs ‚Der Fall Babylons" und die Belsazardramen seit Georg Friedrich Händel", in: Ders. (Hrsg.), Die Oratorien Louis Spohrs: Kontext – Text – Musik, Göttingen: Vandenhoeck & Ruprecht, 2015, 343–377.

Jacobshagen, Arnold, „Belcanto mit Dilettanten. Zur Gesangsästhetik der Händel-Aufführungen bei den Niederrheinischen Musikfesten", in: Händel-Jahrbuch 62 (2016), 285–304.

Korte, Oliver „Georg Friedrich Händels Generalbass-Übungen als praktische Kompositionslehre", in: R. Kubicek (Hrsg.), Musiktheorie und Vermittlung: Didaktik, Ästhetik, Satzlehre, Analyse, Improvisation, Hildesheim / Zürich / New York: Olms, 2014, 167–176.

McCleave, Sarah „Handel and his Dance Interpreters", in: Händel-Jahrbuch 62 (2016), 157–171.

Pont, Graham, „Jazzing Handel: rhythmic alteration in two popular marches", in: Ad Parnassum 10 (2012), 1–36.

Rogers, Patrick J., Continuo Realization in Handel's Vocal Music (1989), Rochster / Woodbridge, GB, 2010 (paperback edition).

Sandmeier, Rebecca, „Händels ‚Messias' in Südafrika", in: Händel-Jahrbuch 62 (2016), 341–353.

Seedorf, Thomas, „Der doppelte Radamisto. Zur Besetzungspraxis von heldenpartien bei Händel", in: Händel-Jahrbuch 62 (2016), 205–216.

Spiegler, Susanne, ‚Sozialistischer Realismus' auf der Bühne? Zur Interpretation vokal-instrumentaler Werke Georg Friedrich Händels zu den Händel-Festspielen der DDR, phil. Diss. Hochschule für Musik Franz Liszt Weimar, 2015 (mschr.).

Van Reijen, Paul, „Von ruhig-getragener Idyllik bis zur erwartungsvollen Aufregung: Über Interpretationen zweier Händel-Favoriten" [*Largo* und *Ombra mai fu*], in: Händel-Jahrbuch 62 (2016), 333–340.

Vickers, David, „Handel's revisions to performing versions of ‚Partenope' (HWV 27) and ‚Arianna in Creta' (HWV 32), 1730–37", in: Händel-Jahrbuch 62 (2016), 217–236.

Wohlthat, Martina, „‚Tonschöpfungen, in die wir wie in eine fremde Welt traten': Die Basler Bach- und Händel-Renaissance im 19. Jahrhundert", in: Dies. (Hrsg.), Notenlese: musikalische Auf-führungspraxis des 19. und frühen 20. Jahrhunderts in Basel, Basel: Schwabe-Verlag, 2013, 87–107.

Zsovár, Judit, Anna Maria Strada del Pò, Handel's Prima Donna: Portrait of an Uncommon Voice, Ph.D. diss.Liszt-Akademie Budapest 2016 (mschr.).

Zsovár, Judit, „Successor to the ‚Rival Queens': The London Engagement of Handel's Faithful Soprano, Anna Maria Strada del Pò", in: Händel-Jahrbuch 62 (2016), 415–428.

Zsovár, Judit, „Transzformálók: G. F. Händel és Anna Maria Strada kölcsönös inspirációja", in: Magyar Zene 54/2 (2016).

Zywietz, Michael, „Die Händel-Interpretationen Karl Richters", in: Händel-Jahrbuch 62 (2016), 355–368.

Rezeptions- und Wirkungsgeschichte

Agresta, Rosalba, „Victor Schoelcher, collectionneur et musicographe", in: D. Herlin u. a. (Hrsg.), Collectionner la musique : érudits collectionneurs, Turnhout: Brepols, 2015, 230–256.

Aspeden, Suzanne, „Handel's Epigones in the late 18th Century", in: Händel-Jahrbuch 62 (2016), 251–263.

Aspinell, Michael (Hrsg.), „Patti and Santley at the Handel Festival 1865: reviews by Henry Fothergill Chorley in ‚The Athenaeum'", in: The record collector. A quarterly journal of recorded vocal art, Chelmsford 60 (2015), 307–308.

Basso, Alberto, „Bach e Händel: un confronto", in: Recerca musicològica (Barcelona) 20–21 (2013–2014), 35–45.

Bitter, Hermann, Ueber Gervinus' Händel und Shakespeare (1869), Bayerische Staatsbibliothek, 2010 (online edition).

Bonastre i Bertran, Francesc, „Recepció de la música de Georg Friedrich Händel a la Barcelona del segle XIX", in: Recerca musicològica (Barcelona) 20–21 (2013–2014), 47–81.

Ezquerro Esteban, Antonio, „Recepció de la música de Georg Friedrich Händel a Espanya: el cas de l'arxiu de música de les catedrals de Saragossa i la intervenció dels músics Nebra", in: Recerca musicològica (Barcelona) 20–21 (2013–2014), 103–149.

Hachmann, Marlen, „Zurückhören – Annäherung an die Händelinterpretation von Pauline Viardot anhand ihrer Edition ‚École classique du chant'", in: Händel-Jahrbuch 62 (2016), 123–136.

Höink, Dominik, „Gesang auf der ‚imaginierten' Bühne. Charakterisierungen der Stimmen von Händel-Solisten in der musikalischen Presse des 19. Jahrhunderts", in: Händel-Jahrbuch 62 (2016), 265–283.

Jahn, Bernhard, „Partiturdruck und Archiv. Zur Rolle der Aufbewahrungssysteme bei der Rezeption und kompositorischen Praxis von Händels Londoner Opern", in: Marburger Jahrbuch für Kunstwissenschaft 24 (1997), 281–292.

Kleinertz, Rainer, „La formació de Händel a Alemanya", in: Recerca musicològica (Barcelona) 20–21 (2013–2014), 83–101.

Köhler, Axel, „Händel und einer seiner Interpreten", in: Händel-Jahrbuch 62 (2016), 17–29.

Köhlerschmidt, Markus / Voigt, Stefanie, „Händel oder die englische Erfindung des erhabenen Tonkünstlers", in: Dies., Mit Pauken und Perücken Die Lebenskünste der erhabenen Herren Händel, Bach, Telemann und Mozart, Köln usw.: Böhlau, 2014, 28–51.

Lütteken, Laurenz, „Empfindsam – heroisch – erhaben. Frauenfiguren in der Musik zur zeit Händels. Einführung zum Symposium der Händelfestspiele 2015", in: Göttinger Händel-Beiträge 17 (2016), 1–6.

Nissenbaum, Stephen, „‚Jericho Tune': How a March from Handel's ‚Riccardo Primo' became an Early Methodist Hymn", in: Händel-Jahrbuch 62 (2016), 429–448.

Rätzer, Manfred, „Händels Opern in Goethes Theater: eine Erfolgsgeschichte in Bad Lauchstädt", in: Mitteilungen. Freundes- und Förderkreis des Händel-Hauses zu Halle e. V. 2015, Heft 1, 39–47.

Rätzer, Manfred, „Szenische und konzertante Aufführungen von Händel-Opern sowie szenische Aufführungen von Händel-Oratorien, -Serenaten und -Kantaten im Jahr 2015", in: Händel-Jahrbuch 62 (2016), 451–463.

Reid, Francis, A Habit of Handel, Selbstverlag, 2012.

Schmitz, Peter, „Den ‚ganzen puren Händel' nicht erst in ‚Moselwasser getaucht': Zu Felix Mendelssohn Bartholdys Händel-Rezeption", in: M. Geuting (Hrsg.), Felix Mendelssohn Bartholdy. Interpretationen seiner Werke, Laaber: Laaber-Verlag 2016, Bd. I, 604–618.

Waggener, Joshua Alton, „The Handelian Sublime in Mendelssohn's Early Works", in: Ders., Mendelssohn and the Musical Sublime, Ph. D. diss. Durham University, 2013 (mschr.), 59–99.

Wald, Melanie, „Die ungleichen Zwillinge. Matthesons deutsche ausgabe von Mainwarings ‚Memoirs of the Late George Frederic Handel' als Medium der Selbstreflexion", in: W. Hirschmann / B. Jahn (Hrsg.), Johann Mattheson als Vermittler und Initiator. Wissenstransfer und die Etablierung neuer Diskurse in der ersten Hälfte des 18. Jharhunderts, Hildesheim / Zürich / New York: Olms, 2010, 165–180.

Weber, William, „The 1784 Handel Commemoration as Political Ritual“ (1989), Cambridge University Press 2014 (online publication).

Wehmann, Jens, „Händel in Lambarene: Die Briefe Albert Schweitzers an Berta Chrysander in der Bibliothek der Stiftung Händel-Haus“, in:. Mitteilungen. Freundes- und Förderkreis des Händel-Hauses zu Halle e. V. 2015, Heft 1, 50–54.

Mitteilungen der Göttinger Händel-Gesellschaft e. V.

Die **Internationalen Händel-Festspiele Göttingen 2016** standen ganz im Zeichen des Festspielmottos „Verbindungen – Connections". Zu den Höhepunkten gehörte die selten gespielte Oper *Imeneo* von Händel, die Sigrid T'Hooft mit einer historisch informierten Inszenierung in neuem Glanz erstrahlen ließ. Die renommierte Expertin für barocke Aufführungspraxis erarbeitete mit ihrem international besetzten Sänger-Ensemble ein eindrückliches Opernerlebnis, das mit opulenter Sinnlichkeit, barocker Gestik und prachtvollen Kostümen überzeugte – bei echtem Kerzenlicht auf der Bühne.

Im Rahmen der **Mitgliederversammlung** am 13. Mai 2016 wurden Fritz Güntzler, Prof. Dr. Laurenz Lütteken, Prof. Dr. Wolfgang Sandberger und Dr. Anne-Kathrin Sors wiedergewählt. Außerdem wurde **Gerhard Scharner** die **Ehrenmitgliedschaft** verliehen. Damit würdigt die Gesellschaft seine außerordentlichen Verdienste. Scharner ist seit über 25 Jahren Mitglied des Vereins und engagierte sich seit 1999 im Vorstand der Gesellschaft, seit 2004 im Vorstand der Stiftung und seit 2008 im Aufsichtsrat der Festspiel-GmbH. Auf eigenen Wunsch schied Gerhard Scharner zum 30. September 2016 aus dem Vorstand aus.

Am 28. Mai 2016 luden unsere Hallenser Freunde zum Treffen der Händel-Gesellschaften **Halle, Karlsruhe** und Göttingen ein. Neben fachlichem und geselligem Austausch standen der Besuch des Pasticcios *Catone* (HWV A^7) in Star-Besetzung sowie ein Kammerkonzert mit Dorothee Mields (Sopran), Stefan Temmingh (Blockflöte) und The Gentleman's Band auf dem Programm.

Eine erste öffentliche Präsentation ihres Programms ***Iberian Passion*** bildete den Abschluss einer erfolgreichen Probenphase des Ensembles Seconda Prat!ca. In historischer Kulisse des Ursulinenklosters Duderstadt entwickelten die Musiker ihr Programm und beschäftigten sich in Workshops darüber hinaus mit Marketing- und Managementthemen. Drei Jahre in Folge wurde das Ensemble für die Teilnahme am Stipendiatenprogramm „eeemerging" ausgewählt, in dessen Rahmen Seconda Prat!ca mit Workshops und der Aufnahme einer eigenen CD auf die Herausforderungen des europäischen Musikmarkts vorbereitet wurde.

Bei den diesjährigen australischen **Helpmann Awards** wurde die Opernproduktion ***Agrippina*** mehrfach ausgezeichnet. Nach der Premiere und weiteren erfolgreichen Vorstellungen während der Festspiele 2015 wurde sie beim Brisbane Baroque Festival neu präsentiert. In sechs Kategorien nominiert, gewann die Produktion in Australien vier der begehrten Preise – auch in der Hauptkategorie Beste Oper. Nur wenige Wochen später feierte die Produktion Premiere im Staatstheater Oldenburg.

Im September wurde ein neues Abonnement mit dem Namen **„Musikstadt Göttingen"** aus der Taufe gehoben. Damit zeigen drei große Kulturinstitutionen ihre Verbundenheit: das Göttinger Symphonie Orchester, die Internationalen Händel-Festspiele Göttingen und das Deutsche Theater Göttingen. Das Abo beinhaltet drei Symphoniekonzerte, eine Oper und zwei musikalische Produktionen.

Nach einem erfolgreichen Vorverkaufsstart im Januar war am 26. Februar 2017 im Rahmen der Figurentheatertage eine Vorstellung von ***Händels Hamster*** im Alten Rathaus zu erleben. Die Koproduktion der Internationalen Händel-Festspiele Göttingen mit dem Theater der Nacht Northeim geht mit Händels Haustier auf eine musikalische Reise in seine Vergangenheit. Ein Nachwuchsensemble des Stipendiatenprogramms „eeemerging" sorgte für den musikalischen Rahmen.

Im März besuchte eine Gruppe der Göttinger Händel-Gesellschaft die Händel-Festspiele in Karlsruhe. Anlass: die letzte Vorstellung der Oper ***Arminio*** und ein Konzert mit den atemberaubenden ‚Primadonnen' Sandrine Piau (Sopran) und Vivica Genaux (Mezzosopran), die vom Ensemble Armonia Atenea unter der Leitung von George Petrou begleitet wurden.

Anstelle der vom Verein ausgerichteten „Göttinger Reihe Historischer Musik" tritt 2017 die **„göttingen händel competion"**. Der international ausgerichtete Wettbewerb findet vom 11. bis 13. Mai 2017 statt. Er richtet sich an Ensembles mit historisch informierter Aufführungspraxis und einem Repertoireschwerpunkt im Bereich Barockmusik. Neben einer fachkundigen Jury wird auch das Publikum einen Preis vergeben. Die Göttinger Händel-Gesellschaft e. V. stiftet den **Ersten Preis**, der mit **5.000 €** dotiert ist.

Inspiriert vom Reformationsjubiläum stehen die Internationalen Händel-Festspiele Göttingen 2017 unter dem **Motto „Glaube und Zweifel"**. Die historische Figur Martin Luther ist dabei der Ausgangspunkt für die Fragestellung, was Glauben im religiösen wie im übertragenen Sinne als Überzeugung für uns heute bedeutet. Mit der *Brockes-Passion*, den Oratorien *Israel in Egypt* und *Luther in Worms* sowie dem Konzert des Ensembles Concerto Romano mit katholischer Kirchenmusik von Händel und seinen italienischen Zeitgenossen spielt die sakrale Musik im Programm der Festspiele eine besondere Rolle. Zugleich stärken die Festspiele mit gleich drei Musiktheaterproduktionen in szenischer bzw. halb-szenischer Aufführung auch ihr Profil als Niedersachsens einziges Opernfestival. Im Mittelpunkt steht **Händels Oper *Lotario*** im Deutschen Theater Göttingen in der Regie des im venezolanischen Caracas geborenen Regisseurs Carlos Wagner – die Aufzeichnung der Premiere ist bei freiem Eintritt auch als Public Viewing in der Lokhalle zu sehen. *Lucio Cornelio Silla* – Dorothee Oberlingers erstes Operndirigat – ist in einer halbszenischen Aufführung mit barocken Kostümen und historischer Gestik in der Stadthalle Göttingen zu erleben. Für Haydns *Orfeo ed Euridice* hat das Göttinger Symphonie Orchester eine renommierte Besetzung u. a. mit Simone Kermes eingeladen. Zu der Riege der Interpreten im Festspielprogramm zählen außerdem ECHO Klassik-Preisträger Avi Avital und Andreas Staier, Publikumsliebling Dominique Labelle und der Slam-Poet Pierre Jarawan, dessen Romandebüt *Am Ende bleiben die Zedern* gleich mehrere Wochen lang auf deutschsprachigen Bestseller-Listen präsent war.

Liebhaber des Dichters Barthold Heinrich Brockes dürfen sich auf das Brockes-Festival im Festival freuen: Neben Händels Vertonung der *Brockes-Passion* und den *Neun deutschen Arien* nach Texten von Brockes nehmen auch das Festspiel-Symposium und der Festvortrag von **Prof. Dr. Jan Philipp Reemtsma** den Hamburger Dichter näher in den Blick.

Zahlreiche **Aufnahmen** sind in den vergangenen Monaten erschienen: Im Frühjahr 2016 die Aufnahme der ***Coronation Anthems*** von 2014 mit dem FestspielOrchester Göttingen sowie dem NDR Chor unter der Leitung von Laurence Cummings, im Herbst folgte der Live-Mitschnitt ***Susanna*** aus der Stadthalle Göttingen der Internationalen Händel-Festspiele Göttingen 2016. Die umfangreiche CD-Box des Carus Verlags „Georg Friedrich Händel – Oratorien" vereint fünf englische Oratorien und die *Brockes-Passion* auf insgesamt 13 CDs. Unter den Einspielungen ist auch eine Produktion der Händel-Festspiele: ***Solomon*** wurde 2007 beim Gastspiel in der Dresdner Frauenkirche mitgeschnitten. Zu hören sind der Winchester Cathedral Choir und das FestspielOrchester Göttingen unter der Leitung von Nicholas McGegan.

Während der Drucklegung des Jahrbuches erreichte uns die traurige Nachricht, dass **Dr. phil. Magda Marx** gestorben ist. Die Ehefrau des Begründers der GHB, Prof. Dr. Hans Joachim Marx, war Musikforscherin. Mit exzellenten Beiträgen hat sie die GHB und die Programmbücher der Festspiele bereichert, zudem war sie eine begeisterte Festspielbesucherin. Wir werden Magda Marx in dankbarer und ehrender Erinnerung behalten.

Wolfgang Sandberger/Tobias Wolff